天津市艺术科学规划项目"体育文化创意产业与天津市经济
研究成果(A16061)

体育文化创意产业
与天津市经济发展相关性研究

付超 李亚娜 著

天津社会科学院出版社

图书在版编目（CIP）数据

体育文化创意产业与天津市经济发展相关性研究 /
付超，李亚娜著. -- 天津 ：天津社会科学院出版社，
2022.3
　ISBN 978-7-5563-0810-1

　Ⅰ．①体… Ⅱ．①付… ②李… Ⅲ．①体育文化－产
业发展－研究－天津 Ⅳ．①G812.721

中国版本图书馆 CIP 数据核字(2022)第 052107 号

体育文化创意产业与天津市经济发展相关性研究

出版发行：天津社会科学院出版社
地　　　址：天津市南开区迎水道 7 号
邮　　　编：300191
电话/传真：（022）23360165（总编室）
　　　　　　（022）23075303（发行科）
网　　　址：www.tass-tj.org.cn
印　　　刷：英格拉姆印刷(固安)有限公司

开　　　本：787×1092　毫米　　　1/16
印　　　张：18.25
字　　　数：301 千字
版　　　次：2022 年 3 月第 1 版　　2022 年 3 月第 1 次印刷
定　　　价：78.00 元

前　言

　　全球经济高速发展,不仅改善了人们的生活质量,也改变了人们的思维方式。在这样的发展背景下,文化创意产业越发受到人们的重视。近年来,天津地区经济结构不断进行调整与转型,将体育文化与文化创意产业相结合,从而为经济创新营造出更加广阔的发展空间。本书以天津市体育文化创意产业作为研究对象,通过搜集相关资料,分析阐述天津市体育文化创意产业与经济发展的现状,对二者的相关性进行了分析,并且通过基于内外部竞争环境和竞争条件下的态势分析(SWOT)分析,探究天津市体育文化创意产业的竞争力,有益于促进天津地区扩大体育创意产业发展规模、调整产业结构、优化产业组织,以保证当地经济能得到更好的改革与创新。

　　全书一共设置九个章节,合计 301 千字。本书第三章、第七章、第八章、第九章内容由付超老师撰写,共计 151 千字;本书第一章、第二章、第四章、第五章、第六章由李亚娜老师撰写,共计 150 千字。第一章阐述本书的研究背景和研究意义,并对相关概念和基本理论进行综述;第二章对文化创意产业的基本理论及国内外发展现状展开分析;第三章阐述体育文化与体育文化创意产业的本质及发展机理,对体育文化的基本概念进行界定,并且从理论角度阐述了体育文化与政治和经济的关系;第四章围绕文化创意产业与经济发展互动机理展开分析,从文化资源的经济价值的产生与形成、文化创意产业的价值创造的理论基础与实现机制、文化创意产业与科技创新的互动机理、产业结构的融合与演变、文化创意产业与制度创新的关联效应等角度分别进行分析;第五章基于我国文化创意产业发展现状,从我国文化创意产业的产生、发展演进、发展特征以及未来的趋势等角度对我国文化创意产业进行分析;第六章分析天津市体育文化创意产业与经济发展现状,引用具体数据及案例,阐述天津市体育文化创意产业的产生与发展演进、天津市体育文化创意产业的发展环境、发展现状以及制约因素;第七章是天津市体育文化创意产业与经济发展的相关性分析,分别从体育文化创意产业的供给需求、产品价值链、外在表现力和内在支撑力、市场结构等角度进行阐述,并且探究了天津市体育文化创意产业的竞争力;第八章引用具体案例分析体育文化创意产业的品牌战略;第九章,综合前文的研究成果,最终提出天津市体育文化创意产业的发展布局与发展战略。对天津体育文化与文化创意产业融合途径与创新发展有了更准确的把握,从而为当地体育文化创意产业发展以及产业的结构的转型升级提供有针对性的建议。

笔者在撰写本书过程中,得到了许多专家学者的帮助和指导,在此表示诚挚的谢意。由于笔者水平有限,加之时间仓促,书中所涉及的内容难免有疏漏之处,希望各位读者提出宝贵意见,以便笔者进一步修改,使之更加完善。

作者

2018 年 12 月

目　录

第一章　导论

第一节　研究背景与研究意义

一、研究背景

(一) 文化创意产业是时代演进的历史产物

文化创意产业是在经济全球化背景下以创造力为核心元素的新兴产业,既是沟通文化社会与经济社会的桥梁,也是社会发展过程中的时代产物,它的产生和发展历程均有其独特的时代背景。

第一,文化与经济的互动协同性是文化创意产业蓬勃发展的内在根源。基于历史的视角,可发现经济发展是文化发展不可或缺的物质保障与基础,而文化发展又可作为经济发展到一定阶段的升华表现,二者统一于同时代背景下同一对象的状态。追本溯源经济问题也是文化的一种表现,特别是20 世纪 50 年代后,伴随着经济的快速发展,环境污染严重、资源枯竭等生态可持续发展问题也陆续产生,甚至存在通货膨胀率增长、失业程度加剧等严重社会问题,人类不得不重新审视这种发展方式。各国政府对经济、生态和社会如何实现和谐共进进行了积极探索,促进了经济发展与文化产业深层次融合,文化也依托经济,赋予了自身一定的价值与创新意义。文化的不断"经济化"是因为文化的发展需要依托一种模式,经济手段不断介入后,经济与文化都出现了新的发展。在文化的促进作用下,经济市场展现出了新的生产力。因此,文化催生了一系列新兴产业,将文化的生产服务、产品创造融合,衍生了教育、动漫、新媒体等文化产物。经济不断呈现的"文化化"则表示社会生产力的分配方式正在呈现逐渐变化的趋势,以往社会生产力的重心主要在物质生活方面,现在已逐渐向文化领域倾斜,文化产业在国民经济中所占比例也越来越大。经济"文化化"的趋势更是直接对品牌设计、管

1

理咨询和策划营销等文化产业的产生提供了正向激励,如持续优化延伸产业价值链,转变早期价值生产路径,增加经济系统中的内在价值量,并提升整体竞争实力。

第二,后工业化和体验经济成为文化创意产业的时代背景。在后工业化社会,经济发展到一定高度,物质也呈现出满足的状态,经济增长方式一改自给自足的小农经济模式,由依托自然资源向依托文化、知识资源转变。故在后工业化时代,各大产业开始追求生产率的转变,劳动力人口也发生相应的位移,制造业和服务业逐渐成为产业移动的方向。由此可见,后工业社会的经济类型已逐步转换为依靠文化投入与消费而发展的类型。1999 年,B. Joseph Pine Ⅱ 和 James H. Gilmore ① 就提出,世界经济正经历的转变方向为:产品经济、服务经济、体验经济。同时重点强调:尽管体验经济出现已久,但未被给予概念性的定义,它是一种与文化产业相联通的现代化经济。沃尔夫同时提出,人类社会经历了漫长的发展阶段后,终于迎来了注重梦想和情感的特色社会。后工业化社会建立在物质丰富的基础上,这就使经济类型变成了以消费为主,消费被视同一种符号、交流与表现活动。消费过程注重个人参与创造、互动交流与个人体验。B. Joseph Pine Ⅱ 和 James H. Gilmore(1998,1999)在联合撰写的《欢迎进入体验经济》《体验经济》中,赋予了体验经济新的含义,认为其是通过商品与服务给予顾客经济产品体验的一种经济形态。简而言之,体验经济与后工业时代的相互融合造就了新的生活与生产,为文化产业的发展提供了更为广阔的发展空间。

第三,全球化为文化创意产业提供了发展渠道。全球化是目前世界经济发展的主要方向,涵盖流动的现代性,世界文化和文明的多样性和丰富性,包罗万象。尤其在我国新时代社会经济转型的大背景下,无论是文化创意产业的自身发展,还是其与经济的融合发展,都面临着积极的时代机遇,恰逢正向外部环境。全球化意味着自由配置效率增加,有利于优化全球分工,使得产业可以在全世界范围内获取并整合资源,并且将产品投放世界各地,使全球成为一个巨大的互联市场。在这个庞大的系统中,各种资源交互流动,而每个国家都只是其中的一部分。文化创意产业必然是囊括各类产业的多元化复合型产业,且文化产业的发展本身就展现了文化的全球一体

---

① Pine B. J. ,Gilmore J. H. *The Experience Economy*. Harvard University Press,1999.

化。因此,文化产业促进了全球经济一体化的发展,并从中获得利益,全球化背景下文化创意产业呈现出横向体积增大、纵向发展加速的发展趋势,并逐步成为炙手可热的发展焦点。

文化创意产业已开始走向世界,并从多方面影响了世界各国经济的新格局。面对全球化,各国都在积极寻求新的发展方式以满足自身发展需要,不断推陈出新,力求抓住全球化带来的世界市场与科技力量,不仅要在激烈的市场竞争中取胜,也要保护好本国文化不受全球化的冲击。因此,各国都在积极寻找一条文化及产业发展道路,创建新的文化价值。如今,西方发达国家的文化产业已取得了巨大的成功,成为支柱产业。20 世纪 90 年代末,英国成为全球首个通过政府政策助力文化产业发展的国家,将文化产业与城市发展相融合。目前,文化产业所产生的 GDP 已超过制造业,英国完成了经济制度的转变。美国也十分重视发展文化产业,并感慨资本的时代已逐渐被替换成创意的时代。需要特别指出的是,美国在助推文化创意产业发展时更为关注知识产权的保护,在文化产业迅速崛起之后利用全球化市场,稳坐世界文化输出国的头把交椅。美国国际知识产权联盟曾提到:在该国,文化产业对经济发展以及就业水平方面的贡献已经超过了其他产业,并且在出口中的比重也日益增加。澳大利亚则是世界上第一个提出文化创意产业的国家,1994 年起,澳大利亚就将文化创意产业写进战略报告并加以实施。日本也确立了文化立国的方略,形成了互动式的发展模式。其中动漫产业在日本发展迅猛,成为日本第三大产业,在全球市场也占了很大的市场份额。此外,意大利也尝试发展本国文化产业,并以此来建立国际的经济基础,在经济方面高速发展。如沃尔夫所言,世界经济增长的新动力将包括文化产业。

第四,随着政策的不断调整,我国文化创意产业共经历了四大发展阶段,包括:自发形成、官方认可、产业结合与战略支持。可见,文化创意产业的发展有可寻的历史轨迹,且其发展亦始终围绕政策的变化。

第一阶段(1978—1991 年)属于文化创意产业的起始阶段,即"自发形成"的阶段。1978 年之前,文娱市场很多领域受到政府制度和社会风尚的约束,很长一段时间没有得到发展甚至处于停滞状态。随着中国改革开放的持续推进,西方各种思潮不断涌入中国,人们的思想和陈旧观念开始被新思潮所替代,其中黄宗汉在北京投资建设的"大观园"以及上海对外经营录像厅的出现便是最好的时代见证,这也意味着中国文化产业开始走上国际舞台。但该时期也仅为国内文化产业的初始阶段,还没有出现成熟的产业概念,没有形成较大的发展规模,也还没有针对产业形态颁布更多的法规与政策,更多的依然是通过"以文补文、多业助文"的方式给予引导,可以说,此时的文化产业仍处于完全依赖自身活力和人们需求实现自由发展的时期。

第二阶段(1992—2000年)为文化创意产业开始获取"官方认可"的阶段。在这一阶段,中国的经济体制已经发生了重大的变革,市场经济逐步成熟,并与国际接轨,为文化产业的发展提供了良好的市场条件。

第三阶段(2001—2007年)是文化创意产业步入"产业结合"的全新阶段。在此阶段初,中国成功加入世界贸易组织(WTO)。因此,在全球化背景下我国各产业开始逐渐走向国际市场,充满核心竞争力的文化企业也在不断参与全球化的国际文化竞争。所以,打造具有中国特色的独有文化产业,累积并综合文化产业资源,优化文化产业结构,构建新的产业构架,致力于提高中国文化产业综合竞争力,成为中国文化产业立足国际市场的重要路径。

第四阶段(2007年至今)被认为是文化创意产业取得"战略支持"的阶段。虽然国外先进的文化创意产业理念不断涌入国内,对国内新兴文化产业的发展产生一定的借鉴和指导作用,但这也意味着国内企业将面临更大的国际竞争,因此,对国内文化创意产业也形成了一定的冲击,缩紧国内企业市场占比。与此同时,受国际文化资本对本土文化市场竞争、产业布局的强势参与,对优质文化资源的整合融入,对产业上游位置的有效抢占影响,我国文化产业正积极加入全球分工体系。同时,基于创新商业模式,通过文化品牌的知名度和分销渠道的高效性,进一步获取更为显著的产业利润。

第五,转变发展方式给予了文化创意产业更多的发展空间,国民经济的发展始终离不开创意的推动。人类社会在经历了一系列发展之后,物质已经得到了一定的满足,不再简单地追求物质资源,而是开始追寻精神世界,寻求"知识价值"的消费。著名经济学家P. Romer(1986)①曾表示创新会产生新的机会,推动经济的发展,历经资本、资源、技术与制度等,最后指向知

---

① P. Romer. Increasing Returns and Long-Run Growth. *Journal of Political Economy*, 1986,94(5):1002-1037.

识、文化及创意,该指向可催生巨大市场,并促进文化创意产业的新生。20世纪90年代,由于泡沫经济的彻底覆灭标志着日本"追赶时代"走向结束,许多传统支柱产业逐渐呈现衰弱的状态,经济发展开始一蹶不振。在这样的背景下,日本政府开始研究转型方法加快改革。如今,与动漫相关的文化创意产业已成为日本经济发展的中坚力量,同时该产业也成功打入国际市场并占据主要地位。作为发达国家,日本已基本完成了由制造业到文化业的转型。由此来看,无论是理论还是实践层面,经济发展方式的转变与文化创意产业的发展都密切相关。

我国自改革开放以来,经济发展实现了飞跃并取得了巨大的成就。但在经济快速增长的同时,外向型经济的发展模式导致国内资源被过度消耗,进而增大生态环境压力,引发产品附加值降低、产业结构失衡等显著矛盾。由此,党的十七大报告提出"加快经济发展方式转变"的战略性要求。在此背景下,文化创意产业的优势将会完全发挥出来,起到经济的连带作用。从增强需求来看,文化创意产业的发展不仅是一种消费观的体现,同时也同文化传统与人类自身发展的过程有机地结合起来,文化需求的满足促进了创造力的提升,从而推动新一轮的文化创意与科技创新浪潮。从优化产业结构入手,文化以及体现文化形态的载体文化产品,已经逐渐占据更多的市场。这一转变将大幅改变经济体系的性质和结构。文化产业是将价值渗透至生产的环节,打破了传统的产品结构空间,从而对产业纵向整合,推动产业融合重构,实现低耗、高产的产业结构。不仅使传统行业产业、生产方式和产业结构得到优化,而且依靠强大的产业关联度对其他产业进行渗透,实现不同产业的融合,促进经济的多元化协同发展。基于改变方式的角度可知,智力投入成为文化创意产业的主要投入方式,且得益于其开发的无限弹性,投入要素的内涵得以深化、资源边界得以拓展,经济发展亦转由创新能力所驱动。我国的文化创意产业发展目前已有明确的方向,可持续发展将会成为未来发展的主流。

(二)新时代中国特色社会主义建设对文化创意产业发展提出新的要求

文化创意产业是在全球经济一体化背景下发展起来的、以创造力为核心的新兴产业。相比于其他行业,其固有特性包括发展潜力巨大、产业融合度较高、资源消耗偏低和科技含量多处于较高层次①四个方面,并越来越受到政府和社会的青睐,逐步成长为最具发展潜力的新兴行业。从世界角度看,当前文化创意产业的单日经济效益就高达近百亿美元,且基本保持在30%~50%的年平均增速,这意味着全球已进入了知识和创意时代。正如著名经济学家罗德尼·艾金森提出的"新经济归根结底就是知识经济,而文化创意已成为知识经济的核心和动力"。同时,在全球经济与文化不断交融的发展趋势中,文化创意产品的财富创造效应日益加强。伴随着全球范围内文化资源的深度融合,以及数字化和媒介化的创意产品盛行,文化创意产业对行业资源的配置与整合、产业功能和结构的优化作用日益突出,为加快实现城市复兴和制度创新创造了机遇和条件。创意产业首次由英国倡导,并在全球其他国家迅速发展和盛行。美国以版权和高科技为代表的创意产业仍然领跑全球,英国以"创意性"产业为出发点,欧洲构想出打造"创造性欧洲"的战略方向,日本以本土动漫文化产业作为发展目标,中国、韩国则以发展"文化型"创意产业为战略方向。纵观全球各国,文化创意产业已经上升为国家战略发展产业,而且都是结合各自文化特点和新兴业态发展规律实行创意产业发展战略。

目前,产业结构调整与创新产业发展已成为大多数西方发达国家产业发展的主要方式,与此同时,许多发展中国家也紧随其后开始大力推动文化产业的发展。在我国,《文化部"十三五"时期文化发展改革规划》明确提出要大力发展文化产业并将文化产业明确定位为"国民经济支柱性产业"②。《文化产业振兴规划》也强调,应将新兴文化的发展作为重点工作,要努力推进文化产业的调整升级,优化产业结构,还要改变过去仅注重经济加速发展的战略方式,增强对文化创意产业的扶持,打造有中国特色的现代文化创意产业体系。③ 于是学者就会提出相应问题:文化创意产业是在怎样的背景下

---

① 除此之外,文化创意产业还存在"强调个人的参与和才智发挥、强调有形产品的生产、强调知识产权的保护、强调信息服务技术的应用与创新、强调乘数效应的发挥、强调高收益性、强调做大做强文化产业"等特性。

② 中共中央党校(国家行政学院)官网,http://www.ccps.gov.cn/zt/xxddsbjwzqh/zyjs/201812/t20181211_118207_1.shtml。

③ 中华人民共和国中央人民政府官网,http://www.gov.cn/jrzg/2009-09-26/content_1427394.htm。

发展起来的？其产业发展的内在机理和动机又是什么？文化创意产业的高速发展与经济增长之间又存在什么关系？文化产业发展的外在推动因素和体制支撑又是如何产生影响的？我国文化创意产业发展过程中与其他产业有什么关系，对经济增长的促进机理是什么？目前我国文化创意产业发展现状和空间布局如何，其形成背后的机理又是什么？另外，国外先进的文化产业发展经验对我国文化创意产业又有哪些借鉴作用？本书从文化创意产业的改革与发展入手，贯彻党的十九大精神，聚焦天津地区文化创意产业，以供给侧结构性改革为导向，提出改革有利于地区经济发展的重大现实意义。

二、研究意义

文化创意产业与传统产业相比发展历程较为短暂，然而发展势头迅猛，存在很广阔的发展前景。并且文化创意产业与国民经济中多个产业都存在较高的关联交互性，其发展态势能够显性或隐性地带动其他产业的发展。因此，发展和拓宽文化创意产业对国民经济良性可持续发展具有至关重要的作用，研究文化创意产业的内在发展规律和外在关联性是新时代中国特色社会主义一个刻不容缓的热门话题。众所周知，任何产业的兴盛都是时代演进和社会发展的历史产物。文化创意产业的兴起不仅可以体现本产业的发展形态，还反映了一定时期内社会经济的发展趋势。从供给侧结构性改革这一新的政策背景出发，对文化创意产业发展进行研究，对于新形势下我国经济结构转型发展具有深刻的指导意义。

实践是检验真理的唯一标准，也是推进创新的动力，没有实践的创新就会成为无源之水、无本之木。全球对文化创意产业的研究热情与发展现状已经为其理论的创新奠定了基础。因此，以各国的实践为理论依据，及时探求并比较分析产业发展背后的深层激励，总结并提炼发展经验，完善文化创意产业理论，有着重要的理论和实践意义。

（一）理论意义

从理论层面可知，文化创意产业是全球化背景下后工业化社会与体验经济刺激产生的新兴产业，并且逐渐成为国民经济的主导产业。文化产业具有多项传统产业所不具备的产业特点，在发展中也表现出其独有的特殊

属性,在互动、系统与重构等多层面展现出复杂关系。因此,对文化创意产业发展机理进行研究具有重要的理论意义,具体如下:

第一,梳理文化创意产业相关概念,确立文化创意产业发展的理论依据。概念是对事物的界定,因此在研究之初即应明确文化创意产业及相关研究问题的基础概念。同时,由于文化创意产业是在经济与文化协同发展的背景下逐步产生的,是社会转型发展的产物,故文化创意产业既与精神生产、经济文化息息相关,又与国家政策的创新关系密切。所以,本书尝试从概念入手,从本质上阐述产业特性,为文化创意产业的发展梳理理论根据。

第二,对比总结文化创意产业的国际发展趋势,从发展特点、模式出发,为我国发展文化创意产业提供可行的理论指导。文化创意产业的发展历史只有短短几十年,远远短于其他传统产业,是一种综合性新兴产业。从全球化发展背景来看,欧美等发达国家都在积极进行产业改革,力求在国际市场上抢占先机。目前来看,一部分学者以全球文化创意产业为切入点进行研究,尝试寻找文化创意产业发展的一般性内在规律,但是这些相关研究涉及的国家少,比较分析也相对粗略,不成系统,对国内该产业的指导性不强。因此,只有将世界各国文化创意产业发展动态进行全面地梳理与总结,系统地比较研究,才能得出更具有合适的研究结论,为我国发展文化创意产业提供参考依据。

第三,研究经济发展与文化创意产业协同发展的内在联系,完善理论分析框架。文化创意产业是目前社会背景下的新兴主导型产业,在世界范围内实现了跨越式、联通式发展。全球经济发展态势也逐渐被文化创意产业改变,逐渐形成以文化、创意为主导的新经济形式。由于文化创意产业本身的特殊性与优越性,它逐渐改变了原有的商业模式,超出了传统行业所能理解的范畴,进而演变成新的竞争模式。目前国内关于文化创意产业的研究并不深入,多数文献仅仅对现象进行描述分析,停留在表面,并没有深入探讨内在逻辑,用经济学的方法与理论支撑研究。本书围绕文化创意产业与经济发展的互动关系,从本质特点出发,通过对微观、中观、宏观层面展开分析,对深层次的内在联系进行探寻,完善理论框架。

第四,探寻新视角下经济发展方式转变历程,进一步夯实国家发展战略,并作为政策安排与实施的理论源泉。着眼于经济外部性视角,在全球化语境背景下,经济与文化的协同发展推动文化创意产业在全球范围的兴起与发展,并且逐渐形成新的模式。在全球化经济背景下,文化创意产业的变革对经济发展的影响有着至关重要的作用。本书从文化创意产业出发进行研究,深入分析产业与经济联动关系并探寻内在机理以找到国家经济转型的出发点,探寻新视角下经济发展方式转变历程,进一步夯实国家发展战略的依据,并作为政策安排与实施的理论源泉。

(二)实践意义

基于实践视角,全球各国目前都已在发展文化创意产业,并且在多个国家该产业已经开始占据经济主导地位,对其他产业乃至整个国民经济发展都产生了深远的影响。在全球经济寻找转型突破点的基础上,从文化创意产业与经济发展关联性角度展开研究,落脚点应该在国家经济发展模式调整与变革上。因而,本书选取体育文化创意产业作为研究对象,具有显著的实践意义,具体包括以下内容:

第一,对以体育文化创意产业为代表的文化创意产业实现内涵式发展具有重要作用,并对产业新业态、新模式的出现也将产生更加积极的推动作用。文化创意产业无论是从物质生产向精神文明的过渡还是经济文化一体化的必然趋势,它自始至终都属于创新发展领域的一种政策性概念,主要依托创新人才生产出新的方案与理念内涵,并通过新的文化积淀及审美,营造出不同以往的心理新体验。因此,文化成了新的生产力,人类原先的生产结构发生了巨大的改变,这都将对全球经济、政治产生深远影响。

第二,有利于给予本土文化创意产业发展更有效的实践参考,以促进跨越式发展,多角度提升国家文化竞争力与产业竞争力。在全球范围内对参与文化创意产业的国家进行全方位比较,并在总结其发展模式后,结合本国实际情况予以借鉴,最终获得较为可靠的经验和全面的参考内容。本书研究成果若可被直接应用于我国自身文化创意产业的研究工作,无疑将对我国相关产业规划、政策制定提供有益的参考。此外,需要注意的是,因各国国情存在差别,因此在参考借鉴时可充分考虑自身的发展特点,总结与学习不同国情下发展优势的差异化来制定符合本国需求的战略。

第三,有助于我国产业结构优化升级,刺激内需,转变经济发展方式。体育文化创意产业作为新兴产业,在发展过程中多次跨领域合作,与不同产业相结合,通过注入文化、创意等元素,利于价值链高端优势实现产业升级,并不断带动其他传统产业。文化创意产业的发展一改传统的"投资—加工—出口"经济循环模式,将其转变为"创新—出口—消费"下新的内循环模式,令关联产业附加值得以显著提高。

我国国民经济当下虽然正处于飞速增长的时期,但是多依靠粗放型经济增长模式,主要依靠政府投资来拉动。文化创意产业改变了这一模式,在其中增加了智力和精神投入,同时,由于其开发弹性较大,投入要素内涵被深化,投入模式被拓展,从自然资源的探索转为人文资源探索,将经济发展动力从要素驱动转为创新驱动。文化创意产业也是一种历史文化的传承,关乎人类自身的发展历程。文化层面的精神需求得以满足的时候,人类才能以更好的状态去创造生产力,进一步进行需求侧的结构调整,打造满足需求、发展与创新的内生性发展机制。因此,文化创意产业的发展会引起全方位的精神需求,形成人类精神层面自我调节机制,使经济增长模式得以转变,实现更好更快的发展。

第二节 文献综述

一、创意产业与文化创意产业的内涵

文化创意产业蓬勃发展,相关理论研究也越来越丰富。通过查阅国内外相关文献,发现围绕着文化创意产业这一主题,国内外众多学者都从不同角度展开了理论和实践的探索,也给出了许多建设性的意见和建议。但由于文化创意产业发展时间不长,涉及产业门类繁多,学者们对文化创意产业的内涵界定、实践推广、发展战略等都没有达成统一的共识,各自的观点既有共同之处,也各有侧重,文化创意产业的实质、核心和实践推广等问题,仍是有待学者们深入研究与探讨的重要问题(曹如中、史健勇,2017)。如果对文化创意产业的理论研究进行剖析,学者普遍认为这一产业最早可以追溯到"创新理论"的奠基人熊彼特提出的创新理论。

创意产业的背后是创意经济的兴起,有关创意经济(Creative Economy),西方学者较早开始了对它的研究,英国学者约翰·霍金斯认为创意经济的核心内容是版权、商标、专利与设计这四要素,这四要素所保护的内容称为创造性产品,而产品创造与销售中形成的产业则被称为创意产业(Howkins,2003)。学界普遍认为英国是世界上首个由政府推动创意经济发展的国家,在 1998 年的《英国创意产业报告》①中第一次提出创意产业(Creative Industries)这一概念,并对创意产业进行了定义,认为创意产业是将个体创造性、才能和技艺发展为动力的企业,借由开发知识经济创造社会价值的一系列活动,包括体育、工艺设计、文化、娱乐、广告、建筑艺术等方面。而我国学者翁凤瑜等则提出,创意产业,又称为创意经济、文化创意产业等,以精神产品生产为基础,强调人的创造性资源的利用与开发(翁凤瑜等,2017)。周永根在其著作《文化创意产业的经济效应》中指出创意经济是在全球化的消费背景下兴起的一门强调文化艺术对经济的推动与支持以及个人创造力的新兴文化理论与实践。

---

① 该报告正式将创意产业定义为:通过知识产权的开发和运用,将个人创意、技巧和才华转化为具有商业价值的产品,并具有创造财富和就业潜力的行业。这一定义后来被许多国家和地区引用。

对创意产业的相关理论研究进行回顾后可以看出,创意产业与文化产业、文化创意产业等存在许多交叉与融合,也有学者认为这是对文化创意产业的不同叫法,如欧洲有的国家称之为"文化产业",英国则称之为"创意产业"。但相比之下,中国对文化产业的定义则更为宽泛,国家统计局在《关于印发文化及相关产业分类的通知》中提出,为社会公众提供文化产品、服务和娱乐的活动集合就是文化及其相关产业。联合国教科文组织将文化产业定义为包括生产、再生产、储存和分配文化产品和服务的一系列活动。而对于文化创意产业,联合国教科文组织将其界定为对文化背景用创造性的思维进行加工,或者是利用现有科技对文化资源进行再造,借由对知识产权的深层次开发利用,生产出高价值的产品,以此来带动就业和经济增长的产业。但是伴随着理论研究的逐步丰富,也有学者提出,当对文化领域所涉及的内容进行更宽泛的界定时,文化创意产业与创意产业相同(Oakley,2006)。

随着世界经济的快速发展,文化创意产业已成为一种重要的经济增长因素,是一股重要的发展力量(陈晔,2017),于是文化创意产业逐渐成为学者们的研究热点。纵观国内外文献,在对文化创意产业进行内涵界定时,都离不开创造力、知识和价值这几个主题。如国外学者博格斯指出文化创意产业不同于文化产业,具备较高的创新程度(马仁锋、梁贤军,2014)。而德雷克则认为生产满足个人象征性价值产品的产业就是创意产业,普拉特从创意产业价值链的角度将创意产业定为连接生产、消费、制造、服务的一个客体。不同于普拉特的广义定义,科伊认为创意产业是一个产生虚拟价值的产业,而其价值基础就是基于个人的观点。不同于前几位学者,Howkins(2001)和 Fang et al.(2006)对文化创意产业的定位更具体,并指出,考虑创意产业及产业边界,综合各研发活动所涉及的自然科学领域,文化创意产业可划分为设计、专利、版权、商标四个产业。

相较之下,国内对文化创意产业的研究起步较晚,但随着文化创意产业在国内的稳步发展,理论研究也日渐丰富,学者们对文化创意产业的内涵界定纷纷提出了自己的见解。如在《文化创意与策划》这一著作中,谢梅、王理(2015)认为文化创意产业以创造力为核心,是在全球化背景下产生的新兴产业,它是主体文化或文化因素依靠团队或者个人的技术、创意,以产业化的形式进行知识产权营销和开发的行业。同时该书还指出文化创意产业的核心亮点在创意,背景资源为文化,再去迎合大众需求,因此文化创意产品及相关产业链需具备独创性及高附加值。而王柱石、王宏(2017)则提出文化创意产业是未来经济发展的支柱产业,强调通过人的智力活动对各项文化资源进行提升与创造,从而生产出高附加值的具备知识产权的产品,实现价值增值,在发达国家,文化创意产业在国家经济发展中占有重要地位。相比之下,王春光(2011)则强调了这一产业以网络技术及信息为载体,依靠人的创意、技能和才华,对知识产权进行再加工,进而实现经济效益,创造就业机会。但在金元浦(2006)看来,在全球化的背景之下,文化创意产业是一种跨国、跨行业、跨部门、跨领域重组或创建的新型产业集群,这一集群以文化艺术与经济的全面结合为自身特征,以高科技技术手段为支撑,以消费时代人们的精神文化娱乐为基础,以网络等新传播方式为主导。这一界定较为全面地概括出文化创意产业的个性特征和发展背景。对文化创意产业的定义研究不仅是学者们热衷的内容,也是地方政府的产业发展探索热点,我国各部门和各地区纷纷对文化创意产业进行了概念界定,笔者对这些观点进行了整理(见表1-1)。

表1-1　我国各部门和各地区对文化创意产业的内涵界定

部门或地区	定义	行业归类
国家统计局	以创作、创造、创新为根本手段,以文化内容和创意成果为核心价值,以知识产权实现或消费为交易特征,为社会公众提供文化体验的具有内在联系的行业集群	9个大类,27个中类行业,88个小类行业,9个大类分别是文化艺术、新闻出版、广播电视电影、广告会展、软件网络及计算机服务、设计服务、旅游和休闲娱乐、艺术品交易、其他辅助服务
台湾地区	源自创意与文化积累,透过智慧财产的生成与运用,创造财富与就业潜力并促进整体生活环境提升的一系列服务	广播、电视、电影、音乐及表演艺术、视觉艺术、设计产业、广告、出版、工艺、文化展演设施、时尚产业、数字休闲娱乐、设计品牌、建筑设计产业和创意生活产业等
香港地区	强调文化的积累和创新创意的理念	分为电子媒体类,包括软件与电子广告、电影与视像、数码娱乐等;文化类与设计类,包括艺术品、表演艺术广告、建筑、出版与印刷等

部门或地区	定义	行业归类
上海	以创新思想、技巧和先进技术等知识和智力密集型要素为核心,通过一系列创造活动,引起生产和消费环节的价值增值,为社会创造财富和提供广泛就业的机会	动漫设计、时装设计、建筑设计、广告设计、工业设计、室内设计、品牌发布、艺术品制作、网络媒体、时尚艺术、影视制作

资料来源:根据相关文献资料整理得出。

除了对文化创意产业进行概念界定外,学者们纷纷基于各自的研究角度从不同层面对文化创意产业进行了研究。Sadler & Thompson(2001)和 Tabb(1995)提出文化创意产业经济的变动会影响文化商品价格与供求关系的变动,并构建了一条全新的集经济、技术、文化为一体的产业通道。实证分析同样可以运用于文化创意产业的研究,Mueller &Thomas(2001)和 Harris & Metallions(2002)就研究了文化创意产业集群和园区的必要性和作用,并用实证分析证实了结果。而国内研究主要集中在与宏观经济或其他产业的关系方面,如周蜀秦、徐琴(2007)就论述了城市或地区经济发展与文化创意产业的关系,而厉无畏、王慧敏(2006)则认为文化创意产业带动经济增长主要表现在资源转化、价值提升和结构优化上,并就此阐述了文化创意产业的实现路径。还有学者以某个城市为研究对象,研究了文化创意产业的产业发展,并提供了一些可行的建议和意见。

综上,无论是内涵界定还是对文化创意产业进行理论和实践探索,对文化创意产业的理论研究大多以知识产权、创意、文化、创新等为主题,本书对文化创意产业的内涵界定沿用国家统计局的定义,即文化创意产业是以创作、创造、创新为根本手段,以文化内容和创意成果为核心价值,以知识产权实现或消费为交易特征,为社会公众提供文化体验的具有内在联系的行业集群。

二、文化创意产业分类

文化创意产业是一个完整的体系,其在发展过程中就包含着非常丰富的内容,这些内容不仅仅是我们更好发展文化创意产业的前提,也是我们发展文化创意产业的基本保证。文化创意产业所包含的内容较多,在这样的情况下我们就应该制定完善的标准才能保证其分类的准确性。因此,对于其分类的标准来说也经历了很长一段的发展时间,并且在发展的过程中也产生了很多新的规范。

文化创意产业的发展有着非常广阔的发展前景,但是由于其内容较为丰富,在其分类的过程中就产生了一定的难度。很多学者表示,由于在分类的过程中文化创意产业的概念没有清晰的界定,这样就导致无法判定文化创意产业具体的内容。并且随着文化创意产业的不断发展,其内容也越来越繁杂,这就为文化创意产业的分类带来了很大的困难。在这样的情况下,我们就应该制定相应的规则和标准,这样做的目的就是为了保证分类标准体系更加科学以及合理。在现在这样的社会背景下,既然文化创意产业的分类已经产生了一定的复杂性,我们在不能强行改变的前提下就要试着制定符合其发展规律的分类体系,以迎接更多的挑战。

（一）国外分类标准

对文化创意产业进行统计的前提是分类标准的确定,文化创意行业的分类是将其与国民经济行业分类连接起来的节点,只有将文化创意分类标准融入国民经济行业分类的统一框架之内,才能够更加科学、有效地探讨文化创意产业的经济社会效益。现实中,文化创意行业缺乏统一的分类标准,大多是基于研究和实践的需求对文化创意产业进行分类,比如联合国教科文组织将文化创意产业分为博物馆、美术馆、图书馆、表演艺术、节庆、视觉艺术、工艺品、设计、出版、广播电视、电影、摄影、交互媒体等核心文化产业,以及乐器、音响设备、建筑、广告、印刷设备、软件、视听硬件等扩展文化产业。此外,基于具体的应用情况,日本、英国以及美国也对各自的文化创意产业进行了行业分类(见表1-2)。

表1-2 美国、英国、日本文化创意产业分类

国家	美国	英国	日本
文化创意产业分类	核心版权产业、交叉版权产业、部分版权产业、边缘版权产业	广告、建筑、工艺品、时尚和设计、电影、电视、录像、广播、摄影、IT、软件与计算机服务、出版、博物馆、画廊和图书馆、音乐、演出和视觉艺术	电影、动漫、电视节目的制作与发行、音乐的制作与发行、游戏的制作与发行、图书、报纸的创作与发行

资料来源:根据英国文化媒体体育部、日本经济产业省网站资料整理得出。

日本的文化产业分为电影、动漫、电视节目的制作与发行,音乐的制作与发行,游戏的制作与发行以及图书、报纸的创作与发行等,主要包括电影、动漫、电视、音乐、游戏及出版等内容产业,体现了独具日本特色的文化产业发展格局。

英国在《创意产业路径文件(1998)》中,规定了"创意产业"的覆盖范围包括13个行业,分别是广告(Advertising)、建筑(Architecture)、艺术和古董市场(Art and Antiques Market)、手工艺品(Crafts)、设计(Design)、时装设计(Fashion Design)、电影与音像(Film and Video)、互动休闲软件(Interactive Leisure Software)、音乐(Music)、表演艺术(Performing Arts)、出版(Publishing)、软件和计算机服务(Software and Computer Services)、电视广播(Television and Radio)。随后,英国文化媒体体育部、英国创意产业工作小组在《创意产业图录报告》中将英国的创意产业分为广告、建筑、艺术及古玩市场、手工艺、设计、时尚、电影、音乐、表演艺术、出版、软件、广播电视、电脑游戏,共十三类。

美国的版权产业统计为了符合国际标准,根据世界知识产权组织(World Intellectu Properly Organization,WIPO)2003年发布的《版权产业经济贡献调查指南》(Guide on Surveying the Economic Contribution of the Copyright-based Industries)的分类标准,按照与版权产品关系的密切度,将版权产业分为四类,分别为核心版权产业、交叉版权产业部分、版权产业和边缘版权产业。核心版权产业主要指的是原创、生产、发行或展览版权产品的产业;交叉版权产业指生产、制造和销售的主要功能是促进有版权产品的创

造、生产或使用设备的产业；部分版权产业指部分产品为版权产品的产业；边缘版权产业包括将受版权保护和部分不受版权保护的产品发行给商家和消费者的产业。

就分类标准的统计机构而言，英国设有国家统计局进行国民经济统计，行业主管部门是文化媒体体育部，每年发布《英国创意产业专题报告》。美国没有文化部，但设立了总统艺术人文委员会，也没有集中的统计机构，实行分散、分级统计管理体制，设有普查局、劳工统计局、经济分析局等统计部门。美国总统艺术人文委员会每年发布《美国创意产业年度报告》，非政府组织国际知识产权联盟(International Intellectual Property Alliance,IIPA)发布《美国经济中的版权产业》报告。日本文化创意产业的主管部门有文部科学省、总务省、经济产业省等。其中，日本总务省统计局是统计部门，日本经济产业省每年发布《数字内容产业白皮书》《游戏产业白皮书》等。

文化产业的政策导向是文化创意行业的分类的决定性因素。历史上，随着日本战后的崛起以及其本身所具有的良好的文化基础，日本通过实施文化立国的战略大力支持本国文化创意产业的发展，尤其是在动漫、游戏以及音乐等数字内容产业在亚洲"一枝独秀"，使日本文化创意产业的发展在亚洲遥遥领先。相比较而言，美国对于知识产权的保护历来比较重视，1984年成立的国际知识产权联盟成为其发展版权产业的重要国际合作平台。英国对于文化创意产业的发展更多的是为了提升本国经济。

（二）国内分类标准

1. 分类标准差异

在中国，文化创意产业包含了"文化产业"与"创意产业"两个维度，中国对于文化意识形态的商品属性的认知，来自德国法兰克福学派对于文化产业的阐述，随后逐渐为政府接受并纳入相应的规划之中。《中共中央关于制定国民经济和社会发展第十个五年计划的建议》首次提出了"文化产业"的概念，随之党的十六大报告明确提出了"发展文化产业是市场经济条件下繁荣社会主义文化、满足人民群众文化需求的重要途径"。为了贯彻党的十六大关于文化建设与文化体制改革的要求，2002年中宣部牵头多部委成立"文化产业统计研究课题组"，完成了2002年版本的《文化及相关产业分类》；随后经过多次修订，又发布了2004年版、2012年版以及2018年版三个重要版本。

除了国家层面之外,中国一些文化创意产业较为发达的地方城市也大多提出了自己的文化创意产业分类标准,比如 2006 年北京市和国家统计局联合发布了《北京市文化创意产业分类标准》,从产业链的角度将文化创意产业定义为"是以创作、创造、创新为根本手段,以文化内容和创意成果为核心价值,以知识产权实现或消费为交易特征,为社会公众提供文化体验的具有内在联系的行业集群"。相比较而言,上海市沿袭了英国文化创意产业的定义,将其定义为"以创新思想、技巧和先进技术等知识和智力密集型要素为核心,通过一系列创造活动,引起生产和消费的价值增值,为社会创造财富和提供广泛就业机会的产业,主要包括研发设计、建筑设计、文化艺术、咨询策划和时尚消费等几大类",同时出台了《上海创意产业发展重点指南》。由于历史原因,中国香港同样沿袭了英国文化创意产业的相关定义,将文化创意产业分为表演艺术、电影电视、出版、艺术品及古董市场、音乐、建筑、广告、数码娱乐、电脑软件开发、动画制作、时装及产品设计等产业。中国台湾也借鉴英国的文化创意产业的发展经验,分类包括视觉艺术产业、音乐与表演艺术产业、文化展演设施产业、工艺产业、电影产业、广播电视产业、出版产业、广告产业、设计产业、数字休闲娱乐产业、设计品牌时尚产业、创意生活产业和建筑设计产业。

2. 分类标准修正

分类标准是文化产业统计工作的前提和基础。文化创意产业无论是在学术界还是政策制定的话语表述中都缺乏一个统一的标准。一般涉及文化创意产业的概念有"文化产业""创意产业""文化创意产业"等。而国内政策文件一般并未将其做明确区分,基本上是根据《国民经济行业分类》制定相应的《文化及相关产业分类》对"文化创意产业"的发展特征进行分析。接下来有必要对历年来我国文化创意行业分类标准的调整和演变进行概述。

从分类标准出台的背景来看,2004 年,为贯彻落实党的十六大关于文化建设和文化体制改革的要求,国家统计局依据《国民经济行业分类》(GB/T 4754-2002),制定了《文化及相关产业分类》,并作为国家统计标准颁布实施,首次明确了我国文化产业的统计范围、层次、内涵和外延,为启动和开展文化产业统计工作奠定了根基。

2012 年,随着党的十七届五中全会提出推动文化产业成为国民经济支柱性产业的战略目标,党的十七届六中全会进一步强调推动文化产业跨越式发展,使之成为新的增长点、经济结构战略性调整的重要支点、转变经济发展方式的重要着力点,对文化产业统计工作提出了新的要求。随着新的《国民经济行业分类》(GB/T 4754-2011)的颁布实施,联合国教科文组织《文化统计框架2009》的发布,文化新业态的不断涌现,有必要对2004年制定的《文化及相关产业分类》进行修订。2011年9月28日,中宣部、国家统计局在北京召开文化产业统计研讨会,认为要适应我国文化产业发展的新情况、新变化,总结近年来各地区、各部门统计工作的实践经验,对现行分类进行必要调整,使其更加切合发展需要。2012年,国家统计局参考联合国教科文组织发布的《文化统计框架—2009》,根据《国民经济行业分类》(GB/T 4754-2011)对分类进行修订完善,最终形成了《文化及相关产业分类(2012)》。

互联网时代的到来促使以"互联网+"为依托的文化新业态不断地涌现并发展迅猛,日益成为文化产业新的增长点。2017年6月30日,新的《国民经济行业分类》(GB/T 4754-2017)正式颁布。同年8月29日,国家统计局发文要求从2017年统计年报和2018年定期统计报表起统一使用新标准。2018年,国家统计局颁布相关新的修订标准《文化及相关产业分类(2018)》。《文化及相关产业分类(2018)》是在《文化及相关产业分类(2012)》的基础上,依据新的《国民经济行业分类》(GB/T4754-2017)修订形成的,与联合国教科文组织《文化统计框架2009》相衔接。在《文化及相关产业分类(2018)》中,原有的定义、分类原则保持不变,新增加了符合文化及相关产业定义的活动小类,重点调整了分类类别结构。

《文化及相关产业分类(2004)》对文化及相关产业的界定是"为社会公众提供文化、娱乐产品和服务的活动,以及与这些活动有关联的活动的集合"。《文化及相关产业分类(2012)》把其进一步完善为"为社会公众提供文化产品和文化相关产品的生产活动的集合",并在范围的表述上对文化产品的生产活动(从内涵)和文化相关产品的生产活动(从外延)做出解释。《文化及相关产业分类(2018)》的标准并未发生变化。

从分类标准内容的调整来看,文化及相关产业的内容范围以及分类层次都存在精简的趋势。从分类内容来看,《文化及相关产业分类(2004)》将文化及相关产业分为文化产业核心层、文化产业外围层和相关文化产业层,以及不同层次下的六个方面的内容:文化产品制作和销售活动、文化传播服务、文化休闲娱乐服务、文化用品生产和销售活动、文化设备生产和销售活动、相关文化产品制作和销售活动。而《文化及相关产业分类(2012)》则进一步概括分为四个部分,将《文化及相关产业分类(2004)》中的文化用品生产和销售活动以及文化设备生产和销售活动独立开来,将生产活动范围划分为四个部分:①以文化为核心内容,为直接满足人们的精神需要而进行的创作、制造、传播、展示等文化产品(包括货物和服务)的生产活动;②为实现文化产品生产所必需的辅助生产活动;③作为文化产品实物载体或制作(使用、传播、展示)工具的文化用品的生产活动(包括制造和销售);④为实现文化产品生产所需专用设备的生产活动(包括制造和销售)。《文化及相关产业分类(2018)》则进一步将其精简为两个部分:一是以文化为核心内容,为直接满足人们的精神需要而进行的创作、制造、传播、展示等文化产品(包括货物和服务)的生产活动。二是为实现文化产品的生产活动所需的文化辅助生产和中介服务、文化装备生产和文化消费终端生产(包括制造和销售)等活动。从分类层次来看,也存在整合精简的趋势,从《文化及相关产业分类(2004)》的四层调整为《文化及相关产业分类(2012)》的五层,再到《文化及相关产业分类(2018)》的三层,这意味着文化及相关产业的分类层次存在交互融合的趋势。

为了防止新增内容与国民经济分类标准有重复和冲突,新增分类内容把握的一个基本原则是"凡属于农业、采矿、建筑施工、行政管理、体育、国民教育、餐饮等活动均不纳入分类,如茶叶种植、国民教育系列中的艺术院校、咖啡馆和酒吧等服务;对于虽有部分活动与文化有关但已形成自身完整体系的生产活动不予纳入,如旅游、快递服务、互联网批发、综合零售等"。既有的分类标准和分类内容的增加要能够反映社会主义文化体制改革的成果以及新技术革命所带来的生产业态的变化。与《文化及相关产业分类(2012)》相比,《文化及相关产业分类(2018)》增加了符合文化及相关产业定义的活动小类,其中包括了互联网文化娱乐平台、观光旅游航空服务、娱乐用智能无人飞行器制造、可穿戴文化设备和其他智能文化消费设备制造等文化新业态。新的分类标准吸收了近年来文化体制改革的有关成果,突出了文化核心领域内容,体现了文化生产活动的特点,类别结构设置符合我国文化改革和发展管理的现实需要和认知习惯。

　　我国在制定完备的分类标准过程中,已经认识到了在发展过程中自己国家存在的不足。由于当时国外文化创意产业的发展已经达到了一定的高度,且已经制定了相应完善的分类标准,因此我国在制定标准的过程中也借鉴了其他国家先进的经验,从而制定出符合我国发展的分类标准和体系。我国在发展的过程中十分重视文化创意产业的建设,并且强调要科学建设文化创意产业。

　　其实在文化创意产业发展的过程中可以说我国的分类是比较宽泛的,并且其所涉及的领域也非常广阔。无论是核心层、外围层还是相关服务层,其内容都比较繁杂。虽然我们在讨论文化创意产业分类的过程中强调清晰的标准,但是事实上我们不能抑制文化创意产业任何一个层面的发展,文化创意产业各层面的发展是相互影响的。

　　随着经济全球化趋势日趋明显,全球经济飞速发展。在全球经济快速发展的前提下,我国文化创意产业的发展也呈现出新的形势。针对这样的情况我们可以发现,国家统计局在 2004 年颁布的分类标准已然无法适应新兴的文化业态。这主要是因为在文化创意产业不断发展的过程中,既增加了新的文化内容,也有了新的表现形式,出现了很多新的问题,这些都是我们需要随着时代的进步而不断进行调整的地方。为了保证文化创意产业的生产活动更加科学,2012 年 7 月国家统计局对《文化及相关产业分类(2004)》进行细微的调整。经过调整之后,新的分类标准更加细致,也更能适应文化创意产业新兴业态的发展。

　　新颁布的分类标准剔除了一些不必要的产业类别,增加了一些必要的新兴产业,产业结构的类别进行相应的调整。新兴的文化创意产业的发展有着新的机遇,其生产活动也有着很多新的表现形式。在新颁布的划分标准中规定的生产活动的范围也更为细致,其内涵也更加丰富。笔者在上文中已经分析了新标准的内容,不仅规定了新的标准,也规定了新的主体。

　　近年来,我国文化创意产业发展势头强劲,这与国家出台的相关政策法规有必然联系。影响文化创意产业发展的因素有很多,因此在其发展的过程中就应更加明确分类标准,这样才能保证实践活动的顺利进行。文化创意产业是我国社会发展过程中的重要组成部分,我们应该认识到文化创意产业的动态性,这样才能保证文化创意产业在实践活动中的可持续发展。因此,在文化创意产业发展的过程中要随着社会的进步而不断充实自己,不仅要不断扩大文化创意产业所覆盖的范围,也要保证对文化创意产业的划分更加科学细致。

三、文化创意产业的特点

(一)内在功能角度

既然我们已经肯定了文化创意产业发展的重要意义,我们就应该理清文化创意产业在发展过程中的产品和服务的功能,这样才能保证文化创意产业在深入发展的过程中具备更加完善的体系,在高标准严要求的社会发展进程中收获更多的价值。针对文化产品和服务来说,主要可为分为以下三种:首先是从狭义的角度来讨论,所包含的是其传统意义上的文化事业,主要就是企事业单位从事开展的相关的文化活动及娱乐相关行业,都属于其范围之内,然后将这些单独的文化行业进行结合就是狭义的内涵了。其次是从广义的角度上来讨论的,主要强调的不仅仅是各个文化行业,而是在这些行业中所生产的产品以及所体现的服务,在这里需要突出强调的是,在其发展的过程中要保证文化创意产业的连续性,这与上文强调的文化事业有所不同,在广义的概念中强调的是新的文化业态,也就是基于传统文化创意产业基础之上发展出来的文化创意产业,不仅包含原有的文化行业,也衍生出很多新的文化元素,进而拓展了文化创意产业狭义的概念,丰富了其原有的内涵,同时保证了其在发展过程中可以有更加广阔的发展空间。最后的这种说法与前两种都有着很大的不同,既不是狭义的,也不是广义的,而是一种更加宽泛的说法,这种说法不仅仅是对文化创意产业自身的研究,同时研究了影响文化创意产业发展的相关因素,在其研究的过程中也切实讨论了社会环境的重要作用,拓展了文化创意产业形态。这种观点不仅强调文化创意产业在社会发展过程中的重要作用,也在一定程度上地反映了文化创意产业对于社会发展的影响。文化创意产业的发展本身就是一个复杂的概念,我们讨论文化创意产业概念的过程中应该注意其自身的现实意义,不仅要关注文化创意产业的本身,也要关注其与社会之间的关系,这样才能准确地掌握文化创意产业在社会环境之中的发展规律。现阶段国内对文化创意产业的界定还相对模糊,但是很欣慰的一点是研究者已经开始意识到从多个角度去思考问题的重要作用,这样对于文化创意产业自身发展要求来说也是很有必要的。

经过上述的研究可以发现,在文化创意产业发展的过程中无论是任何一种说法其实都还存在不完善的地方。第一种说法就过于单调,虽然明确指出了文化创意产业的范围,但是没有明确文化创意产业的意义。第二种说法虽然在一种说法的基础之上进步了一些,但是在其新增加的文化内容中还是存在一些争议,既然有争议存在就意味着这样的说法还不是非常的完善。由于这种说法的视野较为宽阔,所以在发展的过程中很多人都倾向于接受这样的说法。第三种说法在一种、第二种的基础上进行改进,不断地拓宽研究的视野,但是有的学者却认为这样的说法由于过于宽泛,其在发展的过程中必然会缺少必要的精确性。即使第三种说法确实有这样的问题存在,我们也不能忽略其中所包含的正确的内容。我们在研究文化创意产业概念时既不能单一地评论任何一种说法的好坏,也不能抹杀任何一种评论的精神需求。针对这样的情况,我们应该正视文化创意产业发展的界限,保证文化创意产业在发展过程中可以有更高质量的服务和产品。随着对文化创意产业产品和服务功能的深入研究,发现文化创意产业的发展还存在诸多不足之处,其结构没有达到协调发展,存在结构失衡。在这样的情况下,要想明确一个清晰的文化创意产业的概念,我们应该先对产品和服务功能进行分析。

(二)生产方式的角度

生产方式是影响文化创意产业发展的重要因素,这不仅是因为其在发展的过程中影响文化创意产业的发展,还因为其是针对市场进行生产的。文化创意产业发展的过程中是一个循环的过程,健全的生产体系就是促进其良性循环的必要保证。针对其生产方式的发展有好几种说法,这些说法围绕的都是产品和服务,认为根据生产方式就可以划分其范围。第一种说法为生产文化产品、销售文化产品、展示文化产品、各种文化设施的运转、各种文化活动的开展,包括各种文化现象,都可以归于文化创意产业的发展。第二种说法为非经营性的、公益性的文化现象和文化活动,不能列为文化创意产业。只有进入市场的生产、销售环节的文化产品和文化活动才算文化创意产业。这种说法和第一种说法相比就更为细致了一些,并且也对文化创意产业的内容进行了重新的规划,认为制作和销售也应该算在这个范围之内。但是这种说法强调的是非经营性，在一定程度上还是有一些划分的局限。第三种说法是针对经营性的市场来说的，这种说法主要强调文化创意产业在发展的过程中本身就是面向市场的，那么我们在对其进行划分的过程中就不能忽视市场在其中的作用。为了更好地完成文化创意产业的划分，我们应该正视市场在其中的作用，这样不仅可以保证文化生产的每一个环节都得到更好地发展，也能保证文化创意产业链的连续性，因此现在对于文化创意产业的划分基本上都采用第三种说法。既然是产业就要有效益，既然想要有效益就必然要进行科学的经营，只有科学的经营之后才能更符合社会的发展趋势，才能在社会发展的过程中完善其自身的体系。我们在最初的时候就已经明确了文化事业与文化创意产业的区别，那么我们就应该知道文化创意产业发展的过程中其实是存在非营利性这种形式的，但是我们不能因为这样就将事业与产业弄混淆，反而更应该清楚文化创意产业在发展的过程中需要注意的问题，这样才能保证文化创意产业有更好的发展。

(三) 文化创意产业的含义与确定的角度

文化创意产业在发展的过程需要注意的问题有很多，主要有以下三点：第一点是文化创意产业在发展的过程中属于主要满足于人们的需求，从而提高文化产品和服务的质量。第二点是文化创意产业应该是面向社会的，并且在发展的过程中应该保证其产品和服务的每一个环节都要环环相扣，这样才能保证文化创意产业在社会发展的进程中更加完善。第三点是要进行不断的创新，及时地随着社会的发展而更新自己的产品以及服务，这样才能让人们随时产生新鲜感，从而对文化创意产业有着更高的期待。针对以上的总结我们可以发现，其实在文化创意产业发展的过程中无非就是要保证产品的质量，在保证产品质量的同时保证服务的质量。既然我们都已经知道了发展的重点是什么，我们就应该在文化创意产业发展的过程中重点关注，避免不好的影响因素过多地影响文化创意产业的发展，也要保证在发展的过程中可以提供更高质量的服务。现在针对文化创意产业划分的说法相对很多，我们应该及时地权衡这些说法的利与弊，在权衡的过程中找到影响文化发展的重要因素，我们不能将此作为文化创意产业概念的界定，但是我们可以掌握什么是正确的以及什么是错误的，从而避免不利于文化创意产业发展的因素的出现。

　　针对文化创意产业发展的指标也有较多的说法,这种说法不仅强调了主体的作用,也强调了客体的作用。针对这个说法,应该及时地进行总结和分析,把握现在文化创意产业的存在的问题,以及预期文化创意产业未来的发展趋势。我国在发展文化创意产业的过程中真正地借鉴了西方先进的经验,并且在发展的过程中也切实地根据我国的现实情况做出了很多的调整,无论是在经济发展上还是政策的支撑上都取得了相应的进展。现在对国外对于文化创意产业的发展也非常重视,像美国在发展文化创意产业的过程中就将其分为很多个门类,这主要是为了触及更多的领域,将文化创意产业的发展切实地与人们的生活和工作联系在一起,这样不仅促进文化创意产业的发展更加繁荣,也在一定程度上实现了相互影响目的。有的国家则认为只要包含文化要素,其就应该属于文化创意产业的范围,这样的说法是非常宽泛的。针对文化创意产业的发展来说其实有很多的影响因素,但是每个国家对其界定都存在着不一样的地方,正是因为这些差异才体现了文化创意产业发展的不同。我国对于文化创意产业的发展也非常重视,并且也随着社会的发展而不断提升了自己新的想法。很多时候为了明确文化创意产业发展的要求,我们不仅要明确文化创意产业发展的方向,更加要根据现实情况制定一个合理的目标,这样才能保证文化创意产业发展得更好。

第二章 文化创意产业的基本理论及国内外发展现状

第一节 文化创意产业的基本理论

一、精神生产理论

从精神生产的嬗变来看,作为精神生产现代形态的文化创意产业与传统精神生产有着重大的差别,不仅在结构和质量上增添了新的内容,而且产生了功能性变化。精神生产手段的高级化催发文化创意产业的崛起。在物质生产手段现代化的推动下,精神生产各个领域纷纷采用当代科技成果,促进自身的现代化。由于现代科技对产业成长的贡献是以几何级数推进的,这就使以科技含量高为特征的文化能迅速地大面积地产业化,并深刻地改变产业面貌。正是由于先进生产工具的投入,文化生产已改变了传统的个体化、手工化、小生产化和在狭小的圈子中传播的特点,呈现集约化、高科技化和大批量以及通过大众传媒广泛扩散的态势。产品的造型更可以借助于电子计算机进行辅助设计,达到满意的效果。采用先进科技手段,一项重大文化成果就能迅速实现产业化,并形成规模效益。高新技术带来的生产手段的高级化是文化创意产业迅速崛起的心脏和引擎。文化创意产业正呈现超常规、加速度发展的三大态势。第一,文化创意产业发展的全球化。第二,文化创意产业发展的集约化。文化创意产业汹涌澎湃的加速发展,是集约化策动使然。大体呈现如下三大趋势:一是文化产品生产手段和方式的现代化。由于最先进的技术在文化生产各行业的广泛应用,精神生产力获得前所未有的解放和发展。二是政府主导建制化。文化创意产业已经发生的突破和正在酝酿的变革,与政府主导息息相关。三是强势发展国际化。在文化及其产业发展中,"马太效应"现象依然顽强地发挥作用。文化发达国家在最近几十年间获得了巨大的发展,而发展中国家与之距离也越发拉大了。第三,文化创意产业发展的跨越化。纵观世界文化创意产业的跨越式发展态势,正呈现三大显著特征。特征之一,以高新技术产业为先导的跨越式发展。特征之二,发展形态的跨越式发展。一方面,文化及其产业观点和思想体系的先进性和超前发展。另一方面,社会生产力的先进性和超阶段发展。特征之三,提高创新力的跨越式发展。文化乃国脉之所系,创新乃国家兴衰之所在。在文化经济扑面而来的新时代,强调建设国家文化创新体系,形成整体优势,已成为众多国家和国际机构关注的焦点,并发展为时代潮流。近 10 年来,世界上以"创新"为主旨的战略规划和重大政策出台了几百个。文化创新体系已经成为国家建制和基本国策,不但在一个国家独立自主发展,而且超越国界演化为开放性的国际化创新体系。

二、经济增长与经济发展

文化产业现在已经得到了很好的发展,这对于我国经济的进步也做出非常重要的贡献。经过对文化产业不断改革之后,不仅完善了文化产业的发展体制,更重要的是为文化产业的发展提供了更加广阔的发展空间。现在本身就是全球化经济时代,在这个时代发展进程中不仅强调经济和政治上的竞争,文化的竞争也非常重要。因此,现在我国也非常重视文化产业的发展。我国文化产业的发展起步比较晚,但是在发展的进程中我国积极地进行改革,在坚持本国实际发展情况的基础之上借鉴他国优秀的发展经验,从而探索出适合国家发展的道路。文化产业的发展不仅可以促进我国经济结构的调整,也可以彰显我国文化软实力,从而提升我国的国际地位。在文化产业发展的进程中,其强调健康的发展方式,这与资源消耗性经济发展模式有着本质区别,这必然是未来社会发展的主要推动力。我国文化产业的发展也带动了相关经济的进步,促进了传统经济形式的转变,更重要的是为经济发展探索了更加科学的道路。

三、创新理论

(一) 文化创新的当代价值

当下是经济快速发展的时代,在这个时代中创新是非常重要的因素。要想掌握时代发展的信息,就要进行不断创新,从而找到可以掌握信息的途径。事实证明,不断创新是社会发展的重要推动力。我国取得现在的瞩目成绩,主要就是因为我国一直在不断地创新,无论在各个领域,创新成为我国发展的重要一部分。创新是要建立在实践的基础之上,也就是我们要想真正的创新,就要准确把握创新的条件以及内涵,这样才能保证创新的有效性。

文化创意产业作为现在我国大力发展的新兴产业,其在最初之际就是随着社会发展而产生的,可以说其就是创新的产物。因此,文化创新对于文化创意产业的发展来说是必不可少的一个部分。社会本身就处于不断发展之中,文化创意产业要想满足社会不断发展的需求,就要保证自身发展的动态性,因此说创新是其发展的内在要求。社会的发展是实践的产物,而文化创意产业又是社会发展的产物,因此文化创意产业的发展也要坚持在实践的基础之上。现在我们强调的文化创新,其实就是经过人们不断实践之后总结出来的一种促进社会长远发展的办法,所以我们才说文化创新对于文化创意产业的发展是非常重要的。

在当下全球化不断深入发展的时代,各个国家之间有了更加紧密的联系,其对于文化的发展来说也提供了很好的机遇。但多元文化发展是时代的需要,我国的民族文化受到他国的影响之后,很容易就影响人们对于本民族文化的认同感,这样就会影响人们对于本民族文化的继承与发展,长此以往必然会影响全世界多元文化的长远发展。因此,我们要在受到他国影响的情况下进行不断创新,将他国的影响看作是一种经验,在坚持我们本国文化的基础之上可以更好地利用他国文化进行改革创新,这样不仅丰富了国家文化的内涵,更重要的是为我国多元文化的发展提供了更加稳定的基础。

现阶段我国国民经济进入了高速发展时期,人民生活水平不断提高,相较之前得到了很大程度的改善。在这样的情况之下,我们不仅要正确认识国人在该阶段对于文化的需要,更重要的是要理清该阶段下的文化内涵到底为何。当前我国已经成功摘掉了贫穷的帽子,解决了人民的温饱问题,国民对于自己的生活有了更高层次的需求。在这样的情况之下,国民对于文化有了新的期待。从这个角度看,国民对于文化是一种内在需要,其看重的是文化的内涵价值。当国民对于文化有了这样的需求之后,也就意味着我国文化的发展必然进入新的阶段。文化的创新不仅可以带动文化创意产业的快速发展,更重要的是可以增强民族文化的凝聚力。在国民对于文化的内涵有了新的需要之后,不仅可以更好地实现文化的内在价值,更重要的是可以为国家文化的传承与发展做出巨大的贡献。

针对以上的研究,我们已经认识到了文化发展的必要性。在当今多元文化发展的时代背景之下,文化创新对本民族文化传承与发展有着重要意义。当前我们应讨论如何进行文化创新。我国文化有着非常悠久的历史,那么在传承与创新的过程中也要找到关键点,保证既符合现在多元文化发展的需要,也要在发展的过程中保留我们民族的文化特色。

(二) 文化创意产业发展的时代诉求

随着全球化时代快速发展,不仅是我国非常重视文化创意产业的发展,更重要的是现阶段世界各国都在强调文化创意产业对于经济发展的重要意义。当前我国文化创意产业的发展已经取得了较好的成绩,这不仅是因为国家为其提供了更加广阔的发展空间,更重要的是国内研究学者也展开了对于文化创意产业的细致研究。文化创意产业在发展的过程中更多的是要满足人们的精神需求,也就是说在文化市场上,人们在消费的过程中所体验的更多是一种精神上的消费。文化创意产业所涉及的领域比较广泛,但无论是哪一个方面,其都要与文化相关联。随着文化创意产业快速发展,文化创意产业成为发展的新模式,这种发展模式主要彰显了人们对于文化的创新性,并且强调以更加人性化的管理方式来提升创意产业内涵的发展价值。文化创意产业作为提升人们精神力量的一种新兴业态,在发展过程中有着自己的发展模式以及发展要求,但正是因为这样才能更能彰显文化创意产业内涵的独特性,才更能吸引公众对于文化创意产业的关注。

在我国文化产业建设的过程中,不仅促进了经济的快速发展,更重要的是改变了人们的思维方式以及生活方式,凝聚了民族精神,也在一定程度上为民族文化的发展贡献了巨大的力量。现阶段我国对于文化创意产业的发展给予了非常广阔的发展空间,无论是传统的文化行业,还是新兴的文化行业,其都成了现阶段我国文化发展的重要组成部分,并且在提高生产效率的同时也提高产品的质量。现阶段我们应该正视文化创意产业对于国家精神文明建设的重要作用,保证人们对于文化创意产业的发展有着正确以及深刻的认识,从而保证国家软实力不断增强。

党的十八大报告提出,到 2020 年要把文化创意产业发展成为国民经济的支柱性产业,此后中国文化创意产业发展一路高歌猛进,飞速增长。从其对国民经济增长的贡献看,2012 年文化创意产业增加值为 18071 亿元,2016年增加到 30254 亿元,中国文化创意产业增加值占 GDP 比重由 3.48%提高到 4.07%,增长 0.6 个百分点,对 GDP 增量贡献年平均达到 6.0%,且呈现逐年提高趋势。从这组数据就可以看出,我国文化创意产业正在快速增长,但与其他发达国家相比,其发展速度相对较慢,市场份额占比相对较低,这也就足以说明我国文化创意产业的发展还需要进一步努力,从而保证在不久的将来我国文化创意产业的发展可以达到世界领先水平。

现阶段我国文化创意产业在发展的进程中还存在一些问题,影响着我国文化创意产业的进步和发展。作为研究者应当充分认识问题,在研究过程中提出具有针对性的解决方案,从而为文化创意产业的发展创造出更多的发展空间和社会效益。由于我国文化创意产业的发展起步比较晚,与世界发达国家文化创意产业的发展存在一定差距,当前是我国文化创意产业发展的初级阶段,无论是发展制度还是管理体制存在诸多问题,有待解决和完善。现在我国文化创意产业的发展速度较快,但是创新力却没有跟上发展的速度,这样很容易就造成在发展的过程中影响产品的质量。现在很多文化创意产业的相关产品在步入市场之后会出现同质化的现象,这就是因为当前文化市场的发展还缺少相关的规范制度,意味着对文化企业的约束力不够,很多企业为了获取更多的利益就会生产出相似的产品,这样不仅扰乱了文化市场的正常发展,更重要的是打击了一部分企业自身创新力。

完善健全的文化产业政策体系,以及优化的市场环境都对文化创意产业的发展起到了关键的作用。政府对文化创意产业的政策支持可以直接给予公众信号,刺激公众的积极性,进而推动文化创意产业的发展。

第二节 国内外文化产业发展现状

一、主要国家文化创意发展现状

从世界知识产权组织的最新数据来看,全球文化产业增加值 GDP 占比排名前十位的国家和地区分别是:美国、韩国、巴西、澳大利亚、中国、新加坡、俄罗斯、加拿大、英国、中国香港,其中中国位居世界第五位。此外,普华永道(PWC)的数据测算表明,文化产业增加值全球排名前五位的是美国、日本、中国、德国、英国,中国居世界第三份。下文将对美国、英国、日本、德国和韩国文化创意产业的发展情况以及发展经验进行介绍。

(一)美国版权产业

在美国,文化创意产业又称为版权产业,由核心版权产业(包括图书、电影、音乐、软件等)、部分版权产业(包括服装、纺织品、珠宝、玩具和游戏等众多产业)、交叉版权产业(包括 CD 播放器、电视机、录像机等相关产品的制造、批发和零售)、版权相关产业(包括销售有版权商品、无版权产品的行业)四大板块组成。据《美国经济中的版权产业:2016 年度报告》数据显示,美国版权产业在 2015 年已经成为美国第一大产业,年产值高达 2.1 万亿美元,GDP 占比达 12%,产值远高于金融、健康与社会保障产业,而且增幅较大,2012—2015 年年平均增长为 4% 左右,是美国 GDP 增长率(2.1%)的约 2倍。与此同时,美国版权业也创造了巨大的就业岗位,为美国贡献了 8% 的就业份额,而且在出口产品中,以音乐、电影、软件及报纸四个版权产业为代表的文化创意产业销售额也远远超过制造业及化工生产。

(二)英国创意产业

英国在全球最早提出文化创意产业,相关产业产值在英国占据主导地位。据 2017 年英国纽卡斯尔大学《英国文化创意产业发展的路径和展望》数据显示,英国文化创意产业由广告、建筑设计、艺术和古玩、电子游戏、工艺设计、时尚设计、影视与广播、音乐、表演艺术、出版等 13 个行业构成;2012年,英国文化创意产业产值高达 714 亿英镑,占英国 GDP 总量的 5% 左右,同比增长 9.4%。与此同时,英国创意产业为英国创造了 168 万个就业岗位,创造的就业岗位占全部就业岗位的 5.6%。在欧洲,英国创意产业也占据主导席位,其中伦敦市享有欧洲第一大创意产业中心、世界第三大电影摄制中心的声誉,伦敦市贡献了英国创意产业的一半、音乐产值的七成以及出版业总值的四成。

(三)日本动漫产业

动漫产业是日本文化创意产业的主导,在全球有着巨大的影响力。据《日本文化产业发展的特点及启示》,日本在 2015 年文化产业产值就已经贡献了全国 10% 的 GDP。据日本动漫协会数据显示,2016 年日本动漫产业市场规模超过 2 兆日元,年产动漫作品 300 部以上,其中 Kitty 猫、哆啦 A 梦、柯南等动漫形象深入人心。从全球视野来看,日本是全球最大的动漫创作和输出国,全球六成以上的动漫作品均来自日本,在欧洲这一比例高达八成;日本在全球超过 120 个国家和地区的电视节目市场占有一席之地,掌握了全球 6% 的票房、2% 的唱片以及 8% 的电视节目主导权。

(四)德国文化创意经济

德国文化与创意经济主要涵盖音乐、图书、电影、广播电视、设计、新闻出版、广告、软件与电子游戏产业等 11 个领域。据欧洲经济研究中心(ZEW)的监管数据显示,2016 年德国文化创意经济产值为 988 亿欧元,成为仅次于机械制造业的第二大产业。

(五)韩国内容产业

韩国内容产业是指制造、开发、包装和销售信息产品及服务的产业,包括出版、动漫、音乐、电影、游戏、信息服务等 11 个领域。相关数据表明,2016 年韩国内容产业国内销售额为 105.7 万亿韩元,增幅为 5%,远高于 2.8% 的经济增速;游戏、卡通、知识信息和音乐是韩国文化产业出口的重点,2016 年出口额达 62.1 亿美元,同比增长 9.7%,其中,游戏产业、卡通产业、知识信息以及音乐产业出口额分别是 34.5 亿美元、6 亿美元、5.8 亿美元以及 4.5 亿美元,同比增长速度分别是 7%、7.3%、11.1% 以及 18.7%;游戏产业出口额占总出口的一半以上,知识信息出口以及音乐产业出口增速超过两位数。

二、中国城市文化创意发展现状

据智研咨询《中国文化创意产业园行业市场深度调研及投资前景分析报告》,中国已经形成了环渤海(北京)、长三角(上海、南京、杭州和苏州)、珠三角(广州和深圳)、滇海(昆明、大理和丽江)、川陕(西安、成都和重庆)以及中部(武汉、长沙)六大文化创意产业集群。对创意产业集群的主导城市进行分析有助于明确国内文化创意发展的空间格局,具体来看:

(一)北京文化创意产业成为经济增长的主导产业

据《北京文化创意产业发展白皮书(2017)》相关数据显示,2016 年北京文化创意产业增加值为 3581.1 亿元,比上年增长 10.1%,占 GDP 的比重为 14.0%,比上年提高 0.3 个百分点;2017 年北京规模以上文化创意企业实现收入 16196.3 亿元,同比增长 10.8%,其中以软件和信息技术服务(7015.8 亿元)、文化休闲娱乐服务(1051.6 亿元)等为主的文化服务业占比超过七成。

(二)上海"互联网+"新兴文化产业增长较快

《2016 年上海文化产业发展报告》显示,2016 年上海文化产业增加值为 1632.7 亿元,同比增长 8.1%;文化产业增加值占 GDP 的比重为 6.5%,同比增长 0.57 个百分点。分领域看,文化创意和设计服务业、文化信息传输服务业分别实现增加值 789.4 亿元、208.5 亿元,占上海文化产业增加值的比重分别为 48.3%、12.8%。在传统的文化领域,如新闻出版服务、文化艺术服务、文化休闲娱乐服务和文化用品生产等领域,不仅规模偏低,且增幅均低于平均水平。

(三)深圳"文化+"产业深度融合

数据显示,2017 年深圳文化创意产业增加值为 2243.95 亿元,同比增长 14.5%,占 GDP 比重为 10%,文化创意产业增加值在深圳七大战略性新兴产业中居第二位。深圳拥有腾讯、华侨城 A 和冰川网络等 40 余家上市文化企业,逐步形成了"文化+科技""文化+创意""文化+旅游""文化+金融"等产业融合新业态。例如,在"文化+科技"方面,培育出腾讯、华强方特、迅雷、雅昌、环球数码、盛讯达等一批行业领军企业;在"文化+创意"方面,通过对传统产业注入文化元素,培育了全国十大女装品牌企业中的六家,汇聚了建艺装饰、文科园林、亚泰国际、珂莱蒂尔、华视传媒等一批建筑、景观、服装、设计等行业的领军上市企业。

(四)杭州数字内容产业是亮点

数据显示,2017 年杭州文化创意产业增加值为 3041 亿元,同比增长 19%,占 GDP 的比重为 24.2%。其中,数字内容产业实现增加值 1870 亿元,同比增长 28.5%,实现了连续 12 个季度增速超过 28%的高位运行;数字内容产业增加值占文化创意产业总规模的 61.5%,占 GDP 的 14.9%。

三、中国文化创意产业发展特征

(一)文化创意产业规模及比重

2004—2017 年,中国文化创意产业增加值从 3440 亿元增加到 34722 亿元,增长了近 10 倍,占 GDP 比重由 2.13%增加到 4.20%,而且 2012 年的增长幅度比较明显,原因是 2012 年国家统计局执行了新的统计标准;文化创意产业法人单位数从 31.79 万个增加到 139.83 万个,增长了 3 倍,这意味着中国文化创意产业发展迅速,法人单位数以及产业增加值都呈现出几何级数的增长(见图 2-1、图 2-2)。以上数据表明,文化及相关产业的增加值比率也显著高于当年的经济增长速度,已经成为中国经济增长的重要驱动力。

此外,就法人单位结构而言,在文化制造业、文化批发和零售业、文化服务业中,文化服务业法人单位数在历年都处于主导地位,2017 年三者比重分别为 12.83%、12.49%和 74.67%,而且文化服务业单位数呈现不断增加的趋势;就法人单位增加值结构而言(见图 2-3),文化服务业增加值同样占主导地位,2017 年制造业、文化批发和零售业、文化服务业增加值的比例分别是 34.8%、9.6%以及 55.6%,从构成比例来看,文化制造业比例有所下降,而文化批发零售业和文化服务业比例在波动中呈现上升趋势。

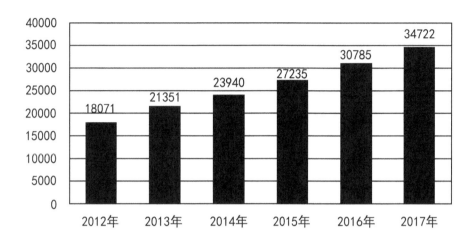

■文化产业增加值：亿元

图 2-1　2012—2017 年中国文化产业增加值走势情况

资料来源:根据相关文献资料整理得出。

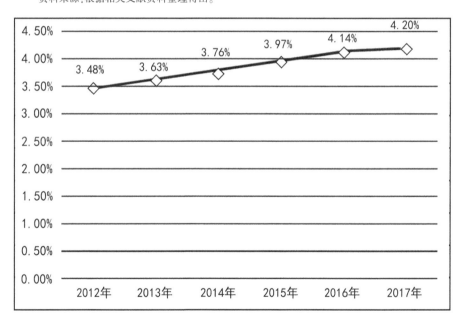

图 2-2　2012—2017 年中国文化产业增加值占 GDP 比重情况

资料来源:根据相关文献资料整理得出。

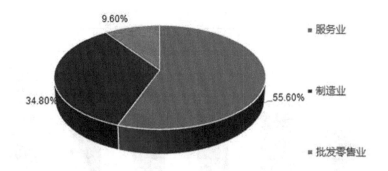

图 2-3　2017 年文化及相关产业增加值构成

资料来源:根据相关文献资料整理得出。

(二)文化创意产业集聚水平

区位商(Location Quotient,LQ)反映了区域要素与产业的空间分布,是评价产业集聚以及产业的区域优势地位的重要方法。若 LQ>1,则表明本地区产业集聚水平超过总体水平,属于地区专业化部门;若 LQ<1,则表明本地区产业专业化水平低于全国平均水平,属于地区非专业化部门;若 LQ=1,则表明地区产业专业化水平与总体相当。计算公式如下:

$$LQ_{ij} = \frac{X_{ij} / \sum_i X_{ij}}{\sum_i X_{ij} / \sum_i \sum_j X_{ij}}$$

上式中,i 表示第 i 个产业;j 表示第 j 个地区;x_j 表示第 j 个地区的第 i 产业的产值指标。

本书采用国家统计局《文化及相关产业(2012)》的标准,对 2017 年全国 31 个省份的文化创意产业区位商进行计算,并以各省区市文化产业产值占全国的比值作为权重进行修正。数据显示,2017 年我国文化创意产业排在前十名的省区市分别是:北京、上海、广东、浙江、江苏、辽宁、陕西、山西、福建、湖南,排在后五名的是贵州、海南、青海、宁夏、西藏。可见,文化创意行业的地区专业化程度与经济发达程度的空间分布基本一致。

四、国家层面政策体系梳理

2006 年,国家"十一五"规划提出要积极发展文化事业和文化产业,创造更多更好适应人民群众需求的优秀文化产品,也确定了依靠文化创意产业调整经济结构的方针。党的十七届六中全会提出要将我国建设成为社会主义文化强国。之后,国家也越来越重视文化创意产业的发展。

2011 年,国家"十二五"规划提出文化创意产业要在促进经济结构调整以及转变经济发展方式中占据主导地位,也体现了中央对文化创意产业的重视程度。党的十八届五中全会也提出:"构建中华优秀传统文化传承体系,加强文化遗产保护,振兴传统工艺。"2013 年,党的十八届三中全会通过《中共中央关于全面深化改革若干重大问题的决定》,提出文化创意产业是一种在经济全球化背景下产生的、以创造力为核心的新兴产业,强调一种主体文化或文化因素依靠个人(团队)通过技术、创意和产业化的方式开发、营销知识产权的行业。大力发展文化创意产业,要以观念创新为先导、以提高产业竞争力为目标、以体制和机制创新为突破口、以政策为导向、以园区为载体、以人才为支撑、以公共服务平台建设为依托、以环境塑造为保障,推进文化体制机制创新。

2014 年 3 月 14 日,国务院印发了《国务院关于推进文化创意和设计服务与相关产业融合发展的若干意见》(国发【2014】10 号),提出要增强创新动力;强化人才培养;加大财税支持;加强金融服务等。

2014 年 3 月 17 日,国务院印发了《关于加快发展对外文化贸易的意见》(国发【2014】13 号),该意见出台的政策包括明确支持重点、加大财税支持、强化金融服务,完善服务保障等。

2015 年 5 月 11 日,国务院办公厅转发文化部等部门颁布了《关于做好政府向社会力量购买公共文化服务工作意见的通知》(国办发【2015】37 号),提出要积极有序推进政府向社会力量购买公共文化服务工作,营造政府向社会力量购买公共文化服务的良好环境。

2015 年 10 月 8 日,国务院办公厅印发《关于推进基层综合性文化服务中心建设的指导意见》(国发【2015】74 号),提出要加强基层综合性文化服务中心建设;明确功能定位;丰富服务内容和方式以及创新基层公共文化运行管理机制。

2016 年,国家"十三五"规划强调要加快发展现代文化产业,推进文化事业和文化产业双轮驱动,为全体人民提供昂扬向上、多姿多彩的精神食粮。

2016 年 5 月 16 日,国务院办公厅转发文化部等部门颁布了《关于推动文化文物单位文化创意产品开发若干意见的通知》(国办发【2016】36 号),提出要推动体制机制创新,稳步推进试点工作;落实完善支持政策;加强支撑平台建设以及强化人才培养和扶持。

2017 年,党的十九大报告指出,文化建设是中国特色社会主义"五位一体"总体布局的重要内容,文化体制改革是我国全方位改革事业的重要组成部分,指出尽管近年来我国文化产业增加值增速不断加快,但是品质不高、文化创意含量不足、文化精品匮乏等问题仍然存在,要进一步扩大有效供给,提升供给水平,加快文化产业转型升级,为供给侧结构性改革提质增效。

2017 年,中共中央办公厅、国务院办公厅印发了《关于实施中华优秀传统文化传承发展工程的意见》,提出深入阐发文化精髓、贯穿国民教育始终、保护传承文化遗产、滋养文艺创作、融入生产生活、加大宣传教育力度以及推动中外文化交流互鉴等任务。

2017 年出台的《文化部"十三五"时期文化产业发展规划》(以下简称《规划》),从文化创意产业供给侧结构性改革出发,提出了文化创意产业高质量发展的九个路径。

一是推进"文化+"和"互联网+"战略,促进互联网等高新科技在文化创作、生产、传播、消费等各环节的应用,推动文化产业与制造、建筑、设计、信息、旅游、农业、体育、健康等相关产业融合发展。

二是以"一带一路"建设、京津冀协同发展、长江经济带发展为引领,引导各地根据资源票赋和功能定位,走特色化、差异化发展之路,充分发挥文化产业在脱贫攻坚战略中的积极作用,推动形成文化产业优势互补、相互协调、联动发展的布局体系。

三是进一步完善文化市场准入和退出机制,培育和壮大各类文化市场主体,鼓励各类市场主体公平竞争、优胜劣汰,推动形成不同所有制文化企业共同发展、大中小文化企业相互促进的文化产业格局。

四是扎实推进文化领域供给侧结构性改革,以创新供给带动需求扩展,创新文化产品和服务供给方式,优化文化产品和服务供给结构,提升文化产品和服务供给质量,扩大文化产品和服务的有效供给,满足人民群众日益增长、不断升级和个性化的精神文化需求。

五是适应和引领个性化、多样化的文化消费发展趋势,稳步推进引导城乡居民扩大文化消费试点工作,改善文化消费条件,释放文化消费需求,挖掘文化消费潜力,建立扩大和引导文化消费的长效机制。

六是进一步拓宽社会资本投资的领域和范围,激发社会投资活力,健全多层次、多元化、多渠道的文化产业投融资体系,完善金融支持文化产业发展的相关机制,着力解决金融服务有效供给与文化产业发展实际需求间的矛盾。

七是建立健全以企业为主体、市场为导向、产学研相结合的文化技术创新体系,加强文化产业领域重大科技创新,着力推进新一代信息技术在文化产业领域的集成与应用。

八是进一步完善文化产品和要素市场建设,加强文化产品流通体系建设,建立健全文化市场监管体系,深化文化市场综合执法改革,加强知识产权保护利用,规范市场秩序,维护文化安全,加快构建统一开放、竞争有序、诚信守法、监管有力的现代文化市场体系。

九是按照国家构建开放型经济体制的总体要求,深度参与国际文化产业分工协作,研究制定和落实对外文化贸易相关政策措施,加快我国优秀文化产品、服务和文化企业"走出去"步伐,提升我国文化产业国际竞争力,构建互利共赢的文化产业国际交流合作新格局。

《规划》明确了要重点发展的文化产业,即要促进演艺、娱乐、动漫、游戏、创意设计、网络文化、文化旅游、艺术品、工艺美术、文化会展、文化装备制造等行业全面协调发展,以重点行业的跨越式发展助推文化产业成为国民经济支柱性产业。

最后《规划》还提出了加快推进文化治理体系和治理能力现代化的主要保障措施,包括创新文化产业发展的体制机制,进一步完善文化产业政策法规体系,加快文化产业促进法立法进程,落实完善文化经济政策,强化人才支撑,优化公共服务,加强统计应用等。

第三章 体育文化与体育文化创意产业的本质及发展机理

第一节 体育文化的概念和分类

一、体育文化的概念

文化有广义文化和狭义文化之分。社会学认为,广义文化是指人类创造的一切物质产品和精神产品的总和,狭义文化专指语言、文学、艺术及一切意识形态在内的精神产品。哲学认为,广义文化是指总括人类的物质生产和精神生产的能力、物质的和精神的全部产品;狭义文化指精神生产能力和精神产品,包括一切社会意识形态,有时专指教育、科学文学艺术、卫生、体育等方面的知识和设施,以与世界观、政治思想、道德观等意识形态相区别。

体育文化就是人类在社会活动和体育活动中所建立起来的一整套规范体系和价值体系,以及体育活动的方式和设施等。它不仅要满足人的自然本能的需要,还要满足人们对体育文化的社会心理需要。体育文化属于改造自身的文化类型。

二、体育文化的分类

(一)按层次分类

对体育文化分层,是对体育文化包含的内容进行层次划分。对体育文化的层次分类,并没有必须遵循的固定标准,更没有不可改变的层数规定。实际上,为了服务于分层目的,可以依据不同的标准,对体育文化进行两分、三分、四分、五分等四种形式的分类。

1. 两分法

按照不同的标准,体育文化可以两分为多种形态。

（1）体育物质文化和体育精神文化

（2）体育制度文化与体育非制度文化

（3）体育观念文化与体育非观念文化

（4）体育竞技文化与体育非竞技文化

（5）体育项目文化与体育项目外文化

（6）体育运动文化与体育外围文化

（7）体育观念文化与体育行为文化

2. 三分法

按照不同的标准,体育文化可以三分为多种形态。

（1）体育精神文化、体育制度文化和体育物质文化

（2）体育物质文化、体育精神文化和体育行为文化

（3）体育信仰文化、体育方法文化和体育行为文化

（4）体育观念文化、体育制度文化和体育器物文化

3. 四分法

按照不同的标准,体育文化可以四分为多种形态。

（1）体育物质文化、体育精神文化、体育规范文化和体育智能文化

（2）体育思维方法、体育观念文化、体育制度文化和体育行为文化

4. 五分法

体育文化的五分法,是把其分为体育物质文化、体育精神文化、体育制度文化、体育行为文化和体育艺术文化等。

（二）按目的分类

按照目的不同,体育文化可以分为以竞赛获胜为目的的竞技体育文化、以体育教育为目的的学校体育文化、以强身健体为目的的健身体育文化、以娱乐休闲为目的的休闲体育文化和以特殊服务为目的的特殊体育文化等。

（三）按起源分类

按照起源不同,体育文化有不同的分类方式。从世界体育的角度,体育文化可以分为东方体育文化和西方体育文化两大类。

（四）按组织分类

组织的分类本身是多样化的,所以按照组织形式来划分的体育文化自

然也会有多种。按照组织来划分,体育文化可以分为医院体育文化、机关体育文化、银行体育文化、工厂体育文化、学校体育文化、财团体育文化、图书馆体育文化等多种形式。

(五)按历史分类

当按照历史分期来划分的时候,体育文化也就必然会有多种分类方式。这里以中国体育文化为例进行分类。按照粗略的历史分期法,中国体育文化分为三类,即中国古代体育文化、中国近代体育文化和中国现代体育文化。

(六)按区域分类

区域是一个大概念,因而区域的划分可以遵循不同的标准。这里按区域对体育文化进行分类,也有多种划分法。

1. 以中国为例

按照地理区域来划分,中国体育文化可分为东北体育文化、华北体育文化、西北体育文化、西南体育文化、华南体育文化、东南体育文化、华东体育文化和华中体育文化等。

按照文化区域来划分,中国体育文化可分为燕赵体育文化、齐鲁体育文化、三晋体育文化、吴越体育文化、巴蜀体育文化、三秦体育文化、关东文化和岭南体育文化等。

2. 以世界为例

按国家区域来划分,世界体育文化可以分为中国体育文化、美国体育文化、德国体育文化、英国体育文化、日本体育文化、印度体育文化、韩国体育文化、法国体育文化、越南体育文化、伊朗体育文化、俄罗斯体育文化和西班牙体育文化等。

按洲区域来划分,世界体育文化可以分为亚洲体育文化、欧洲体育文化、非洲体育文化、大洋洲体育文化、北美洲体育文化和南美洲体育文化等。

第二节　体育文化的特征

一、体育文化的一般特征

(一)民族性与人类性

体育文化的民族性是指一定民族在历史上由于生存区域、生存环境、生产和生活方式、文化积累和传播等的不同而产生的不同于其他民族的体育和文化。体育文化的人类性的一层含义是,一个民族的体育文化中所共有的普遍性的品格能够为世界其他民族所理解或吸收,其动因是人类具有超越民族界限的共同的需求和理想。体育文化的人类性的另一层含义是,一个民族的体育文化中最能代表它的精神风貌、最有生命力的要素具有世界性的价值和意义。例如,中华民族古老的养生文化,具有追求生命质量的人类共性,这是人类体育文化的一部分,有着超越地域、语言、民族、国家界限的力量。

人类文化的存在和发展,不仅有共性的一面,还有极富个性的一面。这种人类文化的差异性,就是民族性的表现。不同地域的人,创造了不同类型、不同形态的文化,又塑造了具有不同文化特征的群体。任何形式的民族文化,都与本民族的形成、延续和发展密切相关,都与本民族的地理环境有关。任何一个民族的体育文化,都是发生、成长在相对固定的地域并逐步成为全民族共同的文化现象。从这个意义上讲,任何体育文化都是民族的,超民族的体育文化是没有的。但是,一个民族的体育文化成长到一定程度便要膨胀,必然突破旧有的躯壳向外部扩散,同其他民族的体育文化接触,或者被动地受到外部的影响。

体育文化民族性的核心内容是民族的语言、心理、性格,以及在此基础上形成的体育文化模式。不同的语言、心理、性格使生活方式和体育文化产生差异,这些差异又内化于民族的心理和性格等因素中,固化了体育文化的民族性,使之难以动摇。

民族体育文化越是独立地发展,与其他民族体育文化的差异就越大,进行交流的可能性就越大。体育文化的人类性寓于民族性之中,其民族性与人类性不是两个实体,而是一个实体的两个方面。一种体育文化同时具有民族性与人类性,民族性是就它与其他体育文化的差异性来说的,人类性是就它与其他体育文化的同一性来说的。虽然体育文化在运动观念方面存在着难以相互借鉴甚至理解的问题,但是不同民族体育文化总是在运动、组织形式等方面存在共通性或者易于相互吸收。实际上,世界上的许多民族性很强的体育文化也是跨民族的。

(二) 经验性与科学性

体育文化的经验性是指体育文化作为人类文化的一种形式总会具有依据经验进行生产和传承的属性。体育文化是人类为满足自身的身心发展需要而创造出来的一种文化,由于人类认识水平的局限和改造能力的限制,总是要依据自己的经验进行体育文化的塑造。体育文化的科学性是指体育文化的运作和发展必须依靠科学指导的属性。人体是一个客观的物质存在物,具有客观性和规律性。其自身的成长和改造规律必须由科学来指导。例如,运动水平的提高和纪录的不断突破,都是建立在对人体运动规律和自然界变化规律的科学认识和合理掌握的基础上的。应该说,体育文化的经验性和科学性是辩证统一的。体育文化以身体运动为基本手段,使得依据以往经验进行体育文化锻造具有一定的优势。当然,科学性也是体育文化不可或缺的,两者并存于体育文化之中。

(三) 继承性与变异性

体育文化的继承性是指体育文化经过不同时代仍然保留原有的某些特质的属性。体育文化具有通过语言、文字、图像等媒介在人们的意识领域和社会价值体系中传承的特性。当然,体育文化因为以身体动作作为基本形式,所以身体是其主要传承形式,依附于体育文化的独有的语言和文字也具有强大的传承功能。体育文化的变异性是指体育文化在历史发展的过程中发生内容、结构甚至模式变化的属性。当然,体育文化的变异并非总是积极的或全部是积极的。历史发展的曲折性就表现在体育文化发展的方向是进步的,但在前进过程中会有挫折。中国文化自远古以来,代代相承,虽多有曲折,却从未中断。中国体育文化也是如此。

（四）社会性与群体性

文化的社会性，也称文化的群众性。任何文化都离不开大众，更不能离开社会，体育文化也不例外。如果人离开了文化，就不能成为真正的人。同样，如果社会离开了文化，就会变成愚昧的社会。因此，人、文化和社会三者之间形成了相互关联、相互作用的复合体。

文化的群体性主要表现为两点：一是任何体育文化的产生都是群体创造的产物。即使是个人创造的，也必须经由群体接受、丰富才能成为体育文化。二是体育文化的传播上，体育文化对人而言是在社会生活中通过群体性的途径获得的。体育文化是一种超个体存在，其遗传也是超个体传播。体育文化通过群体得以广泛流传，使其传播速度和范围优于其他物质形态。体育文化传播的群体性是体育文化发展的动力。

二、体育文化的自身特征

（一）健身性与竞争性

健身性是指体育能够对人的身体和心理进行改造的属性。体育活动的强身健体功能已经为世人所公认。在现代社会，科学工作者更是用大量的科学研究进一步揭示了运动与人类健康之间的密切关系。为了有更健康的体魄，许多人选择体育活动来增强体质。但是在充分认识到体育健身功能的同时，我们必须注意科学健身的方法，即"动"必有序，"动"必有道，否则，会适得其反，有害健康。体育文化是一种具有竞争性的文化。体育竞争，是在运动场上两个以上的个人或集体在同一规则下，争夺同一目标的活动。先得者为胜，不得者为负。体育竞争不仅仅反映在竞技体育上，就是群众体育也有强弱、大小、先后、高低之分。

现代体育比赛不仅比身体、技术、经验，而且比思想、意志、作风、拼搏精神，是一种全面的抗衡和竞争，对参加者的各个方面都进行严苛的考验。可以说，竞争是体育的灵魂，没有竞争就没有超越、创新和发展，体育竞争毕竟是文化领域的竞争，提倡一种公平竞争的精神。通过竞争，可以发现对手的优势、自己的劣势。伴随而来的危机感鞭挞着人们，使参加者每时每刻都想置身于优胜者的殿堂，从而刻苦训练。当他们克服一切困难使自己的成绩有所提高,并最终战胜对手时,精神也随之获得了升华。这种竞争精神也是我国社会发展和经济建设中所急需的。体育比赛的激烈性与比赛结果的不确定性,使得体育运动的竞争性与其他文化活动相比具有独特的魅力。

(二)教育性

人类从有历史以来,为了自身生存和物种延续的需要,将一些劳动技能和生活技能慢慢积累起来,并传给下一代。这是人类教育的起源。当然,这些技能中就包括具有普遍意义的体育基本技能,如跑、跳、投、摸、爬、攀、击打等,并成为青少年日常学习与活动的基础。这就是体育教育的胚芽。当然,体育教育的内容随着人类文明的进步而不断扩大。由此,体育与其他人类文化活动一样,从一开始就与人类的教育活动紧密联系在一起。

进一步来说,体育教育不仅是身体技能的传授,还有助于"培养人的勇敢"。古希腊人对体育非常重视,因为体育具有身体训练的功能,更重要的是,体育对人的思想品德有教育功能。从苏格拉底到柏拉图再到亚里士多德,有三种最重要的品质,即节制、勇敢和公正,贯穿于他们的思想。亚里士多德在《政治学》第 8 卷中明确指出,体育有助于"培养人的勇敢"。体育在德行与品质的教育中有重大意义。"希腊人重视体育不完全是为了健康,更多地是为了培养勇敢。这甚至才是体育的核心所在。既然勇敢是第一等重要品质,那么,它必须依靠体育,而依靠体育就离不开人们对人体及其力量的观察与思考。勇敢需要力量,力量需要体魄,体魄来自锻炼,锻炼必需体育。这就是希腊人的逻辑与培养勇敢的途径。"

体育在德性与品质的教育中,有重大意义。体育不仅仅是培养勇敢品德的活动,而且教会了孩子们如何与人相处、如何进行竞争、如何形成团体意识等。体育是群体活动,离不开合作,孩子们会从中体验合作、学习合作。体育竞赛需要公正公平,孩子们慢慢地从中体验竞争的意义,享受竞争胜利的喜悦,也从中体验竞争失败的滋味,逐渐勇敢地面对竞争,并学习到公平竞争的真谛。体育是一种积极的休闲文化,经常参加体育活动的孩子们,会从体育游戏中体会到体育的乐趣,使心灵受到洗涤,愿意学习体育的知识并逐渐养成积极参加体育活动的习惯。

体育应该以人为本,促进人全面、自由的发展。这种思想体现在雅典时期的教育中。雅典的教育在人类史上第一次提出了关于人的平衡发展的目

标:作为完整的人,其身体与精神应获得同样的、良好的发展。而现代体育
更是把人的全面发展作为基本目标。体育对于人的审美意识的培养具有重
要的作用。古希腊人就是按照他们对美的理解,要求体育塑造人的健康美
与力量美。美有许多形式,健康、力量、速度、平衡与和谐、技巧等都是美的
体现,而这些美都与体育活动有关。

体育的教育性还表现在为所有参加体育活动的人实现个体的社会化提
供了极好的熏陶,这一点对于少年儿童更为重要。由于体育竞赛实现了规
则和竞争的有机统一,体育竞赛的这种约定或限制下的公平性竞争为社会
成员提供了一种契约社会的典范。而这种示范作用,对于人们如何参与社
会竞争的精神构建会起到一定的正面影响和作用。特别是对在今天激烈的
竞争中如何构建和谐社会,起到一定的积极作用。

西方早有体育是通过身体教育的认识的观点。威廉姆斯强调,虽然体
育的教育作用是通过运用身体活动,用自然法则的方式来实现的,但是它的
目标远不限于身体(肉体)。它寻求教育发展的整个领域,包括学生的心智
和社会发展。当身体获得了物质上的发展时,心智也将会得到滋养和扩展。
与此同时,社会活动能力等方面也将得到发展。

(三) 身体表征性

在人类的诸多社会文化中,有多种不同的表现和传承载体和方式。例
如,小说和诗歌往往用文字来表现,建筑往往用建筑物和绘画作品等来表
现,茶和酒文化主要通过茶和酒的实物来表现和传承。这些文化都是人类
创造的,都通过各种方式在人的意识领域里留下印迹。其中许多存留于人
的头脑中和观念里的文化,虽然具有历史传承性,在经历了代际传承之后,
却会显得模糊或者难以辨明。

体育文化是一种非语言文字,是以身体来表征和传承的文化。这是体
育文化不同于非体育文化的鲜明特征。比如,在战争年代,士兵和军官可以
从身体表现来区别,扛大枪的肩膀与一般人不同,长期戴大檐帽的额际也会
有显著标记。不同的运动项目由于人体运动方式的差异产生不同的身体形
态特征。比如,游牧民族祖祖辈辈纵马驰骋在原野上,很少步行,使得肩部
比较松弛,他们的另一种身体文化——舞蹈也体现出多用肩、臂动作的身体
形态特点。

当今文化的重要传承方式是语言,其实体育文化中身体运动也具有语言的功能。身体运动的节奏犹如语音,身体运动的动作、技巧、姿态等犹如语汇,动作、技巧、姿态等的衔接规律和组合方法犹如语法,三者有机结合在律动中的形态与神态组成体育文化的语言交际功能。许多观众往往能从比赛场上运动员特殊的运动动作中领悟到深刻的东西,这与体育文化的身体表征与传承功能密切相关。正因为人们在生活中缺少规范的、非语言文化的交流,所以体育比赛作为一种身体表征文化,对语言的交往方式是很好的补充。

体育文化中的身体表征,与其他人体文化及一般生活中的身体语言相比,有其特殊和规范化较强的特色。不同项目由于场地、器材和设施及运动方式的限制,其身体表征性不可能完全一样,一般具有规范化和约束化的特点。这与同样以身体表征为特色的舞蹈文化有相似之处——都以身体动作为表现,要受到身体条件的限制。两者的差异之处在于,体育舞蹈以抒发感情为出发点,身体动作为这一目的服务;而体育以掌握器材和肢体为手段来展现技艺。足球运动员的各种庆祝胜利方式、乒乓球运动员在紧张时刻的缓解方式等,都体现了体育文化的身体表征性。

生活中的身体语言和身体形态特征也与体育文化的身体表征性不同。例如,钢铁、煤矿、纺织工人,由于工作性质往往形成特殊的身体动作定向,从形式上看其与运动员有些相似,但其实两者是不一样的。工人受生产劳动的目的支配,往往使人体具有工具性和机器性的特征;运动员在特殊的运动方式下进行,以形成某些专门的技巧和姿态为目的,具有相对科学和合理的自主性。有些工人的身体异化主要是劳动动作不以科学为指导造成的,而体育的技术一般经过科学的分析和研究,具有合理性。当然,过多、过度地进行单一的劳动和体育项目都是不利于人体全面发展的。在这里,体育运动往往成为解除和矫正劳动异化的主要手段,而其他运动项目往往成为一种专项运动的补充和调剂。体育运动中各专项运动员往往选择其他运动项目作为准备和放松活动,就是这个道理。

(四)开放性和互动性

在全球经济一体化的今天,文化交流频繁发生在国与国、民族与民族之间,发生于各个领域、各个角落,体育文化也不例外。体育文化是一个开放的体系,而这种开放的特性使得其不断地从外界汲取营养并不断壮大。无论什么样的体育文化,只有主动借鉴其他民族、其他地区的体育发展模式,在体育发展观念和实践操作上用科学的理论做指导,才能摆脱故步自封、停滞不前的局面。正因为体育文化具有开放性,所有的体育文化才成了人类共同的财富。不同国家、不同民族可以互相交流体育文化,只有这样,才能使所有的体育文化都得到繁荣与发展。

体育文化具有对外选择性互动的特点,而这种互动包括对各种文化的吸纳和排斥,正是体育文化开放性的实质。这种开放强调了选择的过程,而选择的过程就具有互动性。另外,体育文化可以通过体育的激烈竞争去吸引、激励人,同时通过这种激烈的竞争,人与人之间更加团结。体育的发展水平越高,与之相联系的科技、文化渗入就越多,而且科技和文化渗入的质量和效率会更高。反之,体育技术水平发展得越低,科技和文化的渗入的质量和效率就越低。随着科学技术的提高和社会文化的发展,体育项目不断创新。尤其是随着广播、电视、卫星系统技术的不断改进,体育文化传播已经跨越了时间和空间的限制,体育运动方式将更加多样化、发展程度将更加广泛化、发展速度将更加快捷化、选择互动将更加频繁化。

(五)表现和评价的直观显性

人类社会文化内容和要素的优劣,往往通过各种形式来展现。文化符号论者也坚持人类文化的表现方式及其评价标准应客观、实在。在这方面,体育文化具有自己的优势,那就是它的表现和评价相对于其他文化要直观显性得多。其内容和要素的差距、优劣明显而直观,具有十分鲜明的特色。这与体育文化的身体文化特性有关,更与体育文化中一套客观的评价体系密切相关。公平竞争是体育文化的精髓之一,就在于它保证了竞争的公平、公正和公开,在于它为建立合理而科学的体育评价体系确立了前提。

对于一场击打无数次的拳击比赛,如果选手没有在明显的优劣中决出胜负,精确的点数就会告诉我们答案;对于瞬间的100米短跑比赛,在用肉眼无法判断选手快慢的情形下,现代化的设备能够鉴别出谁先谁后;对于举重比赛,在没有办法分出两个大力士哪个举得更重的条件下,体重的细微差别会让胜负一目了然……正因如此,一切在体育运动中违背公平竞争原则的行为都是践踏体育文化的行为。

体育文化的表现和评价直观显性的特征具有重要的社会心理补偿价值。因为社会生活中的活动一般难以像体育比赛场上那样直观显性、公开、公平、公正和优劣分明。对一个人的评价往往是综合的、模糊的,这使得人们在生活中难以寻求一种即刻实现的自我体认感。因此,直观显性的体育比赛便成为满足人们心灵需求的场所。体育文化的直观显性特征,对于体育文化功能和价值的拓展具有重要作用。

（六）游戏与娱乐性

游戏是人类以获得情感和感官体验为目的,在特定的休闲时空所进行的对真实的虚拟或变相虚拟的活动。游戏有助于人类心理的健康发展。无论是原始人还是现代人,都有喜怒哀乐,都有复杂的心理体验与心理表达,如哭与笑、唱与跳、打斗取乐等。当人类认识到游戏活动对人的生理、心理与自身发展所具有的意义后,就逐渐把它演变为一种有意识的活动,并使它不断得到发展与传播。

体育是人类创造的一种游戏与娱乐活动。体育游戏是人类最早的社会活动方式。早期的体育除了发展人类的体力之外,还有一个明显的目的,就是娱乐。人们在劳作之余,玩角抵（蚩尤戏）、赛奔跑、比跳远等,用于舒展筋骨、恢复体力、活跃情绪。同时,这些体育活动伴随祭祀活动,成为祭祀娱乐的组成部分。席勒将游戏分为两种,一种是无理性的或说感性的游戏,他称之为"自然的游戏";另一种是兼具感性与理性的"审美的游戏"。席勒的"自然的游戏"是指生命力的自我表现,而"审美的游戏"实际上是指人的理想或本真的存在状态——感性与理性的和谐统一状态。由此,人们日常娱乐与活动身体的体育活动就是席勒所说的"自然的游戏",而健美活动、竞技体育活动就应归入席勒所说的"审美的游戏"。

体育活动是一种游戏与娱乐活动。游戏不仅满足人们的生理与心理需要,调节人们的生活与心理,而且是人类个体社会化的一个必经过程。体育游戏与娱乐活动,保持与促进了人的精神愉悦和健康。娱乐活动从原本意义上说是人通过自己的身体活动所进行的一种自娱,"是为了促进自我心情的表达或者表演"的"自我释放或者自我观照"。娱乐活动是人的身体文化的一个十分重要的方面。人们参加体育娱乐活动,在活动中锻炼自己、表演自己、欣赏自己,从而保证精神的愉悦和心理的健康。此外,由于现代生活中的工作压力、精神压力、环境压力等,许多人长期处于一种紧张、焦虑之中,而娱乐活动能够帮助他们发泄情绪、释放情感、保持心理的平衡与健康。体育娱乐活动尤其能起到这种作用。奔跑、跳跃、拳击、球类活动等都能极大地促进人类去发泄、释放、平衡。再者,体育娱乐既是一种"自我观照",又是一种"互相观照"。人们在体育活动中既看到自己,又看到别人,可以实现互相学习、互相交流、重塑自我的目的。因此,体育游戏满足了人们参加娱乐活动的快乐目的,而且通过体育游戏的组织性、公平竞争性,人们在活动中既享受了快乐,又学会了许多社会知识。

（七）多样性

体育文化的多样性是指参与的人们由于具有不同的目的、不同的价值取向和参与方式等所形成的不同的体育文化形态。就体育文化的内容而言,不仅包括竞技体育,如田径、体操等,而且包括健身体育,如轮滑、健美操等;不仅有以个人习练为主的体育活动,如武术等,而且有群体相互配合参与的体育运动,如篮球、排球等;不仅有传统的体育项目,如以太极拳为典型代表的各种武术项目等,而且有西方新兴的体育项目,如网球、拳击等;不仅有徒手的各类活动,而且有凭借一定器械而进行的活动。而就体育文化的形式来说,其多样性的表现更具特色,有物质形式,如体育场馆、运动器材、体育教材、服装等;有制度形式,如各种教学、管理的规章制度和行为准则;有意识形态,如体育价值、体育精神、体育道德等;还有行为模式形式,如体育课、体育讲座、体育社团、体育展览等。

此外,体育文化具有连续性、统一性、兼容性、渐进性和动态性等特征。

第三节　体育文化的结构

一、体育文化结构

体育文化作为世界文化的重要组成部分,以其独特的文化底蕴和内涵,在世界文化舞台上尽显特色,散发迷人的光彩。与其他任何文化一样,体育文化内部相互联系、相互作用的诸要素之间在一定的排列组合后,形成的一种相对稳定的、可以识别形貌的整体。在这一有机整体中,物质文化、制度文化和精神文化是体育文化的三个构成要素。

(一)体育文化结构的动态性

动态性指的是体育文化结构的可变性或开放性。这一特征更能表现体育文化的本质特征。在与外界进行交流、交换的过程中,体育文化系统的结构总是呈现出明显的动态性,或是量的变化,或是质的飞跃。中国的体育文化在中国近现代的几次大的体育文化交流中,受到了相当大程度的影响,尤其是1840年以后,西方体育文化的引入,使中国传统体育文化从外在的物质文化层面到内在的精神文化层面都发生了变异。在这个过程中,民族传统体育文化逐步走向开放,获得新的发展。

(二)体育文化结构的稳定性

体育文化结构一旦形成,在一定限度内就会保持固定不动的状态,不会以立即、直接和自动的方式随着体育文化要素的变动而发生改变,由此可以保持系统的完整性。因此,我们可以认为,体育文化结构具有封闭性和稳定性。当然,体育文化结构的稳定和封闭不是绝对不变的,而是相对而言的,自身的稳固相对于体育文化要素是限定的。例如,古代宫廷和民间体育的结构并非完全封闭,而是相对封闭和稳定的。宫女回民间就从某种程度上促进了民间体育文化的结构和要素的变化。

统治者阶层的偏好影响着运动项目的发展。皇族与贵族爱好的某些体育运动项目,通过他们自身或豢养专职选手来实践,形成中国古代宫廷体育文化的基本结构。这些项目在朝廷和民间的流动也时有发生。这些体育项目的高手有时在深宫大院内表演,有时在民间卖艺。但其具有相对稳定的基本结构。

(三)体育文化结构的整体性

体育文化中的物质层面、制度层面和精神层面,并不是机械地重组。体育文化是活生生的人或共同体创造的具体的社会文化,体育文化结构不可能像自然物质体系那样具有严整性。可分性和不可分性统一于体育文化系统及其结构中,任何体育文化系统都包含若干不能脱离原系统或可以容纳到别的体育文化系统的体育文化要素。不能脱离原系统的体育文化要素意味着它与这个体育文化系统之间具有不可分的关系,可以容纳其他体育文化系统的体育因素意味着它与这个体育文化系统具有可分的关系。然而,体育文化自身内部的逻辑要求体育文化内部各种结构要素应具有整体性。此外,体育文化要素间存在相容与相克的关系。

(四)体育文化结构的自调性

结构要素间的互动共振性主要表现了体育文化的自调性,也就是说,不同层次和不同领域内的体育文化或其某一结构、某一要素,可以使其他层次和领域内的体育文化出现改变,甚至引起整体结构的变革。体育文化各个要素通过互动共振,其结构又恢复相对的稳定。在封建社会,传统武术一直作为军事作战的主要手段。鸦片战争后,国外的坚船利炮打开中国的国门,武术的军事作战作用逐步消失,使中国传统民族武术文化发生整体变化。经过近现代的自我调整以后,武术文化在体育文化中找到了适合自己的独特方式,重新趋于稳定。

在体育文化发展中,这种自调性常表现为本土和外来的体育文化之间的整合,而这又与社会发展水平及其生存的大环境有关。中国在封建社会的鼎盛时期,大量吸收、改造外国体育文化和本国少数民族体育文化,形成自身的体育文化。中国武术在近代体育史上,在接受西方体育的教育方式和竞赛制度的同时,抵制了一些西方文化的冲击,反映了中国传统体育文化的高度自调性。经济越发达,社会越开放,本土体育文化越能够接受和消化外来的体育文化。

（五）体育文化结构的层次性

层次性是体育文化结构明显的特征之一。体育文化包括等级性和多侧面性这两个基本层次。将体育文化分为深层结构、中层结构、表层结构的若干纵向等级，这就是体育文化的等级性。将其分为若干横向的平行部分，并且这些部分相互联系又各自独立，这就是体育文化的多侧面性。不同体育项目的文化，彼此属于平行关系，既相互联系又相互独立，并相互制约。综合结构复杂而又多元、多层次的中国农业文化，使中国体育文化具有复杂结构，形成了潜在形态的体育文化，未能独立于娱乐文化之外。而现阶段的城市体育文化发展的主要特点是竞技职业性体育运动的发展，由此中国传统体育文化体现出等级性和多侧面性。

二、体育物质文化

体育物质文化是人类以体育为目的或在体育中的活动方式及其物质形态，可以分为三个部分，各个部分之间的联系是十分紧密的。

（一）体育物质文化的分类

1. 以促进体育发展而创造的物质的各种体育物化品

这是整个体育物质文化中最高层次的内容。人类的文明成果是在人类意识的支配下所创造的产物。从历史或者逻辑相统一的角度来看，可以将一切人类活动及其产物皆看成思想的产物。不过，在所有的人类物质文化成果当中，受思想支配的深浅程度和影响的大小是不一致的。所以，这也是能够进行区分的。在体育物质文化中，由人类体育的意识及观念所直接形成的物质文化产物，基本都归属于体育物质文化的范围，其地位大大高于直接作为体育活动载体的体育用具和体育设施的。例如，裁判法、体育法规制度、体育比赛录像带、体育歌曲的光盘等，都归属于体育物质文化。

体育物质文化不但包括了各种各样的体育器材、体育用品和体育场地，还包含了深刻思想内涵的物质文化成果。而且，其与体育制度文化和体育精神文化相比较而言，具有明显的区别。这主要体现在功能的基础性、形态的物质性、表现的易显性三方面。例如，款式新颖、五光十色的运动服装；雄伟宏大、气势恢宏的体育建筑；栩栩如生的体育雕塑；造型别致、工艺精美的运动器材;集娱乐和收藏价值为一体的体育奖券和体育邮票;介绍体育运动技术的书籍、音像、视频等,都是体育物质文化的具体表现形态。

2. 以改造人的身心为目标的体育活动方式

体育运动是人类发展的灵魂,各种各样的体育运动方式是人类不断改造和完善自身的理想的创造。耕田、锄草、插秧、印染、纺织、锻造等农业上和工业上的劳动动作,就是人类满足其生活的基本活动方式。从逻辑上而言,以追求身心健康为目标的体育运动方式,不仅不能够脱离人类的基本劳动方式,还能够对人类的基本劳动方式进行行为补偿。原始社会的人类为了能够获得食物而进行的跳跃、投掷、攀爬、奔跑等,除了是基本的劳动方式以外,还孕育了体育活动的方式。伴随着人类文明的不断进步,为了能够提高劳动效率和工作能力,纯粹的体育活动方式越来越繁荣,体育活动的方式已然成为当今满足人们精神需求的一种极具生命力的生活方式。其中有以增强体质为目的的网球和篮球运动,有以跑步来调节紧张的工作的运动,还有以放松为目的的足球比赛。

3. 以满足体育需求而创设的体育器材和场地设施

在人类文明发展的进程当中,将自身的力量作用于客观的物质,是最为基本的体育活动,也是人类为了能够满足自身的各种需求而创造的产物。但是,体育需求作为一种以精神为核心的需求,从逻辑上而言,其出现是晚于人类的衣食住行等基本需要的。不过,这并不能够影响人类全面发展需求的欲望。由于体育活动本身的特点,这种体育物质文化常常比其他物质文化更具有象征性。在当前世界的体育设施和体育用品当中,像棒球场、足球场、篮球场、田径场、雪橇、网球拍、游泳镜等,不但成为人类多种体育用具和体育设施中较为耀眼的部分,还常常在科技水平及信息含量方面更胜一筹。伴随着人类需求的不断增长,满足高层次精神需求的创造力将愈发强劲。这必然会有效地推动体育设施和体育用品的进一步发展。

（二）体育物质文化的特性

1. 基础性

体育物质文化是体育精神文化和体育制度文化的基础部分,早期的人类历史和文明形态就把石器、青铜等的划分作为体现物质文化的价值基础。如果没有足球及足球场地作为物质的基础,那么足球协会等组织及足球精神就根本无法存在和发展。

2. 物质性

体育物质文化是一种有着物质实体的、现实的、完全可以感知的体育文化事物。这些具体事物即便凝结了劳动者的主体意识,但是其内容是物质性的,而非精神性的。与此同时,体育精神文化产品即便是被物化了的产品,也不能完全地展现对自然客体的一定改造。

体育物质文化是对自然客体的改造。换言之,其天然就是物质性的。例如,一片网球场和一本体育书籍,都是体育物质文化内容,当中虽然蕴涵了一定的体育精神,不过它们归根结底是物质性的,不是精神性的。除此之外,体育物质文化是在极为有限的时间、空间上的存在。而体育精神文化直接反映了人们的精神世界,具有心理空间无限性的突出特点。

3. 易显性

体育物质文化与社会发展水平的直接因素是生产力关系,并且处于整个体育文化的表层,体育文化的发展常常从体育物质文化上表现出来的。例如,近代,西方体育文化中的篮球及场地、足球及场地、西方人的运动方式等,首先引起了当时中国人的注意。而中国人接受最快的也是体育物质文化内容,对公平竞争体育精神及建立体育俱乐部的接受,则比具体体育物质文化的引进明显晚一些。

三、体育制度文化

(一)体育制度文化概述

体育制度文化是整个人类通过体育运动改造、完善自身的活动方式及其制度的产物,可以说是进行调控和规范体育运动中,人们各种各样的社会关系的规章制度和组织机构的总称。体育制度文化其实是在体育文化活动的过程中,人类自身活动所构成的文化,是一种动态、稳定的文化成果。不仅区别于体育物质文化,也区别于体育精神文化,体育制度文化包括了体育制度、体育社会组织、政治和法律形式、风俗习惯、体育伦理道德、民族、语言及民族教育等。

体育制度文化在整个体育文化系统当中处于中介层面。体育体制在体育制度文化中,位于最高的层面,可以说是领导体育规范与体育机构的纽带。其集中表现在学校体育体制、竞技体育体制、体育科研管理体制、足球联赛管理体制、篮球训练及竞赛体制、体育场馆管理体制、运动协会管理体制等各个方面。同时,其属于通过制度的主观作用对体育文化进行创造。比如,世界竞技体育的管理制度,基本可以分为间接干预型、直接管理型、综合管理型,苏联、美国、西班牙这三个国家则分别是三种竞技体育管理制度的典型代表国家。当前,世界上各个国家的竞技体育管理体制基本上向着综合管理型过渡,也就是运用政府和社会相结合的方法来管理竞技体育。

在一些具体的体育制度文化层面,当今世界上存在着完全不同风格的体育文化类型。例如,中国与德国的体育科研体制的差别:中国是由国家体育总局科教司来开展中国的体育科研工作,而德国则主要通过联邦体育科研所进行;中国的相关机构数量多,但科研条件很差;而德国体育科研机构的设置较少,但科研能力很强。

(二)体育制度文化分类

1. 为了促进体育发展所形成的各种组织机构

组织机构实际上是人类社会不断进步发展的产物,其对高效合理地发挥出人类群体的力量起着至关重要的作用。人们的集体活动和个体活动,通常离不开组织机构的影响制约。而体育活动本身作为一种人类经过自身改造、促进社会提高的文化产物,各种各样的组织机构自然是不可或缺的。学校体育组织、运动竞赛组织、世界体育组织、大洲体育组织、民众自身娱乐组织、国家体育组织等,共同构成了体育制度文化的一部分。

体育组织机构一方面是体育运动文化本身发展的需求,另一方面也受制于整个社会制度等宏观上的条件。例如,在1881年成立的世界上第一个国际单项体育组织机构——国际体操联合会,不但是当时国际背景所起作用的结果,还是体操运动国际化发展的自身要求。而在1894年成立的国际奥林匹克委员会(简称国际奥委会),就更是当时国际合作的愿望及体育交流不断扩大的结果。不过,人们在成立各种各样的体育组织机构时,应当不仅考虑当时的社会背景,还要关注体育活动本身发展组织化的需求,这样才能真正地推动体育运动文化向前发展。

2. 人的角色、地位和体育活动的组织形式

每个人在社会中都有自己的社会地位和社会角色,并且不时地在各种

活动中长期或短期充当各样的社会角色。这是人的能力差异所致,其实也是由活动的组织需要很多种不同类型的社会角色所决定的。在体育运动当中,存在着教练、队员、队长、裁判等角色,具体来说,棒球比赛中存在游击手、投手、内野手、外野手等角色差异。例如单循环制、单败淘汰制、交叉淘汰制等赛制,就属于体育制度文化中最为基本的内容。

几乎不存在一个人一生中仅仅充当一个社会角色的个人,运动员还可以是父亲、儿子、哥哥(母亲、女儿、妹妹)等身份,队长可能在将来成为足球场上的教练等。各种社会角色在一定组织形式的影响下,共同维持着各种活动的进行。

与学习、工作、生活中的社会角色不尽相同的是,体育场上的角色有着很大的自由度、随意度。正如为人子女的角色,不是随意可以变更的,师生关系也不会轻易改变。但是体育场上的角色可以随时变更,有着很强的灵活性。在足球赛场上,就经常出现队长被换下场之后由他人来接替队长职位的情况。

不过,对体育场上的角色的区分,是有着一定的原则性的,技术水平不高或者领导力不强的运动员,很难在场上担当领导职位。体育比赛制度,有时会由于参赛队伍的增多或者减少而发生相应的变化,但是大多数情况下是基本稳定的。

3. 围绕体育所创造的直接影响体育活动的原则、制度

在整个人类的组织机构制度文化系统当中,组织机构的制度、原则是不可或缺的,决定了组织机构的活动方式、性质及发展方向,是制度文化当中和精神文化关系最为紧密、层次最高的部分。就像一所学校、一家企业都有着自己的制度一样,一个体育组织和体育群体,同样需要拥有自己的特有制度。

体育法制、实用体育学说、体育管理体制等,直接指导了组织机构活动方式的内容和行为。而这类体育制度文化的成果,主要来源于体育精神领域的思考和体育活动的实践,是整个体育制度文化体系当中重要组成部分,同时是领导体育规范和体育机构组织的桥梁。如果体育制度本身不健全,就会影响体育组织机构的完善。同样,如果体育产业制度不健全,就会制约体育经营管理的正常进行。因此,在改善体育文化发展状况的时候,政府经常会从这一层次开始改革。目前,中国正着手进行的体育体制转换和机制

转轨,就属于这类改革。

(三)体育制度文化的特性

1.时代性

体育制度文化当中的各个层次,特别是最高层次,往往会受到政府机关和社会制度的制约,而且随着时代的变迁及政权的更替而发生改变。因为时代的文化经常是统治阶级的文化,所以体育制度文化也带有一定的阶级性,如职业体育俱乐部是资本主义时代的产物。

2.俗成性

在体育制度文化中,有许多的内容并不是政府的强制规定,而是长时间以来在体育历程中约定俗成所产生、留下的,一般是体育参与群体集体无意识的产物,很多少数民族的体育风俗就有这样的特性。

3.连续性

在体育制度文化当中,较浅层次的内容经常因不能够适应时代的发展而渐渐被废除。反之,有着重要价值的内容用会而到传来,例如,在新成项目赛场上,设立裁判这一制度就是古代体育固有的体育制度变化,而且保留至今。

4.内化性

一些体育制度文化能够内化深入个人的意识当中,逐渐形成一种在缺乏外部刺激的时候也会进行的自旋行为,例如,球场上出现对方球员受伤倒地不起的时候,己方常常会把足球立即踢出界外形成死球,以抓紧时间救治伤员;而当对方球员治伤以后,也会主动将球权送回。

四、体育精神文化

(一)体育精神文化概述

体育活动中附带的科学、心理、道德规范、科学、哲学、审美观念、文学艺术等思想意识形态都是体育精神文化。体育精神文化(体育意识文化)是指精神因素占主导地位的体育文化,凡是在体育文化中传承的社会心理、道德规范、科学、哲学、宗教信仰、审美评价和文学艺术等思想意识形态领域的反映,包括不同民族和地区的传统心态,都属于体育精神文化。例如,代表东方文明古国的艺术宝藏——敦煌壁画,充分展现了古人高超的艺术技巧,具有惊人的艺术感染力。北魏狩猎图,只寥寥几笔,就将动物和狩猎人的神态、动作活灵活现地勾画出来。具有中华民族特色的武术和气功,以神奇般的功底和强劲的腿力,召唤着人习武壮身,修身养性,尤其是那些德高望重、以巧胜强,把力量、技巧与智慧、灵敏合为一体的人士及其精神,更令世人称颂、尊敬和效仿。其中的体育思想和精神属于体育精神文化范畴。

竞技体育的文化价值体现在主体精神、竞争观念、民主意识、科学态度等人类基本价值观念的弘扬,这是体育精神文化的重要内容。提倡拼搏、进取、团结奋进、科学求实、祖国至上、争创一流等特质的亚运精神、中华体育精神都是体育精神文化中的精华。

(二)体育精神文化的分类

1. 按照体育改造人的精神的思想观念及理论体系

人类的个体活动,还有人类社会所组织的活动,不太可能是毫无意识或者毫无目的的。人类的活动领域的划分,以及活动方式的形成,或多或少地会受到人类思想观念的影响、制约。各类具体的学科,通常是针对人类活动的某一领域所进行的探索的产物。这也是人类有意识地指导自己实践观念的结果。体育作为一项能够锻炼人的身心,进而适合培养发展的文化活动,毫无疑问要在多个层次或方面上来做出科学上的阐释。体育学科本身是在体育活动的理论背景下应运而生的。例如,体育史揭示人类体育产生发展的历程及其客观存在的规律,从而指导人们在现实的体育活动中趋利避害。体育经济学研究体育当中的经济活动现象,分析、解决体育经济方法、运行规律等问题。这些体育学科和当前许多尚未成立学科的研究领域,基本上按照书面的形式来展现。一门体育学科的发展,通常是以出版该学科的专著作为重要标志。

2. 围绕体育改造人的精神世界的物质内涵和行为准则

人类进行活动需要遵循一定的规律,这些规律是人类活动的指导思想,其中直接物化的部分往往形成物质文化,并逐渐遵循自然的规律和要求去发展。例如,一本杂志,其内容属于精神文化,是人的思想意识的直接产物,而其纸张、印刷、装订等因素则更多地要受到客观物质的影响。体育精神文化与一般文化有所不同,与物质文化、制度文化之间的联系更紧密,因为它本身是一种身体活动行为。体育服饰、体育谚语、运动训练、体育选材等都属于这一层次的体育精神文化。它属于行为文化的范畴,与体育物质文化及体育制度文化的区别十分微妙。当我们对运动服的质地、型号、颜色等进行品味时,关注的是体育物质文化;注意运动服展示的体育民族个性、审美情趣等因素时,关注的是体育精神文化。当我们谈及运动训练,注意它的外在身体运动的场面表现时,关注的是体育物质文化;注意它的教学传授方式与人际关系时,关注的是体育制度文化;注意它的训练原则与指导思想时,关注的是体育精神文化。

3. 借助体育改造人的主观世界的各种想法和打算

人类文化中的物质文化和精神文化是并行不悖的,但在诸多的人类文化中,改造人的主观世界的文化程度和范围是存在较大差异的。文学和艺术直接指向人的主观精神世界,它的产生源于人类精神世界的需求,它的实现方式往往贴近人的悲喜情感、欢愁情绪等精神内容,这些文化被认为是属于意识形态领域的文化。而体育文化一度不被认为具有改善灵魂的作用,因为它的直接表现形式是身体运动。但实际上,体育文化改造主观世界的可能性是十分巨大的,因为它较少限制人们的思维和情感,具有广阔和深远的精神展力。体育道德、体育精神、体育人格、体育理想等心理文化范畴的内容都属于体育精神文化。

4. 通过抽象的声音、色彩等表现体育精神的艺术文化

人类把握世界不仅仅只有物质的和精神的单一形式,还有把精神物化的产物这种形式。这些文化形式从表面看是实实在在的物质,但蕴涵着人类的情感、意志和灵魂,这类方式以文艺为杰出典范。体育活动的直观、激越、宏大等特性使得其往往成为文艺表现的对象。体育诗歌、体育小说、体育漫画、体育相声、体育小品、体育邮票、体育歌曲等体育文艺,属于体育精神文化的范畴。必须指明的是,这里所谈论的体育文艺并不是体育物质文化意义上的体育文艺。一幅体育漫画,当我们注目它的线条、色彩、纸张和物质价值时,关心的是它的体育物质文化的方面;当我们探究它表现出来的体育思想、情感时,关注的是它的体育精神文化的方面。体育精神文化的这个层面属于艺术文化的一部分。

(三)体育精神文化的特性

1. 沟通性

体育场面是一个具有很强介质功能的场所,而体育自身的保存和传承需要笔录书写、阅读赏析、语言交流,旨在加强沟通、形成精神对话,其成果虽然是物化的产品,实际上是传导体育主体精神和意念的媒介物。这是其发挥功用的方式。

2. 内视性

无论是对体育的感知、思维,还是对体育的价值观念、审美情趣,都构成了体育主体精神的内视领域,充当着体育精神内容的实体。

3. 积累性

积累性指体育精神文化比物质文化和制度文化具有更强的凝固能力和抗同化能力。这种特性表现在积极和消极两个方面。优秀体育精神文化的传承推进体育文化进步,落后体育精神文化的保留阻碍体育文化前进。

第四节　体育文化与政治的关系

一、体育文化与国家实力

从狭义的角度讲,体育应该与政治是没有关联的。仅仅从体育的物质层面讨论问题,如体育的健身功能、运动技术战术等,体育确实与政治无关。但是从广义的文化与社会角度讨论问题,体育是一项包含经济、文化、政治等诸多因素的综合性人类行为方式,必然与其所处的国家、民族、社会发生着千丝万缕的联系,当然也不会完全脱离其生存的政治环境。因此,体育与政治存在着复杂的互动关系。

(一) 体育文化是国家文化软实力的重要组成部分

体育文化作为国家文化总体的一部分,是国家文化的一个方面,是国家文化软实力的重要组成部分。体育文化软实力可以从广义和狭义两个层面理解。从广义上来说,它与各种文化、艺术、教育、宗教、新闻传播、医疗卫生等领域并驾齐驱,指整个体育事业及其所辐射的相关领域。它既包括国民普遍的体质和健康素质,各专项运动项目的理论研究、竞技训练、竞赛和运动成绩,又包括由体育衍生、与体育密切相关的经济、文化、社会活动等,以及人们在开展这些活动过程中所表现出的价值取向和思想、道德、精神风貌。从狭义上来说,它是相对于体育中那些可感、可触、可量化的刚性指标和科技要素、硬件设施等而言,在体育运动和与体育相关的活动中表现出来的思想文化、意志品质、制度机制等的影响力。它虽然看不见、摸不着,具有非物质、不可度量的属性,但是一种内涵丰富的合力,具有强烈的民族、地域色彩,鲜明的历史传承性和个性特征,既包括一个国家的体育文化、体育观念、体育道德,又包括运动员在赛场上的精神文明表现及健康文明的心态等。

全球化的发展,使一个国家的影响力,如地缘政治力量、经济力量、国际话语权、对国际机制的控制力、民族凝聚力等逐渐上升到了主要的位置。而文化作为最具活力的独特人类活动,以其特有的力量影响着一个国家的综合国力。体育文化在维护国家形象、体现国家综合国力、凝聚社会力量、促进经济发展、引导社会习俗、风气与精神文明等诸多方面发挥着日益重要的作用。

（二）体育实力是国家综合国力的具体体现

综合国力指一个国家在一定时期内所拥有的各种力量的总和,包括政治、军事、经济、科技等硬实力,也包括外交、制度、管理、文化等软实力。一个国家文化软实力的发展与其国家物质硬实力有着极大的关联。硬实力是一个国家文化软实力发展的物质基础,是国家软实力的有力保障;而文化软实力又从政治、精神、管理等层面对硬实力予以反馈,两者相互促进、相得益彰。改革开放以来,我国经济快速增长、国内外环境相对稳定,促使我国硬实力快速增长。目前我国的文化事业蒸蒸日上,竞技体育所取得的成绩就是文化发展的有力佐证。我国竞技体育连续在悉尼奥运会、雅典奥运会、北京奥运会、伦敦奥运会、里约奥运会上取得历史性突破,群众体育蓬勃开展,体育产业不断发展,体育制度不断改革与发展,中国体育的影响力日渐强大。这一切都表明我国已经是一个世界体育大国(还不是一个世界体育强国),也表明我国综合国力不断增强。

近年来,我国竞技体育的成绩说明,我国体育已具备相当的实力,成为世界竞技体育舞台上一支新的强大力量。特别是北京奥运会的成功举办,彰显了我国在政治、经济、科技、文化等各个方面的实力,是我国综合国力的具体体现。它向世界表明,中国已经是一个成熟的、对世界负责任的大国;中国人愿意参与世界事务,并且有能力参与世界事务。我国体育所取得的成就,使我国体育的影响力急速扩大。中国竞技体育的崛起、中国体育文化对国民的凝聚力,对民族的认同感,对树立民主、文明、繁荣、强盛、负责任的中国形象,增强我国的文化软实力等方面做出了巨大的贡献。

社会主义的核心价值观是国家文化软实力的重要组成部分,也是体现综合国力的重要方面。体育文化中爱国主义、热爱和平、以人为本、公平竞争等价值观,对于建设社会主义核心价值观,具有非常重要的影响力。爱国主义,对于增强爱国情感、促进对国家的认同感、自觉维护国家形象等,具有非常重要的作用,体现了中国和平崛起,愿意为世界多做贡献,勇于承担国际责任。以人为本是发现人的价值、开发人的潜能、发展人的个性、全面提高人的品质与实现公平,体现了社会主义社会既要促进个人的进取与奋斗、竞争,又要推崇公正性、平等性,这对于确立国家的形象、增强国家在世界的认同感、提高国家综合实力等具有非常重要的作用。

(三)体育文化在国家外交活动中的功能

外交地位是国家综合实力最为重要的体现之一。体育政治文化的功能之一就是在国际交往活动中发挥文化的力量,实现国家利益。我国体育外交文化始终围绕国家独立自主的外交路线,在维护国家统一、推进中国与世界关系的正常化、运用体育人员交流促进国内外的文化交流、加强文化外交等方面做出了巨大的贡献。

新中国成立以来,体育围绕国家政治利益促进国际交往。特别是新中国成立初期,体育为维护国家政治利益,维护国家的统一与主权,做出了重要贡献。在改革开放后的20年间,我国体育围绕国家改革开放、发展经济的新的战略利益,走上了服务于经济建设的轨道。体育运动员间的国际交流,一方面体现了世界一体化的发展趋势;另一方面通过运动员之间的国际交流,促进了不同国家、不同民族、不同信仰、不同文化、不同传统、不同习俗的交流与碰撞,有利于人们之间的了解,减少因不同文化与习俗而引起的矛盾与误解,促进世界和平。姚明、李娜这些常年在国外受训、比赛的优秀运动员,已经成为中国体育文化形象的名片。他们的言行、活动受到极大关注。而国外许多运动员来到中国的俱乐部参加比赛,在带来他们的民族文化的同时,会在中国期间学习中国文化,这样就通过他们逐渐把中国文化推向世界。

进入21世纪后,伴随着北京2008年奥运会的准备工作,中国借助体育平台,努力向世人展示中国传统文化。中国体育对外关系也进入文化战略时期,主要表现在对中华传统武术项目的国际推广上。近年来,我国加大了中国传统体育的现代发展,如角力等传统体育项目的开展,对于宣传与推介中国文化起到了很好的作用。一批传统体育项目重新被开发,应用现代体育科技、现代体育制度等现代体育元素进行改造与改进,并借助现代传媒推向社会、推向世界。不仅是体育活动搭建了中国文化的传播平台,而中国文化的其他平台也为传播中国体育文化做出了贡献。"随着2004年全球第一所孔子学院在韩国首尔挂牌以后,孔子学院的创建,也加快了中国优秀传统体育文化的对外传播速度。"

二、体育文化在构建社会主义和谐社会中的作用

(一)社会主义和谐社会的内涵

构建社会主义和谐社会,是党的十六届四中全会明确提出的新的重要思想和战略任务,标志着我们党在执政治国方略和思路上认识的深化。科学理解社会主义和谐社会的内涵与特征,对于不断推进社会主义现代化事业,保证经济社会协调快速发展,顺利实现全面建设小康社会的奋斗目标,具有重要意义。

在党的十六届四中全会《中共中央关于加强党的执政能力建设的决定》中,党第一次把构建和谐社会作为重要任务和奋斗目标写进党的正式文件,这是在新的历史条件下对中国特色社会主义的新认识。与中国古代和谐社会理想不同的是,这是一个可以实现的目标,是中国共产党人在新的历史时期的又一重大理论创新。

马克思主义认为,人是社会的主体。人类自诞生之日起,就必须在互相依赖协作中从事各种活动,这种互相依赖协作的总和就是社会。社会是人类活动的产物,社会的发展就是人的劳动方式的变化。人们活动的结果,不仅形成了不断变化的社会关系,还形成了客观的社会结构。因此,社会主义和谐社会,实际上是指以人为主体的社会和谐发展状态,包括五个方面的基本内涵。

1. 人与自然之间关系的和谐发展

人与自然的和谐发展是指人能动地适应自然规律,与自然界互利互惠,共生共荣。一方面,在自然允许的范围之内开发、利用和改造自然,使之为人类提供必要的物质资料,满足人类在学习、审美等方面的需求。另一方面,人必须把自己看作自然界平等的一员,自觉地维护自然界的生态平衡,促进自然界按其自身规律发展,当人的利益与自然界的整体利益发生冲突时,要控制人自身的利益,维护自然界的整体利益。人与自然的和谐发展,在构建社会主义和谐社会的进程中具有十分特殊的意义。统筹人与自然和谐发展,是保持我国经济持续健康发展的迫切要求,也是保证人类健康的生存环境、人的全面发展的迫切要求。因此,人们在利用自然资源发展的过程中,不仅要维护人类自身的利益,而且要维护自然界的平衡,使人类社会系

统与自然生态系统和谐相处、协调发展。

2.人与人之间关系的和谐发展

人的一切行为皆根源于利益。人与人的关系说到底是利益关系。从一定意义上说,社会主义和谐社会所包含的人与人之间的利益关系,不在于人们之间有没有利益矛盾,而在于如何认识和解决这些矛盾。在一个利益主体多元化的社会中,实现社会和谐往往并不表现为其中没有或很少有利益上的矛盾或冲突,而是表现为能够容纳和化解这些矛盾与冲突。社会主义和谐社会绝不是一个没有利益冲突的社会,相反,它对不同利益主体的包容和对矛盾乃至冲突的化解本身就是社会和谐的重要体现。

3.社会结构合理的社会

合理是指社会的各个组成部分有比较匀称、均衡、稳定的关系。国家是涵盖经济、政治、文化等许多相互联系、相互依赖、相互影响、相互制约的要素的有机整体。和谐社会必须是经济、政治、文化等各要素之间协调发展的社会。首先是经济结构、政治结构和文化结构之间的和谐,即要通过生产关系适应生产力、政治和观念的上层建筑适应经济基础的发展要求和需要,实现全社会的经济、政治和思想的协调发展,物质文明、政治文明和精神文明的共同进步。其次是人口结构、阶级结构、民族结构、职业结构、地区结构、家庭结构的和谐,也属于国家内部系统诸要素之间和谐的范畴。社会结构是社会的框架。社会结构合理是社会和谐的前提。社会结构不合理,必然把社会矛盾拉大,使社会冲突一触即发;社会结构合理,社会矛盾也就比较小,在这种情况下进行社会管理的难度比较小、成本比较低,和谐社会容易建成。

4.社会资源兼容共生的社会

民族、宗教、党派、阶层是国家重要的社会资源。这些社会资源固然有差异,但是共存共生于社会之中。和谐社会是一个能够把各类社会资源联合起来形成发展合力的社会。

5.社会内外部环境和谐的社会

世界正进入政治多极化、经济全球化的时代。从政治上看,世界格局正朝着多极化方向发展,特别是第三世界迅速崛起,成为一支影响世界政治局势的重要力量,中国作为发展中国家的一员,随着国力的不断增强,在国际舞台上正扮演着越来越重要的角色。各个国家之间正在形成一种相互制约、相互影响、相互依存、相对和谐的关系。从经济上看,全球化标志着人类社会正跨越国家和地区的界限,在全球范围内展现全方位的沟通和联系,具体表现为资源配置的全球化、市场的全球化、资本的全球化等,各国必须与世界经济达成一种和谐发展的关系才能够取得长足的发展。中国作为一个经济大国,随着市场经济的逐步推进、与世界经济进一步接轨,必将更全面、深入地融入世界经济之中,也就更需要与世界经济保持和谐共处的关系,趋利避害,既能充分利用经济全球化带来的机遇,又应避免全球化带来的负面效应、力求自身的和谐发展。

(二)社会主义和谐社会的特征

实现社会和谐、建设美好社会,始终是人类孜孜不倦的向往,也是包括中国共产党在内的马克思主义政党不懈追求的社会理想,根据马克思主义基本原理和我国社会主义建设的实践经验,根据 21 世纪我国经济社会发展的新要求和我国社会出现的新趋势、新特点,社会主义和谐社会是民主法治、公平正义、诚信友爱、充满活力、安定有序、人与自然和谐相处的社会。这些基本特征是相互联系、相互作用的,需要在全面建设小康社会的进程中把握和体现。

1. 民主法治

民主法治就是社会主义民主得到充分发扬,依法治国基本方略得到切实落实,各个方面积极因素得到广泛调动。发展社会主义民主政治的实质就是保证人民当家做主。共产党执政就是领导和支持人民当家做主,努力实现人民群众的根本利益。

2. 公平正义

公平正义就是社会各方面的利益关系得到妥善协调,人民内部矛盾和其他社会矛盾得到正确处理,社会公平和正义得到切实维护和实现。要实现社会公正,必须对社会公正的基本内容正确理解和准确把握。社会公正的基本要义是,给每个人所应得的,社会成员的基本权利得到切实的保障,共享发展的机会,按照贡献进行分配,并且使社会成员普遍地不断得到由发展所带来的收益。

3. 诚信友爱

诚信友爱就是全社会互帮互助、诚实守信,全体人民平等友爱、融洽相处；建立与社会主义市场经济相适应、与社会主义法律规范相协调、与中华民族传统美德相承接的社会主义思想道德体系，要以诚实守信为重点。诚信要求社会成员自觉遵守社会规则、规章制度和公共秩序并按这些规范行事。没有规矩不成方圆，规则和秩序产生和谐，如果社会有了合理、统一的社会规则，社会成员又能自觉地遵守这些规则，就有了诚信。诚信是人类社会一切道德的基础和根本，是做人处事及经济生活中的基本道德规范；是社会主义市场经济健康发展的前提和基础；是社会主义精神文明建设的重要内容和实现社会风气根本好转的关键。友爱就是要全社会倡导全体人民平等友爱、融洽相处。这些对于构建社会主义和谐社会具有积极的意义。

4. 充满活力

充满活力就是能够使一切有利于社会进步的创造愿望得到尊重，创造活动得到支持，创造才能得到发挥，创造成果得到肯定。和谐社会是人类追求的社会目标之一，但社会的和谐并不是全部社会价值目标所在。如果社会仅仅是和谐的，而没有活力，仍然是不可取的。我们党提出要最广泛、最充分地调动一切积极因素，其着眼点就是要从政策上促进、从制度上保证整个社会的创造活力。

5. 安定有序

安定有序就是社会组织机制健全，社会管理完善，社会秩序良好，人民群众安居乐业，社会保持安定团结。社会稳定既是重大的社会问题，又是重大的政治问题，不仅关系人民群众的安居乐业和全面建设小康社会现阶段奋斗目标的实现，而且关系共产党长期执政地位的巩固、国家的安定团结和社会主义社会的发展。因此，我们党一直坚持稳定压倒一切的方针。

（三）体育与社会主义和谐社会的实现

建设社会主义和谐社会是我国新时期的重要政治任务之一，也是建立现代化中国的必由之路。在构建社会主义和谐社会的实践中，体育文化担当着不可或缺的角色。体育文化通过对人们的精神作用来实现其功能，其中博得人们喝彩的是公平竞争、团队协作、自强不息、科学求实、敬业进取的体育精神。体育文化有利于人们共同理想信念的树立，有利于人们良好行为和社会责任感的形成，有利于全民素质的提高。"四有"公民的培养，有利于良好人际关系的形成，有利于生活结构的优化。

1. 体育的公平竞争促使社会主义公平观的建立

公平、正义是和谐社会追求的目标。当前,在发展社会主义市场经济的条件下,面临的突出问题是如何更加有效地促进社会的公平和正义的问题。体育以公平竞争道德标准为前提,以规则来约束竞赛的一切,这与和谐社会追求的公平、公正的价值取向相一致。而通过体育所表达的文化理念一目了然,更为人们所乐于接受。体育公平竞争艺术的完美演绎对社会所起的昭示作用,有助于建立与经济要求相适应的公平观,那就是提供平等的竞争机会,获取利益达到相对的平衡,符合社会道德原则和道德精神的公平观。

公平竞争不仅是竞技运动赖以生存的基本前提,而且是社会健康、和谐发展的基本条件。美国经济学家詹姆斯说:“遵循公正的基本原则,可以充分激发各个阶层成员的潜能,最大限度地释放个人和组织的能量。”发展市场经济时,要讲效益,必然会有竞争,社会主义市场经济在追求效率的同时,必须兼顾社会的公平。从而建立起效率和公平之间良性互动的动态平衡关系,社会各方利益关系才能融洽协调,人们的积极性、主动性和创造性才能得以充分发挥,社会才能和谐稳定。

在体育竞争中,不论民族、肤色、信仰,人人都站在同一起跑线上;也不论参赛者的政治、经济、文化背景,每个人都有获得冠军的平等机会,竞赛完全凭借强健的体魄、智慧的头脑、机敏的反应、良好的控制力去战胜对手、获取胜利。公平是公正的前提和基础,离开公平的规则就没有公正的存在。体育竞赛规则科学严谨,国际公认,执行透明,结果及时准确。竞争的公正性得到人们的普遍认同。体育竞争公正严明,诚实守信,光明磊落。

体育公平竞争积极、崇高的价值趋向,至少显示出正反两种作用力。从避害的角度,一切不正当的、无序的竞争应该受到坚决的遏制:从趋利的方面,体育在带给人们健康、愉悦的同时,承载着公众的精神寄托,民主法制框架下的公平法则是协调社会人群获取利益的契约。在法律面前人人平等的威严性不可动摇。建立统一开放、竞争有序的现代经济社会,需要借鉴体育公平竞争这一稳定力量,以达到社会和谐的平衡点。

2. 体育文化倡导社会的诚信友爱

诚信友爱就是全社会互帮互助、诚实守信,全体人民平等友爱、融洽相处。和谐社会,必然是诚信友爱的社会。构建和谐社会,仅仅依靠法律和制度规范是远远不够的,必须借助道德的力量,而道德的核心就是诚信友爱。

体育文化继承和发扬了古今中外文化追求诚信的美德。体育文化强调真、善、美的统一，并以善为核心，追求道德觉悟。在竞技场上，不仅要比体力、战术，还要比思想、作风。在当今各种价值观交织碰撞的社会中，诚信就显得格外醒目和旗帜化了。体育高举信用文化的大旗，担当维护诚信的使者，社会风气被净化，社会也变得更加美好与和谐。在体育领域，对于违背公平竞争的体育道德行为是决不姑息的。因为处在公众视角的体育赛事对诚信有着极高的要求，具有广泛的社会影响力，代表的是一个国家、一个民族的文化形象。

友爱是建立在诚信的基础上的，往往比诚信所起的作用更积极、主动。诚信和友爱是一种能量，一旦成为一种行动，就会激励他人，就会繁衍不息。当今世界，体育是人们生活中的重要内容，体育明星更是备受关注的公众人物，有成千上万的崇拜者和簇拥者。因此，他们的言行举止有很强的示范作用。他们在以高超和精湛的技艺让人们尽情享受体育的美感和乐趣的同时，传递着让世界充满爱的体育精神。人类不但要学会生存，还要学会关心，也许这才是涉及人类福祉的根本所在。

诚信友爱的社会不但需要法律的约束，还要道德的自律。如果说法律有强大的震慑力，发挥强制作用，那么道德教化就是软约束。它是一种特殊的行为规范，是对法律的必要补充，是法律规章不能替代的，有更广泛的适用面、更大的作用场。法治和德治，从来都是相辅相成、相互促进的。体育文化是社会主义精神文明建设的组成部分，是社会道德的重要载体。通过体育传播社会主义思想道德和文化，为社会道德体系提供持久的精神动力支持。在社会主义市场经济中应运而生的道德因素，如人的自主意识、竞争意识、勤奋意识、效率意识等积极的伦理精神，都能借助体育这一特殊的文化载体起到强化作用。在构建社会主义和谐道德大厦的过程中，体育文化将扮演极为重要的角色。

3. 体育精神促使社会充满活力

体育精神是民族精神的重要组成部分，与民族精神的主题高度契合。在当代中国，体育精神融入了以爱国主义为核心的民族精神，并与锐意创新的时代精神一起为人们所崇尚。如果说民族精神是一面无形的旗帜，凝聚各方力量，具有凝聚人、团结人、激励人的特殊功效，那么时代精神则是创新发展、不断进取的加速器，是催人奋进、不断进取的战斗号角。体育精神不仅是体育运动的精神指南,也是社会主义精神文明建设的重要组成部分。目前,我国经济社会正处于转型时期,体育精神在构建和谐社会的进程中发挥着至关重要的作用。

(1)敬业进取的体育精神是激发创造力的源泉

敬业进取精神是建立在理想和信念之上,建立对所从事事业价值和意义的深刻理解之上,在强烈的责任感的驱动下,迸发出的自觉行动。它可以充分调动人的主观能动性,对国家和民族来说,奋发图强、敬业进取精神是让人类有所发现、有所创造、有所前进的动力。敬业进取的体育精神激发全社会的创造活力,让社会充满活力。敬业进取精神也是一种积极的人生态度,是事业成功的保证。有了这种精神,即使在逆境下,也能始终如一。在运动场上,运动员的敬业进取精神表现得尤为浓烈。为实现崇高理想竭心尽力的奋斗精神,也是激励人们为国家和民族建功立业的精神动力。

(2)团队协作的体育精神塑造人的现代化品格

团队精神是当今社会十分推崇的一种品格,是每个人进入社会应具备的现代化品格。在当今的经济社会,既要尊重个性,充分施展个人的聪明才智,又要培养人与人之间的团队协作精神。当个人置于团队中,呈现整体搭配时,就能找出共同的方向,产生共鸣和综合效应。体育运动有一种内聚力,可以加强一个团体的向心力,促进团结与协作。有识之士总是千方百计利用体育手段,通过组织户外活动、采用拓展训练等体育项目的衍生形式,培养员工的团队意识,塑造现代人的职业素养和职业精神。现在高校之所以兴起龙舟运动,是因为龙舟比赛在挥桨荡舟之间培养了人们的集体主义精神,是团队力量凝聚产生作用的直接体现,在构建和谐社会的进程中,应加强培养公民敢于迎接挑战的顽强意志、承担风险的能力及精诚合作的团队作风。

在体育战线,没有哪一项运动不体现出广大运动员和体育工作者之间的群策群力、同心同德、集体智慧和力量的凝聚。团队协作精神是体育比赛制胜的法宝,是文明社会的重要标志。有了这种精神,社会各阶层的作用将得以充分发挥,社会成员的创造力也将被激发,一切积极因素得到最广泛、最充分的调动,形成促进社会和谐的强大合力。

4.体育文化维护社会安定

现实社会本身的复杂性,以及世界本身的多元性,使社会必然存在法律制度无法涉及的地方。社会的安定有序不仅需要法律维系,还需要道德来维系。体育文化对社会成员价值观念和社会行为的调节、控制、引导作用是维系社会安定有序不可缺少的手段。

(1)有利于社会责任感的形成

体育文化是精神文化,也是行为文化,对社会生活的影响比政治、哲学更为直接和广泛。它对道德和法律之外人们的社会生活和行为的调节、控制和引导作用也非常有效。体育文化能促使不同价值观、道德观甚至不同意识形态的人,汇聚到共同的体育理想、共同的体育价值观和艺术观之下,实现社会矛盾的缓和与协调,甚至使一些越轨的行为得到抑制。

(2)有助于抵御功利主义

市场经济的利益追求,往往容易给社会的安定带来潜在的危机。体育文化的价值观点、道德感召力和教化力有着较强的社会调节作用。建设小康、构建和谐社会,既要讲求效率和功利,又要顾及道义和价值,最终符合现代社会的价值观念,那就是以人为本,保证社会安定有序、和谐协调发展。

(3)有利于规范个人行为

社会学家指出,人均国内生产总值达到1000~3000美元的发展阶段,往往是经济容易失调,社会容易失序,心理容易失衡,社会伦理需要重建的关键时期,也是各种社会矛盾层出不穷的时期。目前,政府正采取制定相关政策法规等措施,积极应对可能出现的风险。但仅此是不够的,还需要文化的调节、控制。

体育文化调整和修正个人对利益的情绪化感受,滋润、养护人们的心灵。奥林匹克运动倡导参与比取胜更重要。因为体育比赛不仅比输赢,更是精神和斗志的较量。在金牌之外,参赛者在参与过程中获得一种自我实现和超越自我的感受,充分体现了自身的价值,表达了为实现崇高理想而不断进取的精神。奥林匹克文化把人们引向对奥林匹克哲学思想的认同和信服,引向对崇高信仰的自觉追求。

(4)有利于调节和疏导社会生活

体育运动调节、引导人们生活的效果是其他社会活动不可企及的。一场重大的体育比赛,争相进行实况转播的国家遍布全球,观众数以亿计。体育竞赛瞬息万变、斗智斗勇,其过程和结果能引起观众心情的跌宕起伏、造成人们心里的悬念,从而满足人们的文化需求。这是一种释放压力、疏导不良情绪的极佳方式。社会学家把体育运动誉为保持社会稳定的安全阀。

5. 体育文化促进人的全面发展

人的全面发展是社会和谐的基础。马克思主义把人的全面发展视作社会进步的表现,当作人类社会发展的最高目标。《共产党宣言》中明确指出:"代替那存在着阶级和阶级对立的资产阶级旧社会的,将是这样一个联合体,在那里,每个人的自由发展是一切人的自由发展的条件。"

人的全面发展,核心落实在公民素质的提高。人的素质是历史的产物,改善全体公民的素质是我国社会主义现代化事业获得成功必不可少的条件。教育承担着极其重要的责任,体育文化对全民素质的提高所起的作用独树一帜,是国民教育的优质资源。

(1)体育文化营造良好文化环境

首先,体育文化参与构成社会文化环境。体育文化被人们创造出来以后,参与构成了人们生活的文化环境,反过来影响人的自身发展,塑造人的自身,发挥着教育和培养功能。人的成长和活动离不开社会环境,文化环境的熏陶和教化对身心的发展起到制约作用。体育以其特有的亲和力、感召力、震撼力,把人们吸引到其所营造的文化环境中。我国从 1993 年开始申办奥运会到获得奥运会举办权,历经了一个漫长的过程。上至国家领导,下至平民百姓,都是满腔热情,积极参与其中,凝聚成一种申奥精神。当北京赢得奥运会举办权的那一刻,举国上下,激情涌动,人民欢呼,迸发自内心的爱国情感和民族自豪感达到高潮。申办奥运会成为民族精神的催生点和增长点。

其次,改造不健康的心理环境。体育文化具有改造不健康的心理环境的功效。如青少年长时间沉溺于网络已经成为社会问题。他们在虚拟化、个性化的世界里无拘无束、天马行空,久而久之,对网络产生依赖而成为俘虏。单纯的机械阻隔,是无法达到效果的。对这一问题,教育学家和社会学家不约而同开出处方:把他们吸引到体育活动中来,以体育的激情、奔放使青少年从消极、颓废、暴力等不健康的庸俗娱乐活动中挣脱出来。

(2)体育文化塑造人的精神

体育作为一种将体质、意志和精神教育有机融为一体的手段,是素质教育不可或缺的内容。与美术、音乐相比,体育往往更能直接改善人的交际能力、培养团队精神。体育文化潜移默化地引导人们正确地分辨美与丑、善与恶、是与非,自觉抵制各种错误的观念。

(3)体育运动是生动的教育素材

体育运动由于具有大众性、国际性、技艺性和礼仪性的特点,因此成为传播价值观的理想载体。奏国歌、升国旗是国家意识的升华,运动员的骄人成绩也是国力和民气的反映,这可以大大激发人们的爱国热情、振奋民族精神,产生不可估量的教育作用。运动员在竞技场上奋力拼搏,为国争光,演绎的是一种社会责任,他们的一举一动都具有很强的示范作用。我国著名运动员刘翔、李娜、姚明这些闪光的名字和他们的传奇故事仿佛一种文化符号,是人们在困境中前进的动力,是国民教育生动的素材。体育运动是一种极有说服力的教育手段,对人的思想素质的提高有着特殊的作用。当人们观赏或参与其中,就获得精神的陶冶、心灵的净化和感情的升华。当人们徜徉在富有激情而又充满生机的体育文化环境之中,一切说教都显得苍白无力。

6、体育文化促进人际关系的和谐

和谐社会的目标指向自然、社会和人的和谐发展。人与人之间关系的和谐程度,决定着社会的质量,决定着社会发展的方向。构建和谐的人际关系,需要从多方面着手,体育文化独辟蹊径,帮助人们克服人际交往的物化影响,促进人际关系的和谐。

(1)体育文化营造生活情趣

人们渴望相互关心、信任、依存的良性互动。可现代社会市场经济的利益追求,使人与人之间的交往染上浓重的功利色彩,成为人际交流的障碍。为解决这一问题,我们一方面想方设法把这种负面效应降到最低,另一方面努力造就产生和谐、共生、共荣、互利的人际关系新环境。体育文化能够沟通人际交流、营造宽松氛围、抚慰心理失衡、增添生活情趣,是其他形式的文化望尘莫及的。由于体育文化具有开放宽松、多元共存的特点,又表现出海纳百川、兼容并包的风范,为各种文化提供了交融共存的空间。不同年龄、不同性别、不同职业、不同层次的人群都能从中得到精神上的满足,找到自己的存在价值。在晨曦锻炼时,在休闲健身时,人们敞开胸怀、尽情放松,人与人之间多了一分平和,少了一分抱怨;多了一分关爱,少了一分冷漠。体育活动成为人与人之间相互作用的一种重要形式,建立起一种新型的人际关系,这就是人与人之间相互尊重、相互关心、相互协调、相互促进的和谐局面。

(2)体育文化优化生活结构

体育文化崇尚科学和文明,有优化生活的作用。体育文化引导人们从人的角度理解生活、摆脱生活中的愚昧和落后,走向文明和健康。体育文化优化现代人的休闲方式,从结构和内容上改造人们的休闲活动,丰富文化精神生活。

体育文化在结构方面引导人们从实现自我的需求出发,建立起娱乐型和发展型的休闲生活,形成体能型和精神型活动、家庭和社区活动的多层次、多元化的合理结构。体育文化在内容方面改变闲暇低俗的消遣娱乐活动,提高生活的品位把人们引向健康、科学和文明的休闲方式。抵制封建迷信、愚昧落后,走出休闲即打麻将、喝茶聊天、烧香拜佛的误区,投入到缤纷的体育活动中。以登山、旅行、越野等多种形式弥补现代生活的种种不足,从而得到心理上的快感和满足感。这使人的自信心、自豪感大增,满足人际间交往合作的需要,达到以人为本的理想状态,实现自我超越,渐趋自然、人和社会和谐发展的境界。

第五节　体育文化与经济的关系

一、体育经济价值

(一) 体育经济的发展

在社会生活中,人的一切活动都与社会经济密切相关。经济是基础,没有经济基础,社会领域的其他活动就无法进行。体育经济是社会经济发展的衍生物,是体育价值在社会经济发展中的一种反映。体育本身不属于经济范畴,而属于上层建筑范畴,但作为上层建筑领域的一种特殊事物,在一定意义上具有经济属性,即使用与观赏价值,可以用来交换,人们习惯把这种交换现象称为体育经济。体育经济是一种消费经济,尽管本身不能为社会创造物质财富,但在一定意义上刺激了物质生产的发展,从而推动了社会经济的发展。在现代社会中,人们愈来愈重视体育运动,因为它能够为社会带来经济效益。

在体育运动发展的早期阶段,由于体育运动的影响不够大,体育经济的价值没有得到社会的广泛认同。而随着社会经济和体育运动的发展,以及人们对体育运动的认识水平不断提高,体育经济价值才逐渐显露出来。尤其是第二次世界大战以后,社会物质生活水平的提高和大众体育运动的兴起,刺激了体育经济的发展。但是,直到20世纪80年代,体育经济发展仍处于一种缓慢的状态。而20世纪80年代之后,体育经济发展进入了快车道。1984年,美国人尤伯罗斯首次按谁出资、谁受益的商业运作模式组织管理洛杉矶奥运会,并大获成功。不仅如此,世界各国的体育运动协会也积极探索体育运动的商业化运作方式,由此推动了体育经济的发展。体育经济能够发展,主要有三个方面的因素。

第一,社会经济发展水平。社会生产力的发展是社会发展的动力和基础,体育运动作为上层建筑领域的一项事业,同其他社会事业一样,其发展水平是由社会的生产力发展水平即经济发展水平所决定。社会经济的发展首先要解决人类的衣、食、住、行等基本问题,在基本生活问题解决之后,人们才有可能从事其他社会活动。而体育运动在各项社会活动中具有特殊的性质,处于非主导地位,相比政治、经济、文化、科学等社会事业,只能位于次要位置,从社会发展过程来看,在体育运动诞生的前半个世纪,尽管体育运动一直在开展,但也主要存在于学校及社会生活的局部范围,并没有形成一种普及的态势。到了第二次世界大战之后,世界经济迅猛发展,为社会各项事业的发展奠定了经济基础,体育运动也随着社会各项事业的发展而发展,并取得了巨大成就。这表明,社会经济不发展,不可能推动体育运动发展,也就不可能推动体育经济发展。

第二,体育运动发展水平。体育运动发展的标志,一是表现在体育运动的普及程度,即社会大众是否广泛参与体育运动;二是体育运动技术水平,这也是体育经济发展的必要条件。只有社会大众参与体育活动才能在一定程度上产生需求,包括物质的需求,如各种体育运动设施、设备及运动工具和运动装备等。需求必然刺激社会生产的发展,而社会生产的发展又提高了人们的生活水平,使人们有能力进行消费,包括参与体育运动的消费。体育运动的发展使运动技术水平不断提高,从而增加体育运动的精彩程度,使体育运动的观赏性、娱乐性大大提高,吸引社会大众为满足精神需求而进行体育娱乐消费。因此,体育运动水平为体育经济发展提供条件和机会。

第三,大众媒介的发展水平。大众媒介的发展为体育运动传播提供良好工具,是推动体育运动发展的重要因素。尤其是广播电视媒介的发展,使远离赛场的大众在观赏体育比赛时身临其境。大众媒介的这种传播优势博得了无数商家的青睐,他们愿意把大量的金钱投入其中,以获得产品的广告效应。而体育运动的管理者、经营者也因此大获其利,从而带动了体育经济的发展。

(二)体育产业经济功能

现代体育活动对于经济的促进作用是非常明显的。过去体育严重依赖于经济的发展,如今体育与经济互相促进。在经济全球化的潮流推动下,形成了经济和体育文化互渗的现象,两者的一体化已经成为一种社会发展的趋势。体育经济对于人类社会来说,有着重要功能。

1.体育产业产生经济效益

通过体育运动自身获得的经济效益来推动体育运动发展,减少了政府投入,有益于社会各项事业的平衡发展。目前,国外体育产业对于国民经济的贡献是非常明显的,已经成为国民经济的重要部分。社会的发展是一个综合平衡的过程,不仅需要社会生产力发展,还需要与社会生产力发展相适应的各项社会事业的发展。只有这样,社会作为一个整体才能够很好发展。而各项社会事业包括体育事业的发展就需要投入,因为上层建筑不能够产生直接的经济效益,需要国家以税收资金保证其正常运行。而体育经济的发展能够为国家提供一种税收渠道,增加国税收入。而且这种税收不是一种强制性的税收,是民众自愿选择的纳税方式。体育经济既让个人获得了愉快体验,又为国家做出了贡献。

2. 体育产业增加就业机会

在体育产业的发展过程中,在体育产业与其他产业的互动过程中,无疑会促进就业。体育产业的市场化运作需要各种各样的劳动者,这为拓宽社会就业的渠道提供了机遇。英国的体育产业为经济提供了 76 万个就业机会,这个数字相当于英国整个化学工业和人造纤维工业的就业人数,超过了英国煤炭、农业、汽车制造工业的就业人数。浙江省 2007 年全省体育及相关产业的从业人员(不包括个体制造业和销售业)为 22.56 万人,而福建省 2008 年全省体育产业从业人员达 55.64 万人。另外,由于体育活动与建筑业、交通业、电信业、旅游业、餐饮业、服务行业及商业密切相关,在体育产业发展的同时,会给这些行业带来更多的就业机会。1988 年,汉城奥运会为服务业提供了 16 万个工作岗位,为制造业提供了 5 万个工作岗位,为建筑业提供了 9 万个工作岗位;1996 年,亚特兰大奥运会提供了 37.7 万个就业岗位;2000 年,悉尼奥运会提供了 15 万个就业岗位,其中 3 万多人投入了设施建设,超过 10 万人被雇佣组织各项赛事。

自 2001 年北京取得奥运会申办权以来,北京进行了总体建设,包括加大城市的基础设施、能源交通、水资源和环境建设的投资,建成了宽阔的街道、崭新的场馆,等等。北京奥运会的成功举办,推动和促进北京的市政建设,使其在各方面都有了提高,也使北京的老百姓直接受益。北京同时对机场、火车站、城市道路、电信系统、新闻中心等大型基础设施和其他辅助设施进行了建设。这些建设对于促进相关行业的就业起到了极大作用。

3. 体育产业与其他产业的互动功能

体育作为一项巨大的社会活动,其消费促进了建筑业、交通业、电信业、旅游业、餐饮业、服务行业及商业等多种经济的发展。发展体育运动,组织各种国内外大型体育比赛,不仅需要建设规模巨大的各种体育场馆设施,而且需要各种各样的生活服务设施与之相适应,如道路、机场、宾馆、饭店、邮电通信、电视转播、旅游景点等设施配套。这就必然促进交通运输业、邮电通信业的发展。1990 年,我国第 11 届亚运会更能说明体育的发展促进第三产业发展的作用。亚运会筹备期间,新修 5 条道路、3 座立交桥,首都机场进行了整修扩建;兴建了 31 个现代化的场馆,全是我国自己设计施工的,周长 400 米跑道有屋顶的练习馆、333.33 米一圈不同坡度要求的自行车赛场、有中华民族风格和 21 世纪先进技术结合的游泳馆,都是亚洲乃至世界有名的。为了电视转播成功,修建了 405 米高的电视塔。在短短几年亚运会场馆的筹建中,在北京北郊,一座具有现代化水平的奥林匹克体育中心和城市体育板块巍然屹立。2008 年北京奥运会新建和改扩建比赛场馆 36 个、独立训练馆和国家队训练基地 66 个,共涉及 102 个奥运项目,分别位于北京、天津、上海、沈阳、秦皇岛、青岛等城市。这些对于国民经济的促进作用是显而易见的。据 2008 年 8 月 25 日《广州日报》报道,2001 年北京申办奥运会成功为中国经济的持续增长增添了奥运因素,推动了奥运会筹办城市基础设施投资的增长,进而对其他区域和相关行业的投资产生关联影响。如旅游、商业、地产、建筑、交通、体育、科技信息和电信等是受益的外延产业。同时,让更多的城市参与奥运会举办,能够提升整个区域内产业结构水平、城市基础设施和人们的生活水平,也推动整个区域发展。中国的一些企业也在奥运会期间进行着自身的完美转型:最大限度地利用奥运赞助商的身份,提高在国际上的地位,并借此提高在中国和全球的品牌声誉和市场份额。

体育运动的发展,对旅游业、餐饮业、服务业和商业发展的促进作用,是第三产业中相关互补的行业关系。因为各种大型体育运动,特别是国际性、世界性的体育竞技,如奥运会,参赛运动员达万人之多,加上裁判员、新闻记者、各国贵宾、其他工作人员,要超过几万人之多,再加上观众、游客、各国啦啦队,可多达几十万乃至上百万人之多。要解决这么多人的吃、住、用、行、参观、游览的生活需要,就必须开设旅馆、饭店、开发旅游区,兴办服务业、餐饮业和商业,才能满足上述人员的生活需要。如果这些行业不发展,体育运动比赛也只能是空中楼阁。所以体育发展对这部分第三产业起着促进作用的同时,这一部分第三产业对体育的发展起着同样的促进辅助作用。

4. 体育在劳动力再生产中的作用

体育教育、体育训练、体育各项活动的实践证明,体育对于劳动力的再生产具有六大重要作用,即培养、修理、保护、增强、恢复和延长劳动力。

培养劳动力是指体育在劳动力成长过程中所起的作用。劳动者要具有健康的体魄、旺盛的精力、健美的体态、反应灵敏的身体素质,除了通过体育产品消费给予精神成果和满足以外,还需要亲自进行科学的体育训练。同时,劳动者的意志品质、思想意识的提高,也是劳动力的重要素质。参加体育训练、体育活动、体育比赛,可以培养劳动者的坚强意志、拼搏精神、集体主义观念和爱因主义的热情。因此,体育活动在劳动力的成长过程中具有一种不可替代的作用。

修理劳动力是指体育锻炼对劳动者的某些疾病具有医疗和康复的作用,通过训练治疗某些疾病的事例不胜枚举,如在全国各地或国外正在广泛开展的太极拳及各种医疗体操等。体育为劳动力的康复具有不可代替的作用。

保护劳动力是指体育产品消费者和体育锻炼在维持劳动力正常发挥过程中的作用,经常观赏体育表演和参加体育锻炼,能够不断改善人体机能状况,减少疾病发病率,可以使劳动者保持身体强壮、精力充沛、肢体协调灵敏,在劳动操作过程中减少生产事故和伤亡事故的发生。

增强劳动力是指体育在提高劳动者原有身体素质过程中的作用。例如,经常参加体育锻炼,可以不断改善人体各器官的功能,增强肌肉收缩力量,使劳动者的身体更加强壮有力,能承担繁重、艰苦的工作。参加体育锻炼可以不断提高劳动者大脑的反应速度和能力,促进劳动者智力的开发;可以不断提高呼吸系统的功能,促进神经系统的发育,提高神经系统的灵敏性。此外,积极参加体育锻炼还可以增强消化系统、泌尿系统的功能等。

恢复劳动力是指体育在劳动者消除疲劳、恢复和保持原有体力和精力过程中的作用。劳动者参加体育活动,可以达到娱人娱己的效能。无论参与者还是观赏者,都可以得到精神上的享受和自我满足感。体育活动能愉悦身心、调节情绪、丰富文化生活,起到充分休息、恢复劳动者身心平衡的作用,使劳动者以充沛的体力和精力参加各项活动。

延长劳动力是指适度的体育活动可以延长劳动寿命。随着年龄的增长,人体的机体不可避免地走向衰老,各器官的功能趋于减弱,身体活动能力和运动能力逐渐降低,身体对自然界的适应能力和对疾病的抵抗力也逐渐降低。坚持合理的科学的体育锻炼,可以延缓机体衰老,不但可以预防多种老年疾病的发生,还可以延长劳动寿命。

二、体育产业

(一)体育产业的定义及分类

体育产业是指为满足人们健身健美、娱乐休闲和精神需要,从事体育劳务产品的生产和经营服务的体育部门、机构、社会团体、企业和其他法人的总称,体育产业产品是体育劳务,即体育从业人员通过服务劳动提供的与服务过程同生共灭,能满足一定需求的非实物形态的使用。体育劳务产品是一种特殊的商品,其功能主要是增强人们体质、振奋民族精神、促进交往、陶冶情操、锻炼意志,满足娱乐休闲的需要,实现个人的全面发展和社会文明进步。它的生产、交换、消费不仅服从一般的经济规律,还遵循体育规律,如体育比赛、体育表演、运动训练、体育康复保健、体育咨询等。体育产业的分类标准有很多,从体育劳务生产方式看,主要分为三类。

第一,企业经营管理型体育产业,又称为社会体育企业,这类产业主要是指由体育系统和社会团体、企业、个人兴办的以营利为目的,以休闲、娱乐体育项目为经营对象的产业部门,包括商业性体育竞赛表演、体育培训、体育设施经营、健身娱乐俱乐部、职业体育俱乐部等。这类体育产业完全商业化、市场化,以市场价值为取向,按照供求关系、价值规律运作。它所提供的体育劳务可以在市场交换中转换为货币,所得收益不仅可以补偿投入而且可以实现盈利。经营主体追求利润最大化,以经济效益为中心,实行自负盈亏、自主经营、自我约束、自我发展。体育行政部门主要依靠法律手段和产业政策对其进行管理和调控。

第二,半经营管理型体育产业。这类产业主要指由政府兴办或资助的带有公益性的体育服务,包括体育训练基地、体校、社会体育指导中心、体育场馆、体育院校、科研所、青少年活动中心等体育机构,以及国家所承办的重大国际比赛、全国和地区性综合运动会、部分项目的竞赛等体育活动。这类体育服务的经营目标是多重的,首要目标是满足国家和社会的体育需求,其次是实现本单位、本项目及体育事业的发展,最后是追求经济效益,减少消耗、增加收入。半经营管理型体育产业通过市场获得一定的补偿,增强自我发展能力。它与企业经营型的体育产业区别在于不以营利为目的,经营收入不用于分红,而是补偿事业发展资金的不足,实行计划管理与市场调节相结合,市场机制只是部分起作用,不能完全市场化。体育行政部门通过产业政策与有关制度对其进行管理和调控。

第三,非经营管理型体育产业。这类产业主要指由政府、社会团体、企事业单位、学校和部队出资举办的体育培训、体育锻炼和竞赛等群众性体育活动,举办这类活动的目的是增进全体公民或在校学生、企事业单位职工的身心健康,提高精神文化素质,促进社会的文明进步。其经费是社会和企业发展必要的投入,并不需要通过活动本身获得收入来补偿,对于参加者来说是享受一种社会福利。尽管这类活动是非经营性的,但仍然是一种体育生产活动,是一种经济行为。它是以满足个体的发展需要来实现社会和企业长远的经济利益,其效益主要表现间接效益,因此也必须以社会化大生产的观念来研究其投入与产出的效益问题。这类产业主要通过立法与体育部门的分类指导来加以管理。

(二)我国体育产业的发展

第一阶段,我国体育产业的兴起(1952—1978 年)。

我国体育产业的兴起有深刻的历史背景。1952 年,中央人民政府体育运动委员会成立时,毛泽东题词"发展体育运动,增强人民体质",为体育工作指明了方向,全国各地仿照中央的组织体系,创立了地方的体育委员会,使体育工作迅速发展起来。体育委员会成立后,一方面以发展群众体育工作为主,另一方面开始筹建竞技体育组织,并仿照苏联和一些东欧国家的竞技体育发展模式,形成了今天我国竞技体育的"举国体制"。在举国体制之下,体育作为国家的一项事业来办,尤其是竞技体育,为了在短期内实现突破,由国家出资发展,经费完全由政府拨付,这种体制产生了深远的历史影响。这种体育事业体制,使得我国的竞技体育水平得到了大幅提高,使得我国在国际竞技体育竞赛中取得了辉煌成就,振奋了民族精神,也为今天体育产业的发展提供了良好的体育环境。但是,举国体制的问题十分突出,表现为经济成本过高、效益不高、体育竞赛体制僵化、运动员文化水平过低等,不利于体育产业化的发展。

在党的十一届三中全会上,党中央做出了将工作中心转移到经济建设的重要战略决策。我国体育产业沿着两条路线展开:第一,在国家体育行政部门(国家体育运动委员会)和基层组织中,利用现有的各种资源,开展以补充体育经费为主要目的的体育创收活动,是将其作为第三产业劳动服务公司来定位的。第二,相关企业专门进行体育用品的生产活动。这两种方式在20世纪80年代初期即有了雏形。当时世界体育产业正处于高速全球化发展推广时期,即经济发达国家体育产业的第二次发展高峰时期,这加快了我国体育产业的发展速度,推进了我国体育产业的发展进程。

第二阶段,我国体育产业发展阶段(1979年至今)。

1. 探索尝试阶段(1979—1992年)

这个时期体育产业发展迅速,但由于体育产业起点低、起步晚,在我国整个产业结构和体育投入中的比重仍然很低。在这一阶段,我国的体育产业框架基本形成,作为国民经济新增长点的地位初步奠定。在国内消费需求不足、启动难度较大的宏观背景下,体育消费持续增长,体育市场日渐繁荣,整个体育产业正在成为启动消费、扩大内需的新生力量之一,同时表现出较大的增长潜力。这一阶段的体育产业经济学理论还很不成熟,对体育产业的关心也仅仅局限于体育系统内部。由于当时体育事业性质是十分确定的,人们还不可能从产业的角度去认识体育。虽然对体育经济问题有所察觉,但还不足以重视到使其发展成为一门学科。不过,这些理论研究和实践总结为体育产业经济学的研究打下了坚实的基础,这个阶段是我国体育由福利型向产业化方向转变的第一阶段,这个阶段主要在体育界进行了经营性活动的初步尝试。

2. 全面发展阶段(1992年至今)

1992年,邓小平同志在南方谈话中提出了建设社会主义市场经济体系的伟大构想,这一理论在党的十三大上予以明确。对体育经济学的理论研究来说,社会主义市场经济理论彻底打破了理论禁区。体育走产业化、社会化的道路已成为体育事业改革的基本方向。在理论的指导下,有关体育经济问题的研究方向发生了重大变化,体育产业逐渐成为研究的重点问题,各级部门和地方政府也开始关注体育产业问题。1998年,国家体育运动委员会更名为国家体育总局,由原来的国务院职能组成部门调整为国务院直属的事业单位,明确了协会实体化的发展道路,从而标志着我国体育改革的全面启动,标志着我国体育发展进入了一个崭新的历史时期。职业足球兴起为国内体育体制的改革提供了一条发展思路。而奥运会成功的商业化运作模式、国外职业体育运作模式及国际体育产业现实的良好发展,不仅使体育行政部门充分认识到体育可以创造经济效益,而且可以成为国民经济的增长点之一。为此,国家社会科学基金就此展开立项,专门研究体育产业能否成为国民经济增长点问题。体育产业是关联面极广的上游产业,各种各样的体育活动除了依赖体育产业外,还能带动建筑、电子、营养品、旅游、保险等相关联产品的协同发展。体育产业作为我国国民经济新增长点的趋势越来越明显。

2014年9月,李克强同志主持召开国务院常务会议,确定加快发展体育产业促进体育消费和大众健身,并制定了取消审批、优化环境等具体措施。2014年10月,国务院印发了《关于加快发展体育产业促进体育消费的若干意见》,这是国家第一次从产业角度确认体育产业发展规划。该意见提出,到2025年体育产业规模超过5万亿元,并且把全民健身上升为国家战略,还提出,要抓好潜力产业。以足球、篮球、排球三大球为切入点,推动产业向纵深发展。2015年3月发布的政府工作报告中,针对民众关注的体育热点问题提到:发展全民健身、竞技体和体育产业。2015年7月,我国取得了2022年第24届冬季奥林匹克运动会(简称冬奥会)的举办,将极大促进和拉动举办地的冰雪产业、旅游产业和地产行业的发展。

(三)体育产业发展机制

1. 体育产业发展与科技创新

科技进步是体育产业发挥体育资源的优势、实现集约化经营的关键。体育产业中的科技进步具体体现在开发具有高科技含量的体育产品上,可以推动体育产业的发展和转换,促进社会体育观念和体育战略的发展。如果说科技创新会推动体有企业生产过程的一系列变革,那么高新科学技术和体育产业相结合,则会促进体育产业发生一系列的变革,进而促进社会的不断进步。时代在飞速发展,知识在急剧更新,体育产业在发展过程中正接受新的挑战。体育产业只有不断推进科技创新、组织创新、观念创新、制度创新,才能把握时代脉搏,跟上时代前进的步伐,才能在激烈的市场竞争中牢牢把握竞争主动权。

第一,在竞技体育表演市场中,各个赛事都在使用并不断更新科技手段,以保障赛事的公平性,并提高比赛的观赏性。各个国家也在不断研发高科技产品,以提高运动员比赛成绩,在游泳、短跑、短道速滑等比赛中体现得尤为充分。体育用品生产商通过不断地开发新产品、提高产品的科技含量,吸引顾客、占领市场。

第二,体育产业部门要适应形势的发展,更新观念。树立体育产业意识,消除体育工作是单纯事业的旧观念;树立体育产品不仅是精神产品,还是一种商品的新观念;树立体育不仅需要投入,还能够产出的新观念。体育产业部门在经营观念上要创新,要树立正确的市场经济观念,包括营销观念、竞争观念、经济效益观念、风险经营观念、开拓创新观念等。

第三,政府对体育产业的管理要创新。政府部门按科学原则对体育产业进行管理,建立精品生产的机制和营造体育产品茁壮成长的优良环境。政府部门制定科学的、以人为本的体育产业规划,这是体育产业发展的基础和政府宏观管理的依据,体育产业部门必须调整人事管理政策,实现人事制度的创新,建立公开、平等、竞争、择优的选拔任用机制,在体育产业部门中实行公开选拔经营管理人员的办法。推行体育产业部门管理人员任期目标责任制,进行体育产业名牌创新,利用地域特色、体育传统或独特的体育资源创建高水平有特色的体育产业。

2. 体育产业发展与体育管理体制改革

体育产业的发展与政府的支持密切相关,在我国体育产业发展初期,政府为体育产业的发展创造了许多有利条件。但随着社会主义市场经济体制的建立与完善,体育产业在发展过程中存在职能不清、定位不准、管办结合等问题,这在一定程度上会影响我国体育产业持续、有效地发展。传统的体育产业管理模式已经无法适应形势发展的需要,政府部门必须从体育管理体制上进行改革。建立与社会主义市场经济体制相适应的宏观管理、分类管理、法制管理相结合的、新型的体育管理模式,以推动体育产业健康快速地发展。体育产业管理体制的改革实际上就是进一步理顺政府与市场在体育产业发展中的作用。

第一,通过政策和经济手段对体育产业实行宏观管理。尽管采用体育产业政策来调控和促进体育产业发展只能是中短期政策,但是我国体育产业还处在起步阶段。因此,政府有必要通过制定并实施专项体育产业政策,引导、扶持和规范体育产业的发展。一项产业的发展既不能离开政府的宏观调控,又不能完全依赖政府。随着体育产业的发展,越来越需要政府在体育产业发展中进行宏观调控和市场监管,引导体育产业发展。体育产业政策是政府根据体育发展的内在要求和对一定时期体育产业结构变化趋势的预测,以国家或地方体育发展规划为目标,所制定的有关体育产业结构和体育产业组织调整的政策措施的总称。一个国家或地区的体育产业的发展,有赖于科学的体育产业政策。根据我国体育产业发展阶段的状况来看,现阶段应确立宏观经济管理部门统筹、体育行政部门协助的共管模式,各级计划部门组织编制体育产业发展规划,制定专项体育产业政策,宏观调控体育产业的总量和结构,工商、税务、体育等行政部门在各自职能范围内专司管理体育市场的职能。现阶段应以制定和实施专项体育产业政策为主。

第二,通过经济手段引导和促进体育产业的发展。税收是调节体育产业发展的重要经济手段之一,合理确定各体育产业部门的税收负担和各类体育产业的差别税率,调整不同体育产品和服务的税收,可以起到调节体育生产与体育消费、引导资源合理配置及促进体育产业结构和体育产品结构合理化的作用。尤其是降低体育服务性产品的税率,可以鼓励全民健身产业和休闲娱乐业的发展,从而带动体育产业的升级和结构调整。大力发展体育产业,可以采用金融手段筹措资金。筹措资金有三个主要渠道:一是商业银行。政府应制定体育产业信贷政策,对重大的体育建设项目及体育生产资料设备的技术改造和更新实行低息、无息甚至贴息等资助性的信贷政策。二是金融市场。通过债券或股票集资、股份制的推行,一些有相当规模和效益的体育单位可以成立股份制公司,进一步壮大体育产业的实力。三是创建体育基金会。这可以起到筹集资金的目的,资助优秀的体育艺术项目,从而弘扬民族体育。

第三,改革传统管理模式,进行分类管理。应改革传统的体育管理模式,将体育部门中非经营性国有资产和经营性国有资产分开,进行分类管理。可以将体育单位分成三类。一是政府全额扶持的公益型体育单位,如以奥运争光为目标的体工队、业余体校、体育科学研究所等。二是政府资助、面向市场、产业运作的复合型体育单位。这些单位的一部分体育产品进入市场,但又不能完全依靠市场来求得生存和发展,如体育专业运动队。三是政府指导、自主经营、自负盈亏的经营型体育单位,如体育经营发展公司、职业体育俱乐部等。这样一来,既能保证较难进入大众的体育项目,却是奥运比赛的项目,如射击、竞技体操等运动项目,能够在政府的主导作用下较好地开展,又能够鼓励社会对体育产业进行支持,调动人们参与的积极性。

第四,政府要为体育产业的发展提供相应的信息服务和标准。政府要通过有关渠道为体育产业发展提供信息服务,如体育产业的统计数据、体育产业的行业标准和技术规范、体育产业的发展趋势预测等。

(四)体育产业发展与法制建设

体育市场的建立和运行、秩序的维持必须与体育产业的法制化同步,市场取向的体育产业化进程为了保障体育产业主体之间的平等性、竞争性和权利义务的对等性,就必须加强各主体的法治意识,建立遵从市场经济客观规律的合理调节机制,建立完善的体育产业法规体系,从而促进我国体育产业的发展。法制建设对体育产业发展的促进主要体现在五个方面。

1. 实现体育管理现代化

在体育管理中,树立和体现法治精神对人的尊重与关怀,运用法律手段建设以人为本、行为规范、运转协调、公正透明、廉洁高效的现代体育管理制度,是体育管理现代化的必经之路。

2. 保障体育产业经营主体的自主性

体育产业化使投资主体多元化,参与体育产业化进程的大多是以企业为主体的法人。法人自主性要求自主行使占有、使用和处理财产的权利,自主运用财产负亏、负盈。由于我国竞技运动项目职业化改革的特殊性,现有的职业体育俱乐部大多带有计划经济色彩,大部分采取国有企业与地方体育局联合组建的形式,经营资本都是事实上的国有资本。地方体育局以所培养的运动员和所管辖的体育设施作价入股,造成了无法明确界定资产的所有权。此外,体育资产评估体系对体育无形资产无法做出科学的估价,进一步导致管理混乱和利益分配纠纷等问题的出现。为了充分保障法人的自主性,必须政企分开,将资产的所有权与经营权分离,明确界定所有权经营权和其他财产权的范围,让法人自主经营、自主管理、自主进行生产经营决策。

3. 创造体育产业经营主体平等的竞争环境

只有竞争才能实现社会资源的合理配置,但是竞争要有规则,即要有法制的力量来规范和调整。制定和实行法规,一方面保证参与体育经营活动主体平等的规则,使多元化的体育经营活动主体站在同一起跑线上,从而享有平等的地位和机会;另一方面保证竞争的公平性、正当性行为,限制不正当的竞争行为,防止体育经营活动的非法竞争。此外,制定客观、公正、合理的规则,可以极大地调动体育经营活动各主体的积极性。

4.促进体育产业发展与国际接轨

我国体育产业面临着双重的挑战。一方面是来自国外的体育企业减少我国体育企业的国内市场份额;另一方面来自国内体育企业的竞争力较弱,难以大规模进入国际市场。在这种情况下,我国的体育产业若想发展,就必须参照国际体育产业成熟的经验,制定与国际接轨的法规,保障我国体育企业在国际竞争中的合法权益,促进体育产业发展,使其成为国民经济的支柱产业。

5.调整各种利益关系

在市场经济条件下,对体育领域的各种利益关系都需要用法律来调整。例如,体育俱乐部经营者、管理者、教练、运动员之间的关系;俱乐部内部人事制度和俱乐部与运动员之间的劳资关系;体育部门与教育部门、企业、社会团体合作培养运动员的协作关系:体育科研机构科研成果转化中的风险与利益分配;运动员伤害事故和各级各类学校学生体育伤害事故中责任归属和赔偿主体认定等。

(五)体育产业发展与人才培养

1.我国体育产业人才的现状

尽管体育产业充满着无限的商机,但我国至今还缺少国际化的企业。在体育用品业,还只是生产基地,缺乏品牌,缺少国际化的大型公司。在体育服务业方面,还没有形成相对规模的企业,产业优势不明显。这些都与我国长期重视体育技术人才,而忽视对体育经营管理人才的培养有关,体育产业的国际化人才少,熟悉体育经济运作、了解国际体育产业流程,能够将体育产业的商机转化为产业的高级管理人才处于短缺状态。建立体育产业生产与经营人才和专业人员的教育培养模式迫在眉睫,体育产业人才的培养必须适应知识经济时代的信息经济、数字经济、虚拟经济、网络经济和全球化经济的模式及与之相应的体育产业模式,同时要能够适应日益缩短的知识更新周期的要求。

体育产业专业化经营人才包括两个方面。一方面是协会、俱乐部等专业经营人员,这些经营人员不仅要懂体育,而且要熟悉体育产业的发展规律和经营特点,熟悉市场经营。另一方面是体育经纪人,体育经纪人作为体育市场发展的行为主体之一,直接参与体育比赛、体育经济活动和运动员的流动等。同时作为体育中介,可以有效地发挥服务、沟通、推广等作用,有利于体育商业信息的传播、传导和流通。目前,体育产业的发展依靠体育市场的繁荣,而体育市场的繁荣需要一批懂经营、善管理的专门人才及具有一定专业知识的从业人员。我国体育产业人才目前主要呈现出以下四个方面的特征。

第一,我国体育产业目前在人才开发中还存在着较明显的不平衡性。这种不平衡性的主要表现有两点:一是东部与西部开发的不平衡性,二是地域内对一定项目人才开发的过于偏爱,而不同项目体育人才在整体开发中表现出不平衡。

第二,高层次的体育管理和经营人才稀少。随着体育职业化的逐步成熟,许多民营资本、私营资本开始投资体育,国内体育产业对于体育服务、管理人才的需求也在逐步扩大,要求也在不断提高。但是实际情况是,高层次的体育管理和经营人才极度匮乏。例如,国内各种赛事、俱乐部或体育文化经营公司的经营者和管理者,大部分是从事过体育运动的退役人士或行政管理人员,很多人并不精通体育产业的市场化运作,缺乏商业经营的理论和实战经验;做得好一点的是来自其他领域的商业经营人才,但他们对体育运动和体育产业本身缺乏深入的理解。从我国体育产业发展现状来看,目前亟须体育经营人才的机构,主要是运动项目管理中心、职业俱乐部、体育中介机构和从事健身娱乐业经营的企业。从人才类型看,需要体育经营的通才,即懂得多种项目经营之道的人才;也需要体育经营的专才,即擅长某一项目经营开发的人才。

第三,体育教育与体育产业发展不相符。现阶段我国还没有一套成熟的体育经营人才的培养体系,来自体育院校的多是体育管理专业的学生,无法适应市场的需要,经济全球化要求人才的国际化,这就使体育人才培养面临着前所未有的机遇和挑战。

第四,人才素质没有得到全面开发。由于运动训练的艰苦性和长期性,体育运动人才的教育程度一直落后于同龄人,再加上有些运动队重视运动训练,轻视文化课学习,导致体育人才文化素质落后,这与全面发展的教育方针相背离。运动员文化素质不高,不但影响运动成绩的进一步提高,而且直接影响到了退役后的再就业。

2. 体育产业人才培养的原则

(1)系统开发的原则

首先,中国体育人才资源开发要坚持系统开发,以获得开发中最佳的整体效益。也就是说,局部的开发要完善,并达到整体的优化组合。

其次,中国体育人才资源开发要进行有偿开发。由于市场经济的转型和体育部分领域企业化的改组,从追求社会效益转变为追求综合效益。政府应该把具有市场开发价值的项目开放,坚持有偿开发。

最后,中国体育人才开发要跟随世界发展趋势。中国体育人才开发要注意世界的动向,要不断学习先进国家体育人才资源开发的思想和方法,充分利用世界体育发达国家的人才教育和培训资源,对我国体育人才进行培养。同时,要加强中国体育国际化人才的开发力度。

(2)按需施教的原则

按需施教的原则是指根据不同时期社会、经济发展的需要,以及体育系统内部各级各类人员职位的不同要求来决定培训内容,进行有针对性的培训。这种需求主要包括三个方面。其一职能需求。不同的体育部门和不同性质的岗位具有不同的职能,在培训中按职能所需进行培训。其二职位需求。不同层次和类型的职位在培训中,其培训内容和目标是不同的,培训前要考虑分层次,进行定向培训。其三发展需求。随着社会的发展,许多新观念、新知识、新情况不断出现,因此,需要各级体育部门的在职人员及时地进行专门的进修学习。

(3)严格考核和择优录取的原则

严格考核和择优录取,是体育产业经营人才培训中不可缺少的管理环节。为了保证培训质量,必须对培训人员进行考核。只有考核合格的人员,才能择优录用或得到提拔。因此,这一原则也是调动培训人员积极性的有利因素。

3. 体育产业人才培养途径

(1)体育院校和综合性大学的商学院合作办学。在学科与专业建设方面。体育院校在体育经济、市场营销及经营管理等学科的力量薄弱,而综合性大学在此方面具有明显优势,双方合作可以充分利用各自的优势资源;共同培养高水平体育经营人才。这种培养方式在课程设置上可采取工商管理硕士课程与体育学课程相组合的形式,培养目标是为政府部门或跨国公司和大企业的运动行销部门输送专门的体育经营人才。

(2)体育院校重新调整培养目标与专业方向,采取措施对课程设置、教学内容、教学方法与手段等进行一系列改革。在原有专业的基础上,设置体育经纪或体育产业等专业方向,培养中高级体育经营人才。实践时可以让其到专项管理中心、各大职业俱乐部、中介机构担任管理或市场开发职位。

(3)采取委托培养方式。用人单位根据岗位需要,委托体育院校培养某一项目或某层次的体育经营管理人才。

(4)在国内有条件的综合性大学设立体育经纪人培训中心,与国外相关机构合作办学。经权威机构考核,体育经纪人取得资格证书后才能上岗。

(5)对于大批的退役运动员和经济类专业的富余人员,可以安排他们进入经济类院校和体育院校接受再次培训,以从事体育产品营销、俱乐部一般工作、群众体育工作及担任体育经纪人等。

三、体育文化创意产业

(一)体育文化创意产业的内涵

体育一词最早出现在法国,法国著名思想家卢梭于1762年在他的著作《爱弥儿》一书中用"体育"一词来描述对爱弥儿进行身体的训练、养护和培养等身体教育过程。体育发展至今,是根据人体机能形成、机能提高和生长发育等规律,以身体与智力活动为基本手段,以中国复杂的社会文化现象,实现提高身体素质、促进全面发育、改善生活方式、提高生活质量、增强体质与提高运动能力的一种有组织、有目的、有意识的社会活动。体育产业更是衡量一国发展的重要标志,随着国际交往的扩大,体育事业也成为国家间外交及文化交流的重要手段。

在我国发展过程中,从1932年中国第一次出席奥运会,到1971年推动中美两国关系正常化的"乒乓外交",再到2008年北京奥运会的圆满落幕,体育在中国老百姓的生活中越来越受欢迎,中国体育在世界舞台上也有了一席之地。伴随着我国体育事业的不断壮大,中国的体育产业也在蓬勃发展,体育赛事的举办、体育周边产品、体育健身逐渐受到老百姓的重视,无不彰显着我国体育产业的无限发展可能。说到体育产业,关于体育产业的界定,陈宏伟(2014)提出体育产业是相关单位、群体和个人为了某些社会目标和经济目的,生产体育物质产品和精神产品,或者为社会提供体育服务的各行业的总和。作为一个产业,体育产业具有经济效益和市场效益,但同时体育产品或活动又有增强身体素质、提高体育技能、促进人的全面发展的社会效益。而周薇(2010)对体育产业的定义则较为简洁,认为体育产业是生产体育物质产品和精神产品、提供体育服务的各行业的总和。

对于体育产业的分类,2015年国家统计局发布的《国家体育产业统计分类》将体育产业分为11个大类,37个中类,52个小类,其中11个大类分别是体育传媒与信息服务,体育用品及相关产品销售、贸易代理与出租,体育场地设施建设,体育用品及相关产品制造,体育管理活动,体育竞赛表演活动,体育健身休闲活动,体育场馆服务,体育中介服务,体育培训与教育,其他与体育相关服务等。而学界将体育产业划分为本体产业、外围产业及中介产业3类(见表3-1)。

表3-1　国家体育产业的分类

组成	具体门类
本体产业	体育健身业、体育竞技业
外围产业	体育服装业、体育用品业、体育器材业、体育建筑业、体育旅游业、体育博彩业
中介产业	体育保险业、体育赞助业、体育广告业

资料来源:根据相关文献资料整理得出。

相比于体育产业,体育文化创意产业结合了体育产业与文化创意产业,不仅具备体育产业的特点,还有文化创意产业的文化内涵(陈晔,2017)。但同时它又脱胎于体育产业和文化创意产业,不仅是经济发展的新增长点,也是一种低能耗高效益的新兴绿色产业(李佳川等,2017)。对于体育文化创意产业的内涵界定,同样是学者们的研究热点,有的学者如张孔军、于祥(2007)从体育文化创意产业的核心和源头出发,认为这一产业的关键在于体育文化,正是体育文化、体育资源与体育赛事三者的共同作用与紧密结合,使体育文化创意产业发展成为驱动相关产业整合的一种新兴产业,成功支撑起体育文化创意产业的完整内涵。而赵弘、梁昊光(2008)则指出日益提高的体育文化需求为体育文化创意产业提供了强有力的发展动力,丰富的体育资源为文化创意产业的发展奠定了良好的基础条件,并强调体育文化创意产业的蓬勃发展关键在于体育资源和体育文化的共同作用。伴随着人们收入水平的不断提升和闲暇时间的增加,以及对生活质量的要求越来越高,人们对文化健身的需求日益增强,这也为文化创意产业的发展创造了优越的市场空间。

杜文等(2009)在他们的研究中对体育文化创意产业的概念界定得比较全面,认为它是以体育文化创意为手段,以体育文化为核心,在全球化文化趋势和消费背景下发展而来,集经济、文化、社会等因素为一体,强调知识产权并推崇个人创造力和创新,强调体育文化对经济推动与支持的实践。还有学者从文化创意产业的核心即创造和知识产权的角度解读体育文化创意产业,如金汕(2006)就指出文化创意产业专指通过知识产权开发和运用的产业,持同样观点的还有于洋(2014),他提出体育文化创意产业是借由创造形成知识产权的,以体育特色为外在表现形式活动的总和。从知识产权开发的角度出发,世界杯、奥运会的电视版权和硬遗产软遗产、温布尔登网球赛、环法自行车赛、马拉松、阿迪达斯和耐克的销售方式等都属于体育文化创意产业的范畴;同样的,电子竞技、体育博彩、体育文化传播、大型体育运动会等体育娱乐业同样具备体育文化创意产业的特征。

还有部分学者在阐述体育文化创意产业内涵的同时指出了它所涉及的具体行业,如王柱石、王宏(2017)指出,作为文化创意产业的分支,体育文化创意产业更侧重体育产业中通过知识产权对文化资源进行提升与创造的那部分形态。同时还列出了体育文化创意产业具体的子分支,即体育文化创意产业分为有形的体育产品和无形的体育服务。其中有形的体育产品主要是指体育用品的设计开发;无形的体育服务范围则更广泛,认为体育文化创意产业就是以下这些内容的产业化活动,主要包括体育动漫、体育广告、体育出版传媒、体育赛事经营、体育会展、体育经纪、体育旅游、体育活动策划、体育互联网等。而对于体育文化创意产业涵盖的具体行业,杨双燕、许玲(2015)则将其分为内容生产、手工销售、创意服务三大门类,共包含12个体育行业。其中内容生产的产品附加值相对较高,也是体育文化创意产业中数字化程度和技术导向较高的领域,如体育影视动漫、电子竞技游戏、赛事转播、体育信息软件等;手工销售以体育特许商品和体育艺术品为代表,是传统制造与创意相结合的部分;创意服务主要包括竞技赛事、体育出版、场馆建筑、外观设计、体育广告及体育商务策划等。

相比之下，李佳川等（2017）则没有对体育文化创意产业进行细分，而是将其概括为体育动漫、体育广告、体育旅游、体育赛事电视版权和门票销售、体育竞赛表演，体育彩票及体育健身娱乐等产业化活动，同时指出体育文化创意产业是以文化创意产业和体育文化产业为基础，以体育经济、体育信息和体育文化艺术为价值核心，以体育技术、体育创意、体育文化等为重要支撑，为社会提供体育服务和体育文化产品的具有知识产权的高附加值的新兴产业。同样直接对体育文化创意产业进行概括的还有周薇（2010），她在梳理了国内学者们对体育文化创意产业的概念界定后，给出了自己的定义，即体育文化创意产业是推崇人的聪明智慧和创造力，在体育产业中借由科技的支撑和市场化的运作，以突出创新能力和创意为基本特征，具有高水平文化内涵的，可以被产业化的活动的总和，同时还列举了体育文化创意产业的分类，包括以体育旅游、体育赛事电视版权、体育赛事门票销售、体育动漫、体育广告、体育娱乐、体育出版等为内容的产业化活动。

通过以上梳理不难发现，体育文化创意产业起源于文化创意产业，同时又是体育产业不可分割的一部分，其发展有赖于体育产业的发展。总而言之，体育文化创意产业和体育产业、文化创意产业息息相关，但又与它们有所区别，有着独特的特点，体育文化创意产业更注重创新，更着重于体育文化给社会经济和普通大众带来的新理念和推动力。借鉴学者们对体育文化创意产业的内涵界定，本书将体育文化创意产业定义为由体育、文化、创意三者深入融合而成的产业集合体，它以运用知识产权为基本形式，围绕体育文化，借助现代化传输手段，以体育运动中蕴含的休闲性、娱乐性和注重体验为经济形态，形成带动经济发展、创造就业的新业态。体育文化创意产业主要涉及的领域包括：与体育赛事相关的场馆建设、外观设计、竞技赛事、电子竞技游戏；与文化创意相关的体育商务策划、体育出版、体育广告、体育旅游、体育影视动漫等；以及体育周边的体育特许商品、艺术品的生产销售等。

（二）体育文化创意产业的特征

体育文化创意产业起源于体育产业和文化创意产业，具备两个产业的特点，但同时也有着自己的独特特征。在总结前人研究成果的基础上，本书将体育文化创意产业的特征进行总结提炼，分别从产业本身、产业链特点和与其他产业关联角度阐述体育文化创意产业的特征。

1. 从产业本身来说,创新性是体育文化创意产业的根本特征

这一点从体育文化创意产业的内涵就得以体现。如前所述,体育文化创意产业重在强调知识产权,并鼓励创新、发挥人的创造力。体育文化创意产品是人的灵感、智慧和知识的特定产物,是原创性体育文化创意产品的发明和研究。在新产品的研制开发、市场分析、营销推广和生产销售中,创意灵感始终贯穿在全过程中。体育文化创意产业离开了创新,就失去了它的核心意义,变成了简单的体育产业。这种创新性表现在体育文化创意产品的研发过程中融合了人的创意和知识产权,并通过高科技手段进行传播。因此可以说,体育文化创意产业是营造创新文化的发展型产业。

创新是推动时代发展的一大核心动力。在大数据、互联网的时代,创新的重要性不言而喻。数据显示,目前全球体育产业的年产值已超过 1 万亿美元,体育是文化的重要组成部分,促进文化与体育的融合,可以激活传统业态,更好地推动社会经济的发展,同时也可以弘扬我国的传统文化和民族精神,推动社会主义文化的大繁荣大发展。作为体育文化创意产业的分支,体育表演业、体育广告业、体育建筑业、健身娱乐业等无不包含着人的创新性的思想元素。好的广告创意、优秀的体育建筑设计,都是集人的能动性和智慧于一体,正是其中蕴含的智力成果使体育文化创意产品或服务熠熠生辉。随着老百姓物质生活的不断富足,人们的关注点开始转向对生活品质的追求,消费需求由原来单纯地追求产品功能转向关注产品和服务背后的价值观念,即其中的创意部分或创新性所在。而体育文化创意产业就是向体育产品和服务中融入文化创意元素,使之有别于其他产品的体验。因此,创新变成了体育文化创意产业的吸金点和产业发展的增长点。可以说,离开了创意或创新的体育文化创意产业,只能称之为体育产业或体育周边。

近两年借助强"IP"大火的影视剧、游戏等引发了人们对 IP 经济的广泛关注。纵观体育文化创意产业,体育 IP 所带来的经济效应较影视业时间久、影响大。据《福布斯》数据显示,我国篮球运动员姚明在 NBA 联盟 9 年的职业生涯中,通过自身努力获得近 20 亿元的收入,我国田径 110 米栏运动员刘翔从 2003 年到 2014 年的收入达到了 5.35 亿元。此外,NBA 球赛、环法自行车赛、马拉松等早已经成为广受人们喜爱的体育赛事,其关注度和参与度都在逐渐提升。正是体育产业和文化创意的不断融合才促进了行业的大发

展,品牌创意或 IP 创意带来的经济效应和社会效应都不容小觑。总之,创新是体育文化创意产业的核心和灵魂,是这一产业的首要特征。

2.从产业链看,体育文化创意产业具有附加值高、知识密集型的特点

微笑曲线理论是由重要科技业者宏碁集团创办人施振荣先生提出的,曲线中间是制造,曲线两端是研发和营销,制造的附加价值低,而营销与研发的附加价值高,因此向曲线两端发展才是产业永续发展的正确路径。体育文化创意产业具备的创意创新价值,决定了其具有高附加值和知识密集型的特点。正是由于体育文化创意产业的核心是知识产权,而其发展和传播又多依靠高科技手段,可以说技术和创新构成了产业的基本依存,技术、创意与传统产业的有机融合,使得体育文化创意产品具有较高的文化附加值,从而整个产业处于产业链的高端环节。文化创意产品既能带给消费者普通物质产品的基本功能,其中的设计、研发等创意又能给消费者带来艺术、文化、娱乐等精神层面的内容,具有特定的心理体验。相比于普通的体育产品和服务,体育文化创意产业的文化和科技的附加值均较高,普通体育赛事的举办和体育产品的简单加工制作、机械化复制,只有在融入品牌体育赛事的宣传推广、具备知识产权的体育品牌营销策划、体育赛事电视转播与冠名之后才能归属于体育文化创意产业。

体育文化创意产品是以创意为亮点、以文化为核心的具有知识内涵的产品,这其中蕴含着设计者的创意和灵感。不同于传统产业,文化创意产业的发展相较于传统的劳动密集型产业更注重创意群体的知识和智慧,因此知识密集型是体育文化创意产业的又一大特征。事实上,附加值高也就意味着知识产权在产品或服务中的占比较大,劳动生产率高,产品融合了不可替代的创意。知识密集型产业对人才的要求较高,创意人才尤其是创意阶层中富有创造性的高端创新人才是推动体育文化创意产业发展的决定性因素,是支撑产业发展的核心动力。在创意发达的地区,文化创意人才占就业人数的比例高达 10%。但纵观当下我国各地区体育文化创意产业发展现状,很多地区都存在创意人才极度匮乏的情况,同时擅长体育和文化管理资源的人才更是凤毛麟角,因此我国体育文化创意产业要想蓬勃发展,人才瓶颈是必须解决的首要问题。由此可见,知识密集型既是体育文化创意产业的典型特征,同时也是制约其发展的一大因素。

3. 从与其他产业关联来看,体育文化创意产业既有高度融合性和
渗透性,又有参与主体多样性与辐射性的特点

体育文化创意产业是体育文化、体育创意和体育产业三者的深度融合,不同于传统的产业形态,是经融合后适应新的产业形态而出现的创新概念。体育文化创意产业是体育产业下融合了文化产业和创意产业的不断演进的一个产业部门,最终成为一个独立的产业。体育文化创意产业以体育文创产品或服务为主体,融合其他产业的特点,将其设计创意和商业模式进行组合和碰撞,衍生出体育文化创意产业的各个分支,如体育产业和信息文化产业的融合现了体育影视动漫业,体育产业与出版业的融合出现了体育出版业,等等。通过与各行业的渗透和融合,将创意、技术、文化、产品生产和技术服务融为一体,不仅有利于产业的延伸,也大大地拓展了经济的发展空间。这种融合和渗透体现在两个方面,一是对传统产业的升级调整和融合,尽管体育文化创意产业核心在创意,但其产业发展是在服务业不断壮大和制造业充分发展的基础上形成的,是第二产业与第三产业融合发展的结果,这种融合打破了固定的传统行业和产业边界的限制,典型的如电子竞技游戏、体育影视动漫等;二是体育文化创意产业以高新技术为手段,不断对传统产业部门进行渗透,从而成为具有极大发展潜力和极强生命力的部门。体育文化创意产业的高度渗透性和融合性对促进经济高质量增长、优化产业结构具有重要意义。

体育文化创意产业的这种大融合性也意味着参与主体具有多样性的特点。不同于传统的体育产业,体育文化创意产业强调产业链中对体育信息和体育文化的创新应用,碰撞出新的想法和创意,进而创造出相关的产品和价值。在这一过程中,参与主体的多样性大大丰富。以体育赛事为例,传统媒体时代,体育赛事的播出方主要是赛事组织方和媒体人员。但随着移动互联网的兴起,传统的体育赛事演变为体育赛事的转播冠名,因体育赛事发展起来的网络游戏和电子商务等新业态,这其中的参与主体除了原有的媒体人和赛事组织方,还有广告商、软件游戏开发人员和市场营销人员等,工作内容也不仅仅是对体育文化信息的编辑、整理和复制,还有对现有资源和内容的再创造,进而衍生出体育文化创意产品或服务。体育文化创意产业的辐射性体现在文化的外部性,体育文化创意产业本身蕴含的文化内容较为丰富,如奥运会吉祥物,除了外观设计蕴含的文化知识和创意,还在一定

程度上传播了传统文化,借助小小的吉祥物,成功地将体育赛事和文化知识进行传播与辐射。体育文化创意产业的辐射性还体现在网络时代,很多体育文创产品的文化观念能迅速通过网络和媒体在全球范围内传播,同时产品所蕴含的价值观念和文化内涵也会推动产品在一定的消费区域内再传播和再创造。体育文化创意产业的辐射性对推动消费结构升级和消费方式转变具有不可忽视的作用,进而推动产业发展和升级。

(三)体育文化创意产业的基本功能

作为一个新兴产业,体育文化创意产业的发展不仅是一种新的经济增长方式,同时也发挥着促进地区经济发展和扩大文化影响力的功能。以下将从政治、经济、文化、科技四个方面阐述体育文化创意产业的基本功能。

1. 政治功能:是扩大国家或地区影响力、打造城市名片的有力渠道

从国家层面看,体育文化创意产业推动科技创新能力和城市文化的发展。体育实力的高低影响着国际地位,中国从体育弱国走向体育强国,乒乓球、羽毛球、体操等体育项目征服世界,体育的崛起是扩大国家影响力的重要因素。在体育文化创意产业方面,中国在世界电子竞技游戏领域也占有一席之地。在2018年举办的各项电子竞技比赛中,中国已经力压美韩成为世界排名第一的电子竞技大国,这也再一次向世界证明,中国不仅在竞技体育领域实力不容小觑,在电子竞技领域同样叱咤风云。从地区层面看,成熟的体育文化创意产业经过发展形成产业集群,有助于形成城市特色,扩大影响,逐渐发展成城市名片。如前所述,体育实力展现了一个国家或地区综合实力高低,成功举办体育赛事逐渐形成品牌,借助有效的运作和规划,可以将体育赛事中蕴含的积极因素融入城市的形象塑造中,丰富城市的吸引力,提高城市的知名度。2008年北京奥运会的成功举办,不仅带来了北京的蓝天白云,著名的体育场馆鸟巢和水立方也逐渐发展成为北京的体育建筑名片。奥运会后体育场馆鸟巢用于举办各种类型的大型演出活动,不仅提高了场馆利用率带来经济收益,同时也有力地塑造了城市形象。

体育文化创意产业的飞速发展促进了对城市技术资源、文化资源的优化和整合,从而推动了城市核心经济资源的发展,进一步增强了城市的竞争力。体育文化创意产业的强辐射性不仅体现在对本地区其他相关产业的辐射,同时也体现在跨地区的辐射。一个地区的体育文化创意产业的发展对

该地区的贡献也是巨大的,经济发展方式的可借鉴性为周边地区的发展提供了参考性的意见和可行的改革方向,成功的案例、新的商业模式都为城市和周边地区的发展提供了更多的可能性。

2. 经济功能:体现在体育文化创意产业带动地区经济发展和形成
经济增长方式的多样化、拓宽就业渠道等几个方面

任何一个新兴产业的兴起都会对地区的经济发展起到极大的促进作用,体育文化创意产业也不例外。作为一个新的业态,体育文化创意产业促进了经济发展方式的多样化。体育文化创意产业离不开创意和文化,这两大生产要素对促进产业发展具有重要的积极作用,不仅给传统体育产业带来了新的活力,也带动了体育文化创意产业的变革与发展,进而促进经济的快速发展。体育文化创意产品或服务的附加价值都较高,生产过程中设计者通过文化创意和体验设计,让消费者感受到文化创意消费的过程。在这一转化中,创新改变了传统文化经济的发展方式,实现了体育文化创意产业创新的新路径。产业的健康发展对一个区域的影响是全方位的,体育文化创意产业不仅在提升城市综合竞争力和影响力方面发挥作用,同时带来的经济效益也是不容忽视的。体育文化创意产业价值链长,处于微笑曲线的两端,对资源、劳动力的需求相较传统产业少很多,是一个绿色环保的产业,因此它的经济增加值不仅体现在经济效益方面,更重要的是资源节约和环境友好方面,这是很多传统行业无法比拟的。

体育文化创意产业核心在创意,创意则离不开人。作为新的经济增长点,体育文化创意产业拓宽了人们的就业渠道,其涉及领域众多,在创业和就业方面具有很强的灵活性,带来更多的就业机会。体育艺术品的设计、体育商务的策划、场馆的建筑设计、影视动漫等行业兴起的背后涌现出一大批优秀人才,他们用创意为人们带来了视觉和听觉的良好体验,同时也体现了创意价值,使得人们的就业有更多的方向,推动人的全面发展。以奥运会为例,奥运会在带动举办城市就业方面发挥了重要作用,奥运投资创造了许多新的就业岗位,2008 年北京奥运会大约创造了 180 万个就业机会,包括从赛场设计到建设、赛事举办、安全保卫等涉及方方面面的工作岗位。

3. 文化功能:体现在传播文化创意理念、提升国家软实力和推动社会
文化制度的创新等方面

体育文化创意产业是创意产业与体育文化产业相互融合的新产业,是

一种以"文化创意"为核心价值理念的体育产业新形式。其中所包含的传统文化理念、创意观念在满足消费者个性需求的同时也得到了很好的传播和发扬。如福建省的闽南文化、妈祖文化和客家文化,吉林省的满族、朝鲜族、蒙古族文化等都为当地的体育文化创意产业的发展提供了很好的文化资源。体育文化创意产业以文化为根本,以思想、理念、艺术和创新为核心,是一个低投入、高产出的产业,在满足人们物质生活需求的同时也丰富和发展了人们的精神文化需求,实现了物质和精神的双丰收,进而带来良好的社会效应。

体育文化创意产业的大力发展是一个国家文化软实力的体现,文化产业是衡量国家综合国力的标志之一。体育文化创意产业,以中华优秀传统文化为基础,注入时尚因子,融入体育产品与服务,将创意技术、创意产品、体育文化和市场需求有机结合,将产品打造成弘扬中华优秀文化的有效载体,同时,在国际市场上进行传播,很大程度上提升了国家的软实力。在推动社会文化制度创新方面,体育文化创意产业在激发和提高文化消费者的创造性、创新传统文化经济发展、提升经济效益方面也做出了贡献。一种文化现象的兴起和流行,在文化传播的同时甚至能促进新的社会文化机制的形成。伴随着人们对高质量生活的追求,新兴的、健康的消费理念和方式逐渐为人们所接受,并发展成为一种全民认可的文化理念。近几年发展势头迅猛的游泳健身行业就是如此,往往文化制度的创新伴随着新的生活方式或消费方式的兴起和形成。

4. 科技功能:体现在加速科技进步和推动全民创新等方面

体育文化创意产业的这一功能也是由其基本特征决定的,创新的背后离不开科学技术,体育文化创意产业本身就包含了科技和艺术两个层面,艺术和科技的结合,催生并孕育了文化创新的新形态。体育文化创意产业的科技功能实际上是辩证统一的关系,以场馆建筑为例,一方面,建筑的设计构思是创作者的思想结晶,一些科技元素的运用使设计者更好地展示其设计理念,可以说,正是有了技术的不断更新和进步,才能使设计者的很多思路由想法变为现实;另一方面,创作者天马行空的想象也给科技的发展提供了方向,推动了技术的创新,许多发明都是来源于人们的市场需求和发明者的创意。基于产业发展的角度,体育文化创意产业的发展离不开科技和创新,也需要科技和创新推动产业的不断优化,正是体育文化创意产业需要不断发展,从而引领了许多技术的改进和创新。文化创意围绕着对科技的深度阐释,同时,文化的逐步创新也在推动科技发展,新的科技手段可以提高消费者文化创意产品的文化内涵的理解能力,进一步提升文化需求,扩大文化消费。可以说,体育文化创意产业加速了科技的进步,同时科学技术的革新也促进了体育文化创意产业的进一步发展。

体育文化创意产业是大力弘扬创新文化的新兴产业。在全球化时代,任何一种产品、工艺、技术及商业模式的创新都有可能在市场竞争中很快被复制和模仿,因此要想立于不败之地,就必须不断创新。体育文化创意产业正是营造创新文化的发展型产业。发展体育文化创意产业,有助于在全社会形成尊重科学、尊重技术的良好风尚,培育创新创业的社会土壤。在信息高度发达的今天,已形成万众创新的新格局,一款流行的体育文化创意产品很可能是集体智慧的结晶,全民创新的时代已经来临。

四、体育文化创意产业的研究现状评述

体育文化创意产业对现代城市发展具有促进作用和推动作用。一部分学者对我国的体育文化创意产业的发展路径和趋势进行了研究,如高峰(2017)就借助案例分析法和文献资料法从体育文化创意产业的内涵界定和产业分类入手,探索了创意经济背景下我国体育创意产业的发展,阐述了我国体育创意产业的三大特征,即参与主体多样性、创意产品文化性和产业链条延伸性,而后由理论落到实践,从产业结构、品牌保护、知识产权和产业集聚四个方面着手分析了我国体育创意产业发展存在的主要问题,最后给出体育创意产业的发展机遇和对策。蒋越(2017)则以2022年北京举办冬奥会为研究背景,探索了我国文化创意产业发展所面临的机遇和挑战。冬奥会背景下,我国体育文化创意产业存在基础薄弱、区域发展不平衡、体育无形资产利用率低和专业人才匮乏等挑战,并提供了一些改进的措施和方向。还有学者结合具体地区体育文化创意产业的发展开展研究。如王柱石、王宏(2017)以福建省为研究对象,在分析福建省发展体育文化创意产业的优势时提出,区域优势和人文优势是福建省发展体育文化创意产业的利好条件,但同时又存在一些现实困境,最后给出了四点可行性的建议和意见。闽台地区因其独特的地理优势和多元的文化背景,其体育文化创意产业的发展有着独特的优势。谢军(2018)则是从"一带一路"的角度出发,探讨了"一

带一路"与民俗体育文化创意产业的关系及其作用,他还提出"一带一路"不仅是经济倡议,也是文化倡议,借由"一带一路",民俗体育文化创意产业可以搭车传播,同时,"一带一路"也需要借由文化产业为经济、政治、社会发展铺路,提升老百姓的文化认同感和国家的文化软实力。同样是以具体地区作为研究对象,陈洪年、刘晓松(2016)则是综合运用文献资料法、逻辑分析法和SWOT分析法等研究方法,在探讨了吉林省体育文化创意产业的发展现状后,就其中存在的影响发展的各项因素、发展制约和现实问题,针对性地提出了相应的对策和措施,为吉林省进一步发展体育文化创意产业提供一些理论借鉴。还有学者以湖南省体育文化创意产业发展为研究主题(李佳川等,2017),阐述了体育文化创意产业与城市发展、经济和社会发展、人才培养和科技助力之间的关系。对比分析法也是学术研究中一种常见的方法,宋小燕、杜宾(2017)为了研究湖北地区的体育文化创意产业的发展,在分析了北京、浙江地区的文化创意产业发展后,从中提炼出有利于湖北地区体育文化创意产业发展的几点借鉴经验,最后针对湖北地区发展存在的问题,提供了几点针对性的对策。

产业的发展路径具有丰富性和多样性,发展过程中和其他产业或思维的融合能给产业的发展带来更多的可能性和发展空间。陈晔(2017)就以体育文化创意产业为研究对象,探索了其发展同艺术创新的融合。体育文化创意产业本就是将文化通过艺术加工后融入体育产品或服务中,而艺术创新在展现设计者的想法和灵感时,也赋予了体育产品独特的文化内涵,可以说体育文化创意产业与艺术创新密不可分。

从以上论述可以看出,对体育文化创意产业的研究是当下的一个热点。体育文化创意产业源于实体产业发展,笔者认为研究体育文化创意产业离不开具体研究对象,即某一部门或地区,结合该地区的发展现状,给出针对性的对策措施才能使研究更具有现实意义。本书立足天津地区经济发展特点,通过对具体案例素材的分析,从体育文化创意产业出发,总结出体育文化创意产业的布局与建议。

第四章 文化创意产业与经济发展互动机理分析

作为一个相对较"年轻"的产业,文化创意产业是在人类社会文化生活和经济活动不断发展提升的大背景下的社会经济与文化强化内在交融的产物,同时也是21世纪以来经济社会发展产业转型的产物。文化创意产业本质上具有创新发展的内在确定性内涵,同时又是一个拥有多维度、多层次的富于包容力、开放性和可扩展性的综合概念。文化创意产业是各国基于反映、反思、总结和回应过去以来文化经济发展状况而使用的一种政策框架。从演化经济学的角度来看,文化创意产业不仅通过自身增长带动经济发展,其作为一个复杂的、开放的产业系统还通过"创意引入—创意扩散—创意放大"过程,在产业内部具有一次投入、多次产出的价值创造的特性,在产业外部具有渗透融合、集聚发展与关联带动的特性。

从实践发展到逻辑重塑,一直到价值创新,文化创意产业开创了一个新的发展范式。所以,我们可以毫不夸张地认为文化创意产业的内在发展路径与国家和社会的进步息息相关。

第一节 文化资源的经济价值的产生与形成

一、文化资源经济价值的产生

在传统的观念中,人们只认为真实的劳动和实际的土地才算是真正有效的生产要素,但是如果我们认真审视文化资源,并将文化创意产业的功能和定位进行重新评估的话,就会发现一个国家和地区的文化资源也是一种非常有价值的并起到战略性支撑作用的重要生产要素。文化创意产业的兴起促使经济发展重新审视在新的历史条件下的新型资源格局,文化资源已经成为一种新型、绿色与优质的经济资源,是实现经济可持续增长的战略性资源,其逐渐变为全球资源争夺的焦点与核心。所以我们一定要改变自己已有的认知水平和模式,不能忽视文化资源作为一种宝贵的生产资源的巨大潜力和宝贵贡献,并且在实际操作过程中提高对文化产业领域的认知和关注,这些都是我们从西方发达国家获得的宝贵经验。

(一)资源边界扩展

文化资源作为对劳动力、资本等传统生产要素的补充,必然对国家和地区经济产生重要作用,这不仅有益于文化产业与其他产业的深度融合,更有助于要素资源的高效利用。一般而言,文化资源要素的拓展可概括为两个层面,而这种要素投入范围的扩展又分为两个层面:第一层面,文化资源投入是国家或地区的悠久历史文明沉淀的产物,在后工业化社会、消费社会、知识经济等背景下,逐渐为区域与国家经济发展提供了新的经济要素资源,逐步扩大了国家和地区经济发展要素的约束边界。第二层面,以精神文化资源为主的文化资源的一个重要特征是异地开发性。从精神文化资源所包含的内容来看,在该地区长期积累和沉淀的文化成果,包括歌舞曲艺、语言文字、宗教信仰、文化作品、神话传说、历史传统等,表明精神文化资源在思想与行为上具有流动性,可以被跨区域传播与发展,并无明确的主权归属,只要是能接触到的主体都可以加以利用。但是,随着全球一体化时代来临,各地区与民族深入交往,各种精神文化资源不可避免地会发生交流、碰撞与交融,从而形成一种公共的文化资源。于是,前期的文化资源禀赋并不成为文化资源存量的决定因素,积极主动学习、获取、占有与使用的主体必然成为文化资源的富庶者。特别是创新能力强、传播渠道广泛、文化创意产业发达的主体,可以对全球的文化资源进行整合开放和优化配置,极大地拓展了本国的资源边界。

(二)资源内容再创造

在现代文化经济的商业化运作模式中,文化资源作为一种高级的要素资源,在生产服务过程中并不是机械地简单投入,而是通过文化创意产业的核心——创意人才对其进行加工、融合、转化、放大与扩散传播,最终会形成以一个成功文化创意为核心的大量相关服务性产品,而又通过产业发展的关联性,带动工业制造、玩具、服装、音像传媒、旅游开发、餐饮和酒店服务等相关行业的可持续发展,形成含有文化元素的全新的产业链。这样的创造性融合进而形成新的文化符号、文化标识和文化内涵,也创造出了新的文化资源。同时,世界各国之间交往的加深必然促使原本属于各地区、民族与国家的文化资源发生碰撞与交融,这又会产生新的文化成果,从而拓展世界文化资源存量。资源要素创新的出现再次拓展了经济发展的要素约束边界,将文化创意引入经济发展,文化资源的创新具有极大的外溢效应,用价值链理论分析工具来解释,就是产业价值链整合提升、分解优化、横向延长、纵向增厚、首尾链接、网状扩散,最终形成外形庞杂、内部紧密联系的、互动演化发展的价值创造星系模式,构成新的发展范式的核心驱动力。

(三)资源持续再生

我们一般将国家和地区的经济资源分成两类进行统计和计算,它们分别是文化资源和物质资源。但是,绝大多数物质资源投入经济生产过后,很难再次重复使用,即使可以重复使用,其需要的成本也很高。比如金属矿物,加工成一定产品后,想要在产品使用寿命结束后,把其分散的废物收集、回收加以再次利用,这个过程的成本不仅较高而且难度较大。而文化资源就大不相同,它可以被任何主体多次反复、多方面利用而不会有任何损耗。相对物资资源的可消耗性,文化资源的非消耗性表明可以持续再生,转变了对以往经济资源有限的观念。文化资源这一特性,彻底改变过去农业经济与工业经济时代对于有限物资资源极度渴望与担忧,加速了经济社会向文化经济时代转型发展的历史进程。文化创意产业也正是凭借其把文化资源作为投入要素的优势,突破了增长的双重极限——资源边界与环境约束条件,成为一条可持续发展的道路。

二、文化资源经济价值的形成

"资本"通常意义上被理解为一个经济学范畴,就是指货币。亚当·斯密认为分工扩大与流通交换的媒介就是资本,形式上表现为扩大再生产的物质支撑,在本质上则是带来新生产能力的潜在能力。但是之后有许多的专家学者对亚当·斯密的部分观点进行了否定和重新定义。随着社会文化的不断繁荣和发展,我们的生产力提升的主要目标将逐渐由传统的物质领域的创新向精神和文化领域的创新转变。一个国家或地区的市场竞争力并不仅仅依赖现行的工业或金融化标准,也就是说文化及其相关产业将不再是一个起到辅助性和支持性作用的产业,而且文化及相关产业也将会逐渐转变成社会和民族发展的主要生产力。文化资本的积累与增值不仅有主观推动,又有其客观要求。文化资本的积累与增值的客观要求是指在社会交换机制与制度保障机制完备的条件下,社会分工不断深化,只有通过交换与消费才可实现自身价值,才能成为文化资本。主观推动与客观要求相互促进、循环发展,共同实现文化资本的积累与增值,即文化资源的活化。文化资源的经济价值是由文化价值转化而来,但是文化价值并不会消失,反而会在不断生产与扩大再生之中无限扩大,从而进入良性扩张的发展通道。

第二节　文化创意产业的价值创造的理论基础与实现机制

随着社会的进步和经济的发展,文化经济时代已全面来临。这个新时代的核心就是以文化与知识为核心内容的相互融合以及共同发展。在这样的大背景下,文化创意产业也逐渐发展并兴盛起来,这预示着全球文化与经济一体化的趋势逐步形成,同时也标志着一个娱乐方式和体验方式大变革的新时代的到来。文化创意及其相关活动是这个过程中最核心的要素,与此同时随着相关产业和技术的不断发展,文化创意与科技创新将会相互依托、互为支撑,最终形成对经济发展具有巨大生成力的创新发展动力。对于文化创意产业来说,它的特殊的产业价值创造机制将刺激社会创新驱动,上升为经济发展的主要动力。

一、文化创意产业价值创造的相关理论

(一)微笑曲线——价值定位

1992年,施振荣首先提出了微笑曲线理论。目前,在经济与文化的全球一体化进程中,产业链各环节的要素结构在不断变化,从而使全球产业链呈现出动态的组合与创新。文化创意产业不同于一般的工业生产或者实体经济的模式,它的产业投入主要是一些软性的资本和原材料,例如文化资源、相关专业的创意型人才等,在实际的经营和运作过程中,文化创意产业的从业者将上述的软性资本和原材料以及人力资源引入自身的生产体系之中,所以其战略地位尤为重要。文化创意产业价值链的动态组合与创新是由经济与文化的全球化条件下国际分工特点及高端要素的能动作用决定的。

(二)长尾理论①——价值指向

长尾理论是网络时代对传统商业模式的反思结果,是信息化时代背景

---

① 长尾理论是网络时代兴起的一种新理论,由于成本和效率的影响,当商品储存、流通、展示的场地和渠道足够宽广,商品生产成本会急剧下降以至于个人都可以进行生产。

下企业营销价值取向的转变,是一种市场开发模式。长尾(The Long Tail)这一概念是由《连线》杂志主编 Chris Anderson 在 2004 年 10 月的《长尾》一文中提出的,以此来描述亚马逊等企业的市场开发模式。在网络世界与信息社会条件下,产品的存储空间与流通管道将不再是重要的约束条件,所以企业会慢慢将视线转移到那些之前受制于存储和流通渠道而无法大规模经营的业务和市场。例如,当受制于流通渠道的不顺畅时,之前非主流的相对冷销的产品和服务现在是企业营收和利润的主要来源。长尾理论也得到市场营销学支持,在市场营销学中就用"利基"这个概念来表述,在差异化市场需求时代,有些细分市场出现空白,打开这些市场容量很小但为数众多的细分市场,是新的商业机会。

文化创意产业的出现和发展主要源于迎合和满足市场消费需求,而这些需求又主要根据消费者自身文化素养需求而产生,因此它的价值导向非常明确,并且具有一定的指向性。这样明确的价值指向必然决定了文化创意产品的多样化品种、小批量生产与大量地细分小市场等根本特征。网络世界与信息社会条件及文化创意产业大量的细分小市场累加起来就会形成一个比主流市场还大的市场。特别是文化创意产业高固定成本与高前期投入对应低变动成本与低复制成本的产业本质特征,满足了开发长尾市场的约束条件。文化创意产业价值指向长长的"尾巴"上,既满足了消费者需求,体现了自身产业的本质特点,又发挥出了网络世界与信息社会时代的"长尾"效益。

(三)云技术①——价值支撑

云技术(Cloud Computing)是一种基于量子力学知识的新的概念。其主要原理是借助国际互联网计算机强大的计算和分析能力为特定客户提供服务。它采取化整为零、化繁为简的策略,将复杂的计算程序拆解成数量庞大的易于计算的小程序,并利用连接互联网的各个终端服务器对其加以计算,最终由终端系统将信息整合和处理后传递给用户。西方发达国家在 2004 年开始了云计算的商业化运作模式,当时的一批高科技企业如谷歌、亚马逊、

① 云技术是基于云计算商业模式应用的网络技术、信息技术、整合技术、管理平台技术、应用技术等的总称,可以组成资源池,按需所用,灵活便利。

IBM 等正式向用户提供了云计算的平台。

从云技术的内在原理来看,适用于大型的、综合的且涵盖网络、电视、电台、报纸、杂志、移动媒体、广告等多形态的文化创意产业集团。在网络世界与信息社会条件下,云技术的模式是文化创意产业价值支撑、未来发展、产业内外融合的理想范式之一。查尔斯(1989)通过自身调查研究认为,相较于从前,现代社会的人们更加倾向于将自己的观点和想法与社会上的其他公众共享。这个想法和愿望最终一定会通过云计算得以实现。20 世纪 60 年代,Marshall McLuhan 就对未来"地球村"进行描述,他认为信息产业和电子媒介的迅猛发展会将人与人之间的距离拉近,最终可以实现与远在天边的人之间开展零成本的沟通。

二、产业价值链的创造与重构机制

本节在文化创意产业全景价值链系统的基础上,依据经验研究的实践启示与文化创意产业价值新理论探究成果,从产业关联视角对文化创意产业价值链的创造过程重新加以构建。

(一) 文化创意产业的内在价值创造机制分析

对比传统产业与其发展范式,文化创意产业价值创造内在机制的深入分析就成为本书研究主题的根本性支撑。文化创意产业是通过将文化创意引入产品内涵之中,依托科技创新推动科技与文化的相互渗透、互为表里的协同发展,创造性地发展了新的文化产业形式,扩大了文化产业规模,并对传统产业进行改造升级,带动与之有联系的产业快速发展。通过把技术、文化、创意等经济增长的核心要素整合交融,占据产业网状价值链结构中的核心位置,为产业结构的优化升级提供了相当大的动力,并开创性地提出文化是一种生产力的论点。从实践发展到逻辑重塑,一直到价值创新,文化创意产业开创了一种新的发展范式。文化创意产业是顺应文化需求结构变迁与需求层次提升而出现的,又是激发文化需求的外在诱因与促进经济发展的强大动力。

从产品消费者行为角度出发,产品价值系统包括功能价值(Function Value)和观念价值(Concept Value)两部分。功能价值就是消费者在购买商品时所考虑的根本目的,功能价值是通过商品的物质属性体现出来的。它主要是由物质形态的转化而产生的,也就是说它是以商品物质部分为考量的基础。观念价值是消费者在使用商品过程中,得到附着在物理属性之上的、商品内在的文化底蕴、象征含义、独特体验与心理感受。文化创意产业根据微笑曲线理论将文化创意"渗透"到产业价值链中,提升产业附加值,占据产业价值链高端,开启观念价值创造的逻辑起点;文化创意产业依托长尾理论来进行指导,把消费者的消费需求和消费变动作为研究方向,把消费者当作一切工作的中心,以满足个性化、多样化、多层面的需求为价值指向,以整合文化创意产品的多样化品种、小批量生产与大量的细分小市场为目标市场,拓宽了观念价值创造空间。随着网络传播、信息现代化的快速发展,有利于文化创意产业通过"大规模协作""微创新"参与、消费与生产互动等创意手段,将个人创造力转化为生产力的内在机制,将参与意愿转化为生产力的内在机制,铸造强劲的内生创造观念价值的动力。

基于产业对比视角,文化创意产业的价值创造更加强调产业导向以需求为核心,围绕商品价值系统中的观念价值展开价值发现、整合、创造与实现,依托科技创新与文化创意相互渗透、互为表里、协同发展,挖掘与识别最具有根本性的价值因素,开启观念价值创造的逻辑起点,拓宽观念价值创造空间与总量,铸造强劲的内生创造观念价值的动力,在摆脱"红海"竞争的情形下开发"蓝海"市场,进而实现产业链上产品价值的持续增值。另外,充分挖掘和利用我国文化创意产业所产生的价值创造效应,提高文化创意产业产能有效利用率,制定文化创意产业未来发展模式和规则制度,使其在经济发展中发挥更大的创新创意价值效应。

(二) 文化创意产业价值链重构机制

以往关于产业价值链的分析逻辑的相关研究通常是从供应商出发,其内在隐含的假设是"供给市场决定需求"。与此不同的是,文化创意产业是在人民文化精神需求极大提高的前提下而出现的,其特点是人民的文化需求超过了市场生产的供应,从而导致需求结构与产业结构在上下游的地位发生了变化,文化创意产业是在文化与经济交融作用下一体化发展形成的第三代生产力。随着社会生产力和经济发展水平的不断提高,人类的内在需求不断被激发,心理上、精神上和文化上的需求超越基本物质需求,这就引发了人们在需求结构和产业结构上的根本性变化。约翰·哈德利(John

Hartley)从创意公民的消费需求视角出发,提出了"需求主导的创意市场"的需求发展模式,消费者、用户和公民不再是因果关系的对象,而是市场的真正核心主题,是创意市场的决定者。创意公民从被动、从属的地位转变为主动、主导的创新者。唐·舒尔茨认为,主导市场的决定权正从以往的商品生产商手中,逐渐过渡到产品销售者和广大消费者手中,文化创意产业价值链的改变也一定要适应这种新出现的变化,这就意味着要以广大的消费者作为主体来进行研究分析。

重构文化创意产业价值链需充分借鉴以往其他产业价值链的发展经验和失败教训。根据前文文化创意发展产业理论和内涵研究发现,文化创意产业的发展离不开科技创新的支持,而二者呈现彼此依托、彼此支持的螺旋式发展模式。文化创意产业这种本质内涵和实践意义强调创新发展的内在确定性,将科技创新与文化创意融入产业发展中。文化创意产业价值链的提升需依托技术创新效应,即文化创意产业内部技术的更新换代与本身发展的高度融合。

重构文化创意产业价值链必须重视传统产业价值链新理论指导。微笑曲线指导文化创意产业凭借的是其价值的高端定位,实现对产业链两端高利润空间的占有,还将文化和创意要素渗透到微笑曲线的各个环节,使文化创意产业的生产服务环节向微笑曲线两端的高附加值的价值攀升,真正实现文化创意产业价值链的组合与创新在发展过程中的良性互动。长尾理论明确的价值指向,即文化创意产业在网络世界与信息社会背景下,其目标市场的根本特征必然是多样化品种、小批量生产与大量的细分小市场共同形成的长尾市场。网络世界与信息社会时代的"长尾"效益,改变了文化创意产业价值链在传播与营销环节的分析逻辑。蓝海战略研究所提出了一种新的研究方法,文化创意产业利用对需求变化与需求内涵的深刻理解,找出根本性的价值因素,同时追求"差异化"和"成本领先",实现在有限的资源下创造更大的价值。这种把需求当作核心要素来进行研究是文化创意产业价值链理论的核心环节,这是研究重构文化创意产业链的一种基本方法。同时云技术在研究领域的广泛应用也为广大民众的创新和发展提供了一个广阔的平台,拓展了文化创意产业创造价值的空间范围。消费者、企业、中介等各种组织或个体在云技术的支持下,分享与联系、协作与创造、合作与竞争、体验与营销、施加影响与收集信息,彻底改变文化创意产业价值链中的价值结构和内容层次。

　　文化创意产业价值链重构模型,从其内部特性来分析,这一模型最基本的特征是文化创意产业本质内涵与实践特征相互影响、相互促进。从演化经济学的角度来看,文化创意产业不仅通过自身增长带动经济发展,其还作为一个复杂的、开放的产业系统,通过"创意引入—创意扩散—创意放大"过程,有产业内部一次投入、多次产出的价值创造的特性,以及产业外部渗透融合、集聚发展、关联带动的特性。这种产业的发展模式,是建立在文化创意产业所具有的对外开放性、体制框架的多维性、发展的创新性理解的基础之上的。社会网络市场为文化创意产业内部各种市场主体,如消费者、企业、中介组织以及评论人等,提供一个相互衔接、动态调整的协调机制和支持系统,使各自成为价值发现、整合、创造与实现等整个过程体系的行为主体。而网络社会的来临与信息技术的发展,客观上为大众创造力和创新平台提供了一个自由空间。

　　总而言之,文化创意产业价值链重构模型反映出了正如自身本质内涵和实践意义所表达的一样,它是一个立体感极强,且具有多维度、多层次的结构的,而且富于包容性、开放性和可扩展性的综合概念。人类所特有的创造力是文化创意产业得以快速发展的核心成分和最大推动力,利用互联网技术发展与价值创造的新理论,充分阐释了文化创意产业价值发展、创造、提升、整合与实现整个过程的内在逻辑关系。

第三节 文化创意产业与科技创新的互动机理

19世纪法国文学家福楼拜认为艺术和科学看起来毫不相干,但其实两者在本质上是一致的,它们终有一天会实现融合发展。科学技术的迅猛发展和文化创意产业的突飞猛进,是推动当今世界经济和文化产业发展的"两驾马车",如果两者能实现融合发展,那将会极大地促进文化创意产业的发展。这一节将围绕科技创新与文化创意在文化创意产业中的相互渗透、互为表里的耦合发展,阐释其两者共同促进经济发展的内在逻辑关系。

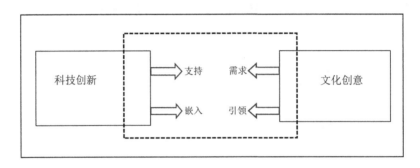

图4-1 文化创意与技术创新的一般耦合框架示意图

资料来源:根据相关文献资料整理得出。

耦合是工程领域的一个常见概念,它指的是对于一个确定的系统的输出和输入存在某种关联的现象,在经济学中指两个以上的实体之间的相互关联性的一种度量方式。目前,耦合的概念从自然科学领域向社会科学领域延伸,成为一种重要的研究方法,特别是进行复杂的系统研究,探讨系统与系统之间的关系及发展演化过程。文化创意产业是一种内部行为方式和逻辑结构非常复杂的系统,它的核心和主要部分就是创意。在文化经济与知识经济的背景下,文化创意与技术创新相互渗透、互为表里的耦合发展成为文化创意产业发展的一个重要特征。由物理学概念中的耦合关系迁移发散思考,得出文化创意产业中的技术创新与文化创意的一般耦合模型(见图4-1)。技术创新支撑与嵌入文化创意,文化创意需求又引领技术创新,两者通过耦合机制共同把技术、文化、创意等经济增长的核心要素整合交融,将文化创意产业推到产业网状价值链结构中的核心位置,在优化生产总体结

构的同时,改变原有人类社会发展的生产力结构,促进经济发展与社会
进步。

一、技术与文化关系的演变过程

本节从社会分工历史的发展演变着手,我们将技术与文化关系的演变
过程粗略地分为共同发展、分离发展与重新结合发展三个时期。第一时期
是技术与文化的共同发展时期,是指在人类社会发展的早期,社会分工并不
明确,生产力还较为低下,虽然科学技术和文化水平同时发展,但是基础较
薄弱。第二时期是技术与文化的分离发展时期,这个时期人们开始逐步重
视脑力劳动,从而衍生了精神生产这一概念。尤其是文艺复兴后期文化与
艺术创作的兴起,加速了艺术家(Artist)和艺匠(Artisan)的分道扬镳。由于
处于精神生产提出初期,这时期的文化与艺术从业人员对技术发展大都持
负面或消极的态度。一是由于文化作品内容中充满着对资本主义工业技术
的否定思想,二是由于文化界发起手工艺运动(Arts and Crafts Movement),计
划将工厂和作坊中有违人性的规章制度和做法进行剔除。第三时期是技术
与文化的重新结合发展时期。这一时期工业革命和科学技术开始出现爆炸
性增长,人类生产水平和生产规模出现前所未有的提升,社会分工也由不断
细化转为不同分工之间紧密协作。一是人们日益增长的物质和精神需求形
成了巨大的"买方"市场,促使了在生产方面物质和精神相融合的进程的加
快发展。二是尽管劳动分工依然持续加深,但是由于分工协作的需要,也要
求文化创意者与技术创新者具备不同程度整合文化与技术的能力或意识。
文化与文艺从业人员结束了对技术进步的抵触情绪,转向支持和利用。

技术与文化关系的演变历史进程,成为文化创意产业成长、扩张、全球
化发展的"桥梁"和"利器",马克思认为,技术创新对精神文化方面的发展已
经显现出了越来越强大的杠杆撬动作用。随着社会分工的不断深化与不同
分工之间的协作日趋完善,在科技革新、需求提升与创意阶层崛起、商业发
展四者的互动过程中,产生了新科技运用——消费需求结构优化与层次提
升——文化产品生产流程与产业运行过程变迁,"科技改造"与"新科技研
发"循环交替应用于文化创意产业的发展过程,逐渐在这一经济领域中形成
了现代科技的广泛应用与精神文化生产、广大消费群体之间的相互影响。
在技术创新对文化创意产业支持与嵌入形成的推动历程的基础上,文化生

产力得以创造并不断向前发展,与文化相关的产业类型大幅增多,其经营的领域也越来越广,并要不断地发展,在不断总结的过程中日渐壮大。

二、文化创意产业的技术创新支持

技术创新在任何领域都是具有强大拉动力的革新和方式,这个道理在历史发展的过程中已经被无数次地证明。技术创新的推动作用也是如此,从产业内部运行逻辑来看,几乎贯穿于文化创意产业全过程,各种科学技术如影随形、无处不在。在这里本书需要重点强调上一节已经叙述过的笔者建立的模型,这个模型是关于文化创意产业价值链重构的典型模型,在这个模型的分析和计算过程中可以发现,技术创新的作用非常明显,可以说,在以云技术为发展趋势的网络技术的支撑下,文化创意产业的各种组织或个体在互动网络虚拟空间中,分享与联系、协作与创造、合作与竞争、体验与营销、施加影响与收集信息,对原有文化创意产业的产业链价值结构重组分工,激发文化创意产业进入下一全新的态势和阶段。本书内容所述的这种态势和阶段是开放的、创新的以及全新的态势。

对这一问题进行具体剖析,技术创新为文化创意产业的发展带来明显优势,具体包括:将会使文化产业的后续发展更加多元化和复杂化;将会使文化产业产品的物理形态和实体物质更加多元化和复杂化;将会使文化创意产业内容的相应表达方式更加不拘一格,即更加个性化和具有自身特点;将会使文化创意产业产品的相应生产过程更加具有透明度,更加信息化,可以充分跟上理工科在这方面的脚步并逐步超越;将会使文化创意产业产品的流通更加顺畅,消费者获取商品的途径更加便利。

(一)产品物理形态的多样化

在上述分析中提到,技术上的创新和驱动对于文化产业的发展和壮大具有不可替代的强大推动力。而在这里,有一个很重要的因素就是技术创新会对文化产品的丰富程度,也就是产品多样性有很大帮助。如果我们回顾一下文化创意产品的发展历史,就会发现文化产品的载体和实现途径处于不断发展和变化的过程中,并不是相对稳定或者一成不变的。文化及其相关产品的存储介质较为丰富,例如前期主要是纸张和磁带等,后期是软盘和硬盘等。经历了磁存储——光存储——数码存储的发展历程,让"大规模定制"在技术上得到支持,对消费者来说消费更加便利,用更少的钱可以买到更加优质的服务,同时越来越丰富和个性化的服务以及越来越低廉的价格和成本逐渐走进了日常生活。

(二)产品内容构成的个性化

面对网络信息技术对现代社会的冲击,在解决了距离与效率问题之后,还将发生哪些变化? 对于这个问题,国外知名文化学者安蒂·卡斯维奥(Antti Kasvio)专门做出了解答,其解答以及结论全部集中在《传媒与文化产业》这本书中。他认为,在产品问题个性化这个议题上,以前担任信息收集和传递功能的部位是企业或者公司的中心,但是随着时间的推移,这一事业或者公司的中心已经开始转向了另外一个方面,这个方面就是科技文化公司传播的内容或者案例。事实上,在产业实践发展中,这一点已经体现出来,文化创意产业产品的存储空间与流通管道将不再是重要的约束条件,企业经营重点围绕满足消费者的个性化、多样化、多层面的需求结构改变和层次提升展开,产业竞争焦点转向大量细分且具有差别的长尾市场的争夺。本书以全球互联网市场上的搜索引擎为例进行分析,搜索引擎随着互联网的逐渐发展壮大也在不断地扩张和增长,这种典型的个性化服务获得消费者青睐,从而获取利润。著名的搜索引擎商如百度、谷歌、雅虎、新浪、MSN等,其业务都是由普通搜索服务转向智慧型搜索服务。谷歌推出一项"My Google"风格的新服务,允许用户联合使用谷歌的各类功能。

(三)生产过程的信息化

新技术对文化创意产业生产过程的支撑,让其呈现出信息化的趋势,这首先体现在对文化资源的整合阶段。文化资源以信息化形态存储为文化资源的跨空间、准确并及时的深度开发与优化配置提供了技术支持。在这些文化领域的生产和创新过程中,有很多的媒介和载体,例如视频、音乐和设计等领域,还有大量的信息化生产手段,如 Photoshop、Flash、CorelDraw、3DSMAX、llustrator、Dream Weaver 等设计类软件让文化创意与设计构思得到淋漓尽致地发挥。一项针对创意工作者的调查显示,与以往任何时候相比,当今的创意设计师更频繁地使用电脑、数位板/手写板、图像和照片等文档的专用扫描仪、POD 以及新型的数码产品和数码创新的特质。在传统的电影行业中,好莱坞是商业化最成熟、新技术应用最多且最广泛的地区,在这里,相关企业和公司充分发挥新技术、新手段在电影制作和发行过程中的巨大作用,最大限度和最高水平地发挥了高新科技的作用,为电影产业的长足发展和技术进步做出了巨大贡献。一些非常著名的例子包括:好莱坞充分利用在光学、声学、电学以及软件后处理等方面的宝贵技术和经验,逐步探索出了一种电影发展的新模式,如在《星球大战》《侏罗纪公园》等最新上映的影片中,充分展示了高新科技对传统电影行业的冲击和带动效应。

(四)消费方式的丰富化

随着科学技术迅速地发展,更先进和更高级的技术会越来越多越来越快地应用到文化创意产品中。这些技术包括更快并且更稳定的通信技术、物联网新技术和网上云计算,等等。文化创意产业产品与内容可以基于全球网络系统,为文化产品形成统一的宽带系统传输通道。从原有分割传输与流通的文化产品通过全球网络化传播、扩散,使现有世界真正成一个"文化产品与服务资源库"流通网,社会上出现的一些博物馆和展览馆等就是非常好的例子。这些展览馆是高新科技和文化事物相结合的事例,它们充分利用了目前非常流行的虚拟现实以及模拟成像等技术和手段打破原有展览时间、空间的限制。与此同时,随着手机、平板电脑等高科技产品逐步走入千家万户,上述这些方法都可以渐渐应用智能终端来向消费者进行展示,从而可以更好地展示那些引人入胜的文化产业产品。特别是电视、手机、电脑的"三屏合一",逐渐具备通信、视频、多媒体、网络多种接收功能,这样的智能接收和展示终端就是一个既便于携带又具备足够个性化的产品和服务媒介,从而可以帮助消费者顺利接受各种文化产业产品的服务。这个过程不仅是传统的传播方式和信息流通渠道的一般性变革,同时它还实现了与现行消费者可以随意使用的智能终端设备的调用和匹配。所以这个过程不仅可以帮助文化产业和公司打破传统的获取服务的时间和空间限制,更深层次来看它还是普通大众和众多的文化产业服务公司之间对接的一种革命性事件。在此事件中,不仅使文化产业化的相关企业实现了自身产品价值的利润最大化,还会帮助普通消费者从一种偏向理性的、更加注重视觉体验且单向被动接受服务的模式转向一种更加感性的、视觉和听觉相结合的产品与用户交互发展的模式。

三、文化创意产业的技术创新嵌入过程

"嵌入"主要强调人们的社会行为对日常生活行为的影响,社会的经济行为遵循一定的规律,并以人与人之间的互动和交流为发展基础。在本节的分析中,笔者将着重从两个方面展开论述:一方面是企业和公司的组织结构嵌入,即从企业和公司技术供给向企业和公司文化领域投资转变和渗透;另一方面是企业和公司创造过程的嵌入,即企业和公司从技术创新向内容和服务创意转变与渗透。

(一)在组织结构中的嵌入

由于信息技术和高科技产业的快速发展,一系列新观点、新思想和新技术被越来越多地应用于一些国家重点扶持的战略性新兴产业中,互相交叉与渗透,形成上、中、下游延伸的产业链提升与整合的发展模式,围绕经济前景更为广阔的娱乐、消费与电子商务领域,为用户提供综合服务与全套解决方案,实现文化创意产业的跨媒体、跨行业、跨地域的融合发展,在全球范围内重新整合文化资源,构建世界范围内的竞争格局。1998年全球一共发生了三起较大影响的合并,1999年英国发生了一起较大规模的合并,2000年美国发生了一起较大规模的合并,这些并购活动预示着最新合并和并购的趋势与特点,而且合并和并购的金额越来越大,根据相关数据,2000年以来,发生于美国的收购行为价值高达3500亿美元。如果我们将观察的角度调整到企业和公司中来,就会发现技术的创新会极大地帮助和促进相关文化创意的发展和完善,并且会加速文化创意产业体系优化升级,形成从技术供给到文化投资的态势。

(二)在创造过程中的嵌入

在工业革命发展的初期,由于新的工业化大规模生产手段和技术水平的嵌入,让文化产品呈现出不同形态。这些新技术仅是对文化创意的简单作用,其更直接地嵌入到大型复杂的文化创意活动中。近些年迅速发展的信息技术与网络技术更是加速了这种渗透与交融力度。

如果从文化发展相关产业以及相关创意的内容来源进行分析,我们会发现技术创新增加了传统娱乐项目无法达到的某些功能,这些功能可以使

终端内容的来源更加广泛,并且使内容更加多元化。使用者与消费者通过数字标准终端对所接收的信息内容进行创作,不同使用者与消费者之间还可以共同参与分工协作,在网络上相互分享。打破了传统的生产与消费界限,使用者与消费者已经从曾经的被动的、单向接受的消费者进化成了主动的、双向互动的、消费与生产合一的文化创意者,也具有了生产的权利。这也就意味着在实际过程中,那些媒体的对应终端就会产生一种反方向地生产相应内容的过程,这个过程是技术创新所带来的。这些信息使文化创意的来源和内容更加丰富,使它对于消费者的吸引更加高效。网络化、信息化与数字化的技术创新成果给文化创意产业生产方式和生产流程带来新的思维模式——集成架构、平台支撑、模块分工等。而现代网络通信技术的完善与多媒体终端的普及将这一切大大简化,因此,稿件来源不仅是经过记者简单处理之后,可以生成文字、图片和视频新闻内容,解决了新闻媒体稿件来源的广度与时效问题,提高了信息资源的利用效益。

从技术创新对文化创意内容的种类与数量作用来看,技术创新催生新的文化内容产品种类与新的需求细分市场,拓展了文化创意内容的创作空间。面对网络信息海洋与信息爆炸趋势,有针对性地推出“差别化”的文化内容产品成为制胜的关键。这样就会放弃传统上的生产销售和服务模式,针对不同客户的不同需求为他们提供尽可能人性化和个性化的文化创意产品和服务,这样不仅节约了消费者和服务的时间,还提高了服务和消费的效率。技术创新协调了个性化文化内容需求与规模化生产之间的矛盾,将分散的个性需求统一起来,进行整体处理,充分发挥了网络世界与信息社会时代的“长尾”效益。多种媒介手段的运用,制定鲜明且有效的传播计划,增大商家与受众的接触面,成为文化企业获得最大商业利润的有效手段。

第四节　产业结构的融合与演变

世界上最早关注并且研究产业结构的学者是威廉·配第,他是世界古典经济学的创始人,并且极大地扩展和丰富了产业结构演变趋势这个问题。他发表了一系列关于这个问题的研究著作和论文,其中较为著名的是《政治算术》。在这本书中,一个非常明确的观点和论断就是,对于国家的产业结构和金融市场来说,商业和贸易活动对于国家和人民的收益是最大的,制造业对于国家和人民的收益相对而言就比较小,而农业对于国家和人民来说是收益最小的经营活动和谋生手段。这个论断不断被西方发达资本主义国家的发展成就所证实,并且广大的发展中国家也在严格遵循着这个论断进行自己国家的发展和人民生活的不断改善。而美国著名经济学家罗斯托①在其研究基础上深化研究后认为:任何一个国家的经济增长过程实际上都有一个主要的推动力,也就是有一个主要的部门对国家和地区的经济增长负主要的责任。但是这个部门和主要的推动力随着国家的不同发展阶段和国际国内形势是不断发展变化的,同时不同阶段的不同部门虽然在时间上有前后关系,但实际上是相互影响和相互带动的。由此可以发现,经济发展与产业结构是一个问题的不同表现形式,其中最基本的就是经济发展与产业结构内在生产技术的构成,生产技术的创新发展带动经济要素在产业之间流动,流向更高效率的部门,这一流动过程最后就表现为产业结构的变动与经济发展。这一关于经济增长的重要理论不仅揭示了产业结构的变动与经济增长的关系,而且也为文化创意产业的增长与融合提供了理论分析工具。

文化创意产业得到高科技行业的支持与嵌入,与其互为表里、协同发展之后,越来越呈现出快速增长态势与优良经济特性,逐步表现出主导产业的潜质。这一过程就是上文所阐述的,由生产技术变动而引起的经济要素流动过程。用熊彼特"创造性破坏"概念来解释就是,新一轮的科技革命带动相关产业发展,尤其是文化创意产业持续创新、持续破坏,从而达到最终目

---

① 罗斯托(1916—2003),美国经济史学家,发展经济学先驱之一。著有《十九世纪英国经济论文集》《经济增长过程》等经济著作。

的:那就是可以让文化产业的内容达到一个新的高度,甚至可以达到国家和地区的主导产业的位置。从而实现一个国家(地区)的产业结构优化升级,促进地区经济健康可持续发展。因此,本节将按照层层递进的逻辑和思路对这个问题进行详细的分析,首先对文化及其相关产业的演变规律进行详细分析和归纳汇总,然后找到制约地区文化创意产业及产业链上相关产业发展的因素,随后详细对文化及其相关产业成为国家和地区的主导产业的潜力以及可能性和适应度进行分析,接着对一旦文化及其相关产业成为主导产业后,会怎样带动与之相匹配的国民经济中的其他产业和工业的发展进行研究和分析,而后对国家和地区的经济上层建筑和产业结构的重新构建进行分析,最后分析这个模式会如何帮助国家和地区的经济实现长足的发展。

一、产业结构演变对文化创意产业发展的影响

我们要讨论一个国家或地区相关产业结构的演变是如何与其相关文化创意产业相互影响和促进的。一个国家或地区的产业结构就是这个国家或地区赖以维持其经济持续健康稳定发展的生产方式和技术性结构。对于不同的产业来说,它们发展的内生动力和外部支持条件是不一样的,但也相互联系。这种对立与联系会影响国家或地区实现产业结构升级。因此我们在研究国家或地区的产业结构调整规律时,应牢牢把握生产技术对经济发展的驱动作用这一主线。依据两者内在逻辑关系,从工业化发展阶段的角度分析产业结构演变,以工业发展作为主要参考坐标系来研究产业结构演进,有如下规律:进入工业化前,一个国家(地区)发展重心主要在第一产业,即以农业、手工业为主;工业化初期,随着制造机械化等技术水平的提升,产业结构发生一定调整,第二产业比重逐渐上升,并取代第一产业在国民经济中的主导地位;工业化后期,随着信息技术、知识等高生产要素进入社会生产过程中,国民经济的产业结构发生调整,逐渐以第三产业为主。随着社会工业化进程的演化,产业结构的一个内在规律表现为由劳动密集型向资本密集型逐步转型,相应地,国家或地区的工业重心就会从以轻工业为主的轻工业主导型向以基础工业为主的基础工业主导型逐渐过渡。当一个国家或地区发展到工业化中期时,它的发展重心就会发生相应转变,转变是由基础工业开始的,转变的归宿一般是具有高加工度的产业。伴随这个过程发生的

是国家或地区的产业逐渐走出了资本密集型和人口密集型的低水平阶段，向着更高水平的阶段逐渐迈进，这个阶段就被学者称为知识密集型阶段。

二、文化创意产业发展与国民经济地位提升

笔者查阅了国内外大量的文献资料和研究报告，发现目前有一种较为合理的理论，这种理论认为占主导和核心地位的产业部门的更替一定伴随着经济结构和内生动力的调整。有研究表明，一个国家（地区）的经济增长速度与质量均与产业结构中的主导产业的发展水平密切相关。同时，美国学者罗斯托在相关国家的产业结构转变经验研究中指出：在同一时期内，一个国家（地区）不同产业部门在经济增长速度和增长方式上存在较大差异；因而进一步研究指出，在一个特定的经济增长周期内，一个国家（地区）的经济增长速度和质量与其经济结构中占主导地位的产业的经济增长质量和增长速度关系非常密切。由于各产业部门之间存在关联效应，因此，它们在社会经济产业群中往往起着引领产业发展的先导作用和带动作用，这样的产业罗斯托称之为"主导产业"。

通过具体和深入的研究，学者罗斯托还得到了如下结论：在一个国家或地区中，主导产业相对而言是对这个国家或地区较为重要的产业，因此它也具有一定的优势，这种优势主要表现为国家或地区的主导产业往往可以接触和充分利用现行的最新技术和理念从而有一套支撑自身发展和进步的体系；国家或地区的主导产业经济增长率和经济增长的质量与其他产业对应的指标相比往往具有更大的优势和特点；国家或地区的主导产业不仅仅在自身的领域内部占主导和支配地位，在国民经济中的各个方面都是具有很大影响力的，正如前文提到的回顾、旁侧以及前向三个效应一样，产生一定的扩散作用。

通过研究，罗斯托还认为经济水平欠发达的地区仍然可以通过发展适合本地文化的"主导产业"来创建本地区的文化创意产业体系，使之成长为主导产业。

从现实发展情况看，过去短短几十年时间里，文化创意产业在文化观念、技术创新与商业模式三大核心要素的支撑下以快于 GDP 平均发展速度呈高增长态势。

为了更清楚透彻地阐述相关关系，本书参考学者姜琳在 2012 年的表述，

引入"文化创意产业增长弹性系数"的相关说法和概念,这个概念主要是用来定义国民经济中文化创意产业的增长率与国民经济中 GDP 增长率的比值的。具体表达式如下:

$$\rho = p_{cul} \big/ p_{GDP}$$

其中,ρ 表示文化创意产业增长弹性系数,p_{cul} 表示文化创意产业增长率,p_{GDP} 表示 GDP 增长率。这个系数主要是用来衡量国家或地区相关文化产业的实际增长情况与国民经济实际增长情况的相互关系的。笔者通过调研得到了中美两国从 1997 年到 2012 年这 16 年间两个国家该系数的变化情况,两个国家文化创意相关产业的增长速度总体上均大于 1,说明整体上中国与美国的文化创意产业发展速度均高于国民经济增长速度,但美国的文化创意产业的发展优势更明显,而中国的文化创意产业发展后劲很足。

如果我们换一个角度对这个问题进行分析,可以得到相似的结论。学者罗斯托在他的研究中认为如果一种产业想要成为一个国家或地区的主导产业,那么必须具备以下三个特征:一是必须具备和符合新生产函数,二是必须具备和符合高增长率的特点,三是必须具备强大扩散性的效应和特点。如果从这三个方面进行分析,那么可以发现文化创意及其相关产业完全满足主导产业所必备的上述三个条件。首先,文化创意产业将文化创意与科技创新合并于生产,不仅将文化变成一项新的生产要素和重要经济资源,而且文化的生产力功能更加增强的同时,文化创意产业的"大规模协作"、大众消费者与专业创意者互动、各种"微创新"形式力量的参与,成为创意氛围和参与意愿转化为生产力的内在机制,改变资源禀赋与资本存量的同时形成新的生产函数。其次,文化创意产业的本质内涵和实践意义强调创新发展的内在确定性,这种内在确定性就是将科技创新与文化创意融入产业发展中,让产业发展为文化发展提供载体和工具,文化发展为科技发展提供动力。最后,从演化经济学的角度来看,文化创意产业不仅仅通过自身增长带动经济发展,还作为一个复杂的开放的产业系统,通过"创意引入——创意扩散——创意放大"过程,在产业内部、外部形成融合机制。换言之,文化创意产业在"社会网络市场"的语境中,其价值整合与创造过程直接体现了价值链重构模型的多方位交叉指向的网状结构性质,这也极大地推动了文化"经济化"和经济"文化化"的互动交融。

三、文化创意产业的产业关联效应

文化创意产业通过文化、科技和经济的有机融合,除了自身增长带来产业结构优化,还能成为主导产业从而关联带动产业结构,对经济发展起导向性和带动性作用,能够引领经济发展,并在融合、渗透中实现产业结构的关联性融合,转变经济发展方式。

所谓产品关联,顾名思义就是市场上提供给消费者的产品之间的相互关联,这种关联不只局限于物质或者财富上,也可以是技术或者投资,等等。在经济体系中,没有孤立的产业,任何产业都需要从经济体系中获得投入要素或者输入产品,也正是因为产业之间的相互联系,经济体系才得以运作。所谓产业融合,顾名思义就是市场上提供给消费者的产品,它们之间由于种种原因,最终会出现边际递减逐渐融合的一种现象。这个定义是由美国学者格林斯坦(Greenstein)在 1997 年首次提出的,其认为这本质上就是一种经济现象。一个国家(地区)的主导产业必然有自身的特点和发展规律,但也必然存在一些互通共有的特质。

首先,文化创意产业自身具有开放性、创新性与多维性的特征。文化创意产业不仅仅通过自身增长带动经济发展,其还作为一个复杂的开放的产业系统,通过"创意引入—创意扩散—创意放大"过程,在产业内部一次投入、多次产出,在产业外部渗透融合、关联带动、集聚发展。

其次,我们可以充分利用目前较为成熟合理的价值链分析方法和规律,以一种较为抽象的理论和方法进行分析,从而我们可以认为文化创意产业的演化发展就是其产业价值链整合提升、分解优化、横向延长、纵向增厚、首尾链接、网状扩散,最终形成外形庞杂、内部紧密联系、互动演化发展的价值创造体系模式,最大限度地把文化创意放大到经济体系之中,并作为消费层次提升与消费结构改变的回报。

再次,如果我们结合具体事例来看,就会发现文化创意及相关产业是一个产业集群,并不是一个单独的产业分支,因此随着时间的推移也会不断演化与壮大发展,从基础层的产业到核心产业层再延伸到相关产业层与传统产业层面,产业价值链条不断延伸,不同产业相互渗透、相互交织、互为支撑,不断开辟战略"蓝海市场",实现经济与文化的双向互动。

最后,从对比分析来看,与传统主导产业的以技术关系作为产业关联与产业融合的基础不同,作为主导产业的文化创意产业将科技创新与文化创意内在结合,作为产业创新发展的强大内在动力与关联性融合的刚柔并进的纽带。文化创新及相关产业和科学技术的不断进步,使这两者通过耦合机制共同把技术、文化、创意、品牌、知识等经济增长的核心要素整合交融。目前,随着网络数字技术与信息网络技术等战略性新兴产业的快速发展,"三网融合""三屏合一""4G""5G"与互联网时代的到来,文化创意产业内部要素在产业间的流动导致与其他产业的相互交融和渗透,形成以产业链上、下游的相互整合交融发展模式,最终实现以文化创意产业为中心的跨地域、跨行业的融合产业圈。总之,作为主导产业的文化创意产业通过自身具有的开放性、多维性与创新性的发展特点,在产业内外形成关联性带动发展的同时,凭借科技创新与文化创意的支撑效应和融合作用,使之形成可持续的产业链价值提升模式。

四、文化创意产业与产业结构的高级化

衡量一个国家经济社会综合发展水平的指标不仅包括 GDP 总量的增长,还包括产业结构优化升级的效率与质量。因此,经济发展又是产业结构优化的一种表现形式,两者共同在经济体系内在的生产技术结构变动下实现发展。产业结构的优化目标在于提升经济体系的效益,优化的基础是就目前本国或地区内的资源禀赋和技术水平,优化的路径是在现有经济基础上调整产业结构与之相匹配。如果仔细分析一个国家或地区的产业结构优化问题,则它一定是包含两个维度的,一个维度是使相关产业内部的变化使之更加合理顺畅,另一个就是国家或地区的产业结构配置更加高级合理。在实际操作的过程中,两者又是相互关联互为基础的。综上所述,笔者认为只有一个国家或地区的文化创意产业对其自身的结构合理化的贡献和促进作用研究透彻之后,才能彻底解决一个国家(地区)产业结构优化升级的问题。

产业结构合理化的最终目的是产业结构与本国自身发展特点、发展模式制度等综合环境相匹配,关键在于理顺各个产业间的比例关系和内在影响,从而使得市场上的生产要素与对应的技术和资源相匹配,避免出现阻碍生产力发展的因素。作为主导产业的文化创意产业通过自身具有的开放性、多维性与创新性的发展特点,在"开放"与"创新"发展范式中,形成技术

创新支撑与嵌入文化创意,文化创意需求与引领技术创新,两者通过耦合机制共同把技术、文化、创意、品牌、知识等经济增长的核心要素整合交融,在其引领的产业群与经济体系中不断"引入——扩散——放大",引发包括主流产业融合①在内的一系列融合,这些融合包括技术融合、市场融合,等等。作为主导产业的文化创意产业的产业关联性融合,引导文化资源进入经济体系,将最新技术创新成果应用到产业实践发展当中,通过提升经济体系的文化含量创造更多的观念价值,在新的历史发展阶段理顺产业结构内部的需求与供给关系,从而可以更好地促进产业结构的优化和发展。

产业结构高端化是一个国家(地区)产业结构由低端产业为主向高端产业过渡的动态调整过程。这个过程的核心来源就是科学技术的不断进步和发展,这些进步和发展会给企业的生产技术和市场行业带来一些不同寻常的变化,使它们的结构更加合理、分工更加明确,进而会帮助各个经济发展的要素向拥有更高效率的生产力部门流动,实现整个经济体系的高度社会分工化、组织结构集约化、生产结构高科技化、资源配置高效益化,并不断提升整个经济生态圈的经济效益。

首先,作为主导产业的文化创意产业,源于个人创意、技巧及才华,强调创意对经济体系的"引入—扩散—放大"效应与文化创意对产品附加值的提升,因此算是一门新兴产业。这个产业主要依托信息技术的快速发展和较为先进的管理理念,并且具有非常鲜明的特点,我们可以将这些特点归纳为"三高"和"三低","三高"是科学技术的密集度较高、文化科学知识的含量较高以及产品的附加值和利润较高,"三低"是能源消耗率较低、物质资源消耗率较低以及污染排放物较低。文化创意产业以其独特的"三高三低"成为经济社会发展的核心动力,其主要依托要素包括市场上的文化资源产品、创新性的思想和观念以及较为超前的科学文化知识和技术。

其次,随着经济发展日益全球化的倾向,纵观世界文化创意产业的发展,越来越呈现出集约化的发展方向:一方面体现在全球化范围内整合文化资源、产业重组与集中,另一方面体现在产业内部科技创新、新组织模式与新商业模式的采用。世界各国都在进行体制与政策创新,提高产业集中度

---

① 主流产业融合是一个相对的概念,它的主要起因是数字技术的相关融合,它会导致产业边界的重大变化,这种变化包括收缩、消失或者重新确定。

的同时,也对一些大型跨国企业集团进行了不同程度的扶持,这些跨国大型企业集团利用市场全球化这一发展趋势,在世界范围内进行了资源整合,寻找产品的销售市场,对全世界进行资本扩展,大力推广品牌以及现代化的经营管理模式,这一全球性的产业输出不仅打破了不同行业、地区与国家之间的分工界限,也促使一批大型或超大型的跨行业、跨国界的文化产业集团在全球范围内不断兴起和壮大。

产业重构是在一定的社会背景下提出来的,由于社会经济的高速发展,人们的需求也在不断发生变化,出现了许多新的生产经营活动,这些新出现的生产活动,有的已经超出了人们对传统的三类产业的分类范围。以文化和高新技术为代表的新兴产业对物质投入的依赖越来越少,更多的是依靠对技术、文化、创意、品牌、知识等加以创造性运用,文化创意、知识创新与技术进步对经济发展和社会进步的贡献日益凸显,随着"知识经济"与"文化经济"时代已经到来并日益成熟,有学者倡议做出新的产业划分。

文化创意产业是在"知识经济"与"文化经济"交融背景下形成的新兴产业,其本质内涵主要强调创新在产业发展过程中的内在确定性,又同时反映出它是一个立体感极强而又有丰富的包容性、开放性和可扩展性的综合概念,是一个有着巨大生成力的创新发展理念。由文化创意产业的本质内涵与实践意义而整体呈现出"创新"与"开放"的发展态势,其实质上说明了文化创意产业无边界性。在"知识经济"与"文化经济"时代,企业间的竞争实际上是通过其产品所蕴含的文化价值和生活理念来对消费者产生影响,通过对消费者的意识形态、价值观念、生活习惯等方面的影响,改变消费者的消费习惯,从而使消费者接受自己所宣扬的观点,认可自己的产品。简单地说,就是自己所生产的产品,通过深加工或各种处理,使产品附带了更多抽象的东西,包括精神文化内涵、文化特点和文化附加值等内容,最终提高企业自身竞争力。另外,对商品的构思、设计、造型、款式、包装、商标、广告加以改造和升级,达到消费者接受和认同产品内容及内在文化的目的。

第五节 文化创意产业与制度创新的关联效应

随着经济学家对经济增长与发展根源的探寻,纷纷将目光投向原先被作为外生变量解释的因素。比如,现代新经济学通过把制度纳入新经济领域进行研究,把制度作为一种影响经济发展的内部变量进行处理,通过这一新的研究方向得出了新的结论,如技术方面的进步、经济规模的大小、资本的积累程度等。以往研究都将这些因素作为影响经济增长的重要原因,但现有研究却指出,组织结构和制度将是影响经济增长的一个重要原因。

有研究指出,对于新兴的文化创意产业,制度创新是文化产业得以持续发展的最大动力。而放眼全球,也正是由于文化创意产业的兴起,才使得各国对这一新兴领域进行了大量的研究,并进行了相应的制度改革和制度创新,而制度创新又大大促进了文化创新产业的发展,在全球范围内形成了文化产业新格局。具体分析我国的情况,文化创意产业的制度创新过程,就是我国对旧文化体制中的相应制度进行改革和完善的过程。在这一过程中,我国在文化产业方面有了长足的发展,文化作为一种新兴的生产力也发挥着越来越大的作用,由此可以看出文化创意产业制度的发展过程中,交替与互动贯穿于制度变迁的整个内部发展过程。

一、制度创新与经济发展

对于影响经济增长与发展因素的研究,一直是贯穿经济学发展史的主线,是许多经济学家、社会学家、历史学家一直以来研究的问题。西方传统的主流经济学在对经济增长的研究中,陆续将人力资源、自然资源、资本与技术等要素纳入影响经济增长的因素范畴。而且,他们所谓的"经济发展"主要涉及的是几个经济变量的数量变化,仅仅描述生产要素与技术变化,并没有涉及深层次的组织制度的建设,所以从这一点来讲,还不是真正的经济发展。正如保罗·萨缪尔森所说:"不管经济发展到什么样的水平,经济这辆庞大的马车要想走下去,四个车轮是一个也不能少的。"基于这样的理论,他将经济如何增长这一现象用"总生产函数"的数学表达式来表示:

$$Q = AF(K, L, R)$$

在这个数学表达式中,并没有涉及制度因素,制度被视为模型外生变量,经济增长模型"天然地"与"合理地"建构在一个"全能上帝"提供的产权清晰、信息完全且对称和无交易成本的制度环境之中。可以清晰地看到,因为他们在研究经济现象时把制度管理因素排除在外,在解释经济发展时,对世界经济发展史中出现的"起飞"与"停滞"现象无法自圆其说。

新制度经济学学派将制度作为经济增长与发展的内生变量,围绕着产权界定困难、信息不完全与非对称和交易成本的存在展开分析,进而构建起经济增长与发展的新的理论分析框架,用以比较资本、劳动、技术、制度等因素在其发展过程中的作用。根据这些最新研究方法,他们得出制度保障在经济发展中起到了非常重要作用的结论,并通过这一结论,对一些发展中国家之所以在经济领域取得成功进行了合理的解释。

马克思(1859)首次对生产力与生产关系二者的关系进行了详细阐述,并指出生产关系由社会生产力决定,反之,生产关系又会反作用于生产力。当生产关系与生产力相适应时,则会促进社会生产力的发展和经济增长,反之,就会阻碍社会发展与经济增长。生产关系的本质就是一种制度构成,通过改变生产关系来适应生产力发展的这一社会现象,正是新经济学中关于制度变迁能够影响经济增长这一重要论点的最明显的支持。

二、文化创意产业的制度内涵

想要彻底地分析经济发展问题,就必须构建一个相对完善的经济发展分析体系,并且把制度并入这个体系之中。经济学家们就经济制度的具体内涵问题有着自己的见解。凡勃伦从制度的社会心理视角出发,认为"制度归根结底是一种精神或者一种理论,只不过它们比较流行而已"。康芒斯从制度的外在表现形式得出,"制度就是一种约束准则,是一种通过集体行为来控制和规范个体行为的一种方式",集体的规则就是我们在平时工作生活和学习中直接面对的制度。诺思根据调查和研究进一步指出,制度其实是一种制约关系或者是一种社会行为的规则,而行事准则与制约关系就是因人类之间的复杂关系而设立,制度具体包含三部分:正式制度、非正式制度和实施机制。

有关制度问题,不同学者分析的角度和方式是不尽相同的。笔者认为,文化创意产业制度本质上就是一些规则、方式和手段,这些规则、方式和手段是用来制约和激励企业在相关方面的发展的。文化创意产业的优势和特长可以归纳为如下几点：它是一种产业实体，这种产业实体是在经济社会迅猛发展，文化产业比重逐渐扩大的情况下产生的；文化创意产业在一个国家（地区）的经济体系中展现一定的独特性和不可替代性，其繁荣和发达程度直接体现了这个国家（地区）的科技发展水平和人文的素质水平；文化创意产业相较于其他产业，其产品附加值更高，同等条件下攫取的利润更为可观。一个合理、规范的制度为我国文化创意产业的可持续发展提供良好的外部环境，从而最大限度地发挥文化创意产业的产业示范效应和经济活力。但是，如果制度设计不合理或者在执行过程中出现了一些问题，不仅会增加相关文化创意企业的运营成本和制度执行成本，还可能制约国家文化创意产业的整体发展，降低其在国际上的产业竞争力和文化影响力，最终制约国家（地区）的经济发展和产业转型升级。

三、体制改革视角下的文化创意产业制度创新分析

上文已将文化创意产业制度定义为对自身产业的一些制约及激励的规则，而这些规则正是为了保障一个国家（地区）的文化创意产业健康可持续发展。为了使文化创意产业更好更快地发展，我们需要构建一套更加适应产业发展实际的制度规则，形成新的文化创意产业生产机制与发展模式。综上所述，一个完善的文化创意产业制度不仅符合产业自身发展和接轨国际要求，也对地区的上文已将文化创意产业制度定义为对自身产业的一些制约及激励的规则，而这些规则正是为了保障一个国家（地区）的文化创意产业健康可持续发展。为了使文化创意产业更好更快地发展，我们需要构建一套更加适应产业发展实际的制度规则，形成新的文化创意产业生产机制与发展模式。一个完善的文化创意产业制度不仅符合产业自身发展和接轨国际要求，也对地区的经济稳定和其他产业协同发展提供保障和条件。

我国原有的文化创意产业制度，是在以计划经济为指导思想下的落后制度设计，仅仅把文化归为意识形态，没有意识到其经济价值与潜在需求，面对世界经济形态转变、国际文化贸易激烈竞争、国内经济社会转型发展以及国内产业结构升级转化等较为突出的矛盾和问题时，没有及时做出调整，导致它们已经不能满足文化创意产业的需要了。近些年来，在政府政策指引和接轨国际的大环境背景下，我国文化创意产业展示出了强劲的发展势

头,这种发展势头背后也必然依赖于相关制度的指引和扶持。我国在2000年初就提出了对文化体制进行改革的构想,这个构想制定的主要原因是原有僵化的文化产业发展制度已经不能满足现代文化创意产业的发展要求,甚至阻碍其发展。因此需要从经济发展和产业发展的实际出发,对现有的制度和规定进行改革,构建一种新的适应现在和将来的制度和规定,从而彻底解决阻挡文化创意产业飞速发展的体制机制的壁垒和障碍,实现文化创意产业飞速发展。

四、文化创意产业的制度变迁与制度创新

制度变迁,顾名思义就是新制度对旧制度的替代和更新。一般而言,如果变迁效果较好,则不仅会促进相关产业的飞速发展,还能破解体制机制方面由旧制度所积累的重重矛盾。学者们一般将这种制度变迁统称为制度创新,本质上是一种优胜劣汰的筛选和淘汰的过程。这就是制度创新和制度变迁的区别和联系。依据变迁目的和动因,可将制度变迁分为强制性变迁和诱致性变迁两类。林毅夫教授通过充分的调查研究认为,对于个人来说,由于影响范围有限,所以应该都是诱致性变迁,而对于国家民族和地区来说,一般是通过政策法令实施强制性变迁(Compulsory Institutional Change)(林毅夫,1989)。

下面分析两种变迁模式的区别,诱致性变迁的主体一般为个人或者影响力较小的组织或团体,它是由底层向上层传导压力的变迁模式,所以这种变迁大部分都是自发性的和非强制性的,也就是会从最容易和阻力最小的点开始进行变迁,同时也是以微观主体为主,自下而上所引发,以渐进的方式逐步展开、从局部到整体、从外围到内核的推进过程。强制性变迁与诱致性变迁在参与主体上存在明显差异,前者主要以国家或政府为主导和压力源,其压力传播路径主要是从顶层向下层逐步传递的。相比于诱致性变迁,强制性变迁展现了更强的调整力度、更高的调控效率和更强的系统化。

(一)世界发达国家的制度创新与制度变迁对比

回顾文化创意产业的历史进程,制度变迁与制度创新和产业发展一直处于相互促进、互动引发与动态调整过程中。本书选取具有世界文化创意产业制度变迁与制度创新典型代表的国家——美国、日本和英国,做进一步

分析说明。

美国是以文化产业市场制度为主导的主要代表之一,文化创意产业制度围绕着文化创意活动和市场主体展开,将文化发展放置于市场经济和民间社会中成长,放松管制,提倡自由发展,发挥各种社会组织的协同作用。文化创意产业制度充分利用市场机制配置资源,疏通市场运行各个环节,寻求产业内部、产业之间以及跨地区和跨国界的衔接,致力于资本、技术和人才等市场要素的支撑和宏观发展计划与基本制度保障的构建,减少直接的行政干预。

再将目光转向日本,它与美国最主要的不同就是政府对于文化创意产业的支持和扶持力度非常大,政府在产业发展上起到了核心调控的作用,因此,其制度变迁类型应该属于强制性变迁。由于对本国经济转型的战略需要与对世界经济发展趋势的深刻理解,日本政府通过国家战略推动和立法保障,大力支持和刺激文化创意产业发展。举例来说,早在20世纪末,日本政府就对自己国家在新世纪的文化创意发展战略进行了分析,并明确提出了文化立国的方略,并设立了一个十年目标——争取将日本建设成为世界上第一大知识产权国。

接下来对英国文化创意产业的发展及制度支撑进行分析。英国政府既不像美国那样完全放任市场自发引致,也不同于日本的强势推动,而是在产业发展演化过程中逐渐发展出一个文化创意产业的特殊制度,叫作"一臂间隔",在政府与产业之间构建一种市场要素支撑和制度保障的发展范式。管理组织机构方面,在"专""宽"兼备的原则下,建立专门管理部门,由首相亲自担任"创意产业特别工作小组"的主席,协调和统一文化发展管理。英国在对本国的文化创意产业进行管理时实行管办分离,具体操作层面就是政府不干预具体的产业经营,但是着重于市场监督与经济调节。

通过上述分析可以发现,不同国家和民族的文化创意产业的特点和规律不尽相同,每个国家都需要结合自身实际情况有针对性地制定符合本国国情的较为完备的文化创意产业制度。虽然各国都重视产业发展,但绝不生搬硬套已有的成功模式,而是因地制宜地发展适合本国国情的产业制度体系。

(二)我国文化创意产业制度变迁、制度创新的互动效应

我国的文化创意产业在制度改革上存在两种制度性创新模式,包括强

制性制度变迁和诱致性制度变迁的创新模式。这两种创新模式相互联系、相互影响,这种情况的出现与我国的发展背景相关。在本章的分析中,笔者将我国文化创意产业的发展主要分成四个阶段,分别是:文化创意产业的自发生成阶段、文化创意产业的官方认可阶段、产业整合阶段和战略支持阶段。接下来将重点对这四个阶段进行阐述。

第一次制度变迁:第一阶段"自发生成"阶段(1978—1991 年)与第二阶段"官方认可"阶段(1992—2000 年),体现出典型的诱致性制度变迁特征。在这两个阶段中,我国正实施改革开放发展战略,国家、社会各个阶层的工作重心都转移到了国民经济发展和人民生活水平改善上,而文化领域也正是在这一背景下走上了国民经济发展的舞台。但不可否认的是,相较于经济体制领域"大刀阔斧"的改革,文化体制方面的变革速度较为缓慢。一方面,旧的计划体制下,文化组织与政府行政部门之间的纵向结构关系占据主导地位,信息传递、资源供给和权利赋予主要通过上下纵向渠道来进行。因此,这一时期我国文化娱乐市场也还是一个不被承认,甚至被限制的领域。另一方面,经济体制改革使经济高速发展,社会产生了巨大变化,人民收入提高,生活观念发生转变,物质生活开始丰富起来,文化需求相应地被唤醒和激发。市场经济观念对旧文化体制渗透的同时,旧文化体制也由于落后的生产机制而呈现出颓废的态势,文化市场开始自发地、迅速地成长起来。改革开放以来,文化产业的音乐茶亭、歌舞厅等如雨后春笋般地涌现出来,并一发不可收拾。文化市场的出现不断削弱旧体制的约束力,引发文艺团体的演出穴头和演员走穴等现象,新闻报刊行业也出现有偿广告业务的兴起现象。在旧制度最薄弱的地方,文化市场开始自发兴起、发展延伸,面对体制外文化市场发展事实的"外患"以及体制内文化生产低效率运作机制和捉襟见肘的投入支撑机制的"内忧",文化制度体系不得不做出相应调整——改革国家"统包统管"、借鉴"承包责任制"、推行"以文补文",实践"双轨制"等,这些原有应对式、尝试性的制度改革并没有从根本上释放文化创意产业的发展动能。最终,当这些原有体制内的自身维护调整效果相对文化市场的自身发展冲击力量相差越来越大并随着经济体制改革的力度和深度不断提升,文化产业展现出与经济发展水平、人们多元化需求不协调的问题,从而进一步在客观上推动了我国文化体制的变革。我国在相关的文件精神中应用了"文化产业"这个术语,从而说明在我国政府层面正式承认了这一产业,为后续文化创意产业的繁荣奠定坚实的发展基础。

第二次制度变迁:第三阶段"产业整合"阶段(2001—2007 年)与第四阶段"战略支持"阶段(2008—2012 年),体现出典型的强制性制度变迁特征。进入 21 世纪之后,国家和政府在国家层面确定了文化产业的发展方式和路径,这不仅标志着全球化的文化经济时代的到来,而且文化产业更是各国激烈竞争的主战场。同时,面对外部激烈的竞争环境与内部急需发展的现实要求,我国政府明确指出将对现行文化、教育、卫生等方面的体制机制深化改革,消除一切阻碍文化产业发展的制度壁垒和障碍,进一步释放国内产业生产力,全面实现伟大复兴的中国梦。因此,国家和政府充分利用自身行政体制团结高效的特点,强力整合产业资源,调整现有产业格局,出台产业政策,打造合格市场主体,规范市场体系,从而可以使国家目前的生产力得到进一步的解放和发展,并提升自身文化水平和在国际上的竞争力。在国家和政府层面的大力帮助和扶持下,国家在文化体制方面的改革工作迅猛推进。特别是,加入世界贸易组织(World Trade Organization,WTO)的五年过渡期结束,国内文化市场逐渐对外开放,国际强势文化资本参与中国文化创意产业布局,整合优质中国文化资源,占据产业链高端位置,将中国文化创意产业卷入全球分工体系。同时,由于文化产品的意识形态性质,文化竞争还不仅仅是经济利益的摄取,更是意识形态领域里的较量,是软实力与硬实力相互支撑的博弈。因此,我国政府在总结前期文化体制改革经验的基础上,又借鉴经济体制成功经验,提升文化制度变迁层面,加大调整力度,让文化发展问题"走向国家发展政策的中心",并将其作为国家经济社会发展的主要推动力,并将其内涵归划到了我国总体的战略布局和发展目标之中,这也就意味着国家已将文化创意产业的发展目标提升到国家发展层面。这就需要,从加快经济发展方式转变的全局和国家发展战略的高度,来把握文化创意产业发展与构建相应的产业制度体系。我国已明确将文化创意相关产业列为"国民经济支柱性产业",并且将文化创意产业的发展提升为国家战略层面,这足以体现国家对文化产业发展的重视和支持,并制定了明确的文化产业未来发展蓝图。党的十九大再一次重申扎实推进社会主义文化强国的重要性和必要性,全国各地纷纷积极响应党中央号召,分别结合自身情况和特点对自己的文化创意产业路线图和行动指南进行编制,在支持国家战略的同时抢占文化创意产业的制高点和最高峰,并结合国家战略将自身的文化创意产业发展成本地区本部门的核心部分。根据上述分析可以得到以下结论:这个阶段文化创意产业是在党和国家的政策支持和鼓励下迅速发展的,因此其发展具有鲜明的政治性和强制性。

第三次制度变迁:最近几年,我国文化创意市场发展方向和动力又发生了新的变化和调整,经过了政治性和强制性的阶段后,市场自身的需求及相关企业的努力也在一定程度上促进了该产业的迅猛发展。这些文化创意产业公司和企业会自发地推动市场的服务水平和服务能力向前进步。

在经历长足的发展历练后,目前我国的文化创意产业在国内和国际上已进入发展"蜜月期",进一步提升我国文化产品质量和国际竞争力,提高我国文化软实力就显得尤为重要。但是,就其产业发展阶段来说,不可避免地要面临转变自身发展方式的艰巨任务。在经济全球化环境下,文化创意产业"走出去"战略构想也已全面启动。在这样一个经济与文化加速融合,发展方式加快转变的情形下,一方面,在前期国家文化制度变迁与政策刺激下,文化创意产业不断吸收外来资本和人力资源等要素内流,文化产业相关投资力度持续升温,但企业只重视产业发展背后的经济效益,而忽略文化发展的内在附加值,引起文化领域产能结构性"过剩"等问题。另一方面,随着市场化进程的不断推进和人们需求层次的不断提升,国内文化相关产品逐渐无法满足需求,需求与供给的发展不平衡不协调等问题凸显。这主要是国家文化创意市场在部分项目上还存在短板,在其他项目上还存在产能过剩的情况造成的,这将是社会主义市场经济条件下文化创意产业必须经历的阵痛阶段。只要相关管理部门和有关文化创意的企业和公司能够认清差距,补足短板,将市场需求和企业特长结合起来,在政府层面将管理部门进一步合并,进一步扩大企业竞争范围和增强产业发展实力。处在"转型"和"发展"双重变奏中的中国文化创意产业,文化创意产业竞争范式的改变,从产业内部改变了其结构与质量,文化市场自发力量又在不断"蓄积能量",文化产权制度需求与文化法制化管理诉求进一步地凸显出来,在市场"转型"和"发展"中不断酝酿发酵。

根据上述分析,可以得出以下结论:我国文化创意产业已经历了两个重要的转型升级阶段,目前正处于第三个重要的转型升级阶段。在此阶段中,既可以发现强制性的因素,又可以看见诱致性的因素,这两种因素相互联系、相互影响是这个阶段的主要特征。在第一阶段到第二阶段的发展过程中,当文化创意产业由自发生成到官方认可,取得合法身份,纳入国家经济发展体系之后,我国文化创意产业制度变迁与制度创新的推动力量就由微观市场个体转到国家政府。在第二阶段到正在形成的第三阶段过程中,文化创意产业在前期制度支持和战略推动下,虽然发展较为迅猛,但仍然存在几个问题,主要包括人民群众的需求与市场可提供服务的矛盾,可提供服务的短缺以及其他方面相对过剩的局面,处在"转型"和"发展"双重演变中,产业内部的结构与质量发生转变,文化市场自发力量又在不断"蓄积能量",文化产权制度需求与文化法制化管理诉求进一步凸显出来。从本质上讲,只有进行了真正制度层面的创新,才有可能开发出市场和消费者喜爱的产品,从而才会最大限度地创造出社会和经济效益。因此,在我国产业结构调整和发展方式转变的宏观背景下,只要是符合制度变迁、创新规律和发展趋势的制度,都将被认可和接受。

第五章 我国文化创意产业发展现状分析

现状与过去的历史过程密不可分,其决定着未来发展的基础。文化创意产业的发展应立足当前并思考未来,才能发现更为广阔的发展空间。我国经济正处于供给侧结构性改革的大背景下,探索我国文化创意产业快速成长的逻辑脉络,结合经济体制改革引导的文化制度改革方略,才可精准定位我国文化创意产业发展的战略选择,需要从横向、纵向和立体化综合考察。其中,理顺我国文化创意产业的现状与发展路径,是基于时间角度对产业发展的探索。同时,新兴业态是内在驱动力的体现,将研究集中于新文化业态,是对当前产业发展深入研究的必由之路。而全方位地对文化创意产业及其发展空间的思考,将能得出产业在发展空间维度上的预期特征。由此,可结合实践对我国文化创意产业的未来发展趋势进行预测。

第一节 我国文化创意产业的产生及发展

一、我国文化创意产业生产的历史渊源

从社会发展渊源看,文化创意产业是社会发展进步和需求层次提升的产物。在社会发展初级阶段,人类生产活动均是为了生存,而在社会发展高级阶段,人类的物质需求得到满足后,其精神需求也就应运而生。因此,文化创意产业的形成也有历史背景。其一,欧美国家率先完成工业化进程,一方面传统粗加工产业、重工业逐步转移到低生产成本、低劳动力成本的发展中国家,使之国内就业形势加剧、产业空心化程度凸显;另一方面,欧美发达国家由工业向服务业、低附加值产业向高附加值产业转变。工业化程度的加深,对传统的工业经济结构形成了巨大冲击,社会面临产业转型。其二,20世纪60年代,由于社会工业结构的单一化,欧美地区涌现了各类文化思

潮,人们开始反对主流文化,极力推崇多元文化交融和发挥个人创造力,以文化为主导的经济形式逐渐走上社会舞台,从而推动了文化创意产业的形成与演变。其三,20世纪80年代,英国、美国等国家实施鼓励私有制和自由竞争的经济政策,使市场竞争下企业生存依赖创新,产品向差异化、个性化、多元化转变,从而催生了文化创意产业的发展。

二、知识经济时代的来临

随着第二次工业革命的完成,知识和技术已经成为社会发展进步和生产率提升的主要推动力。而知识经济的关键在于创新能力。据统计,知识资源对经济增长的贡献度由20世纪20年代的20%提升到了20世纪90年代的60%~80%,可见,知识经济已经成为社会发展进步的主要动力。21世纪,人类正迈向以创新为主的更高层次的知识时代,其创新要求与文化创意产业发展的重点相一致。因此,21世纪将成为文化创意产业的关键发展时期,利用知识积累和创新,将文化创意转化为新技术、新产品、新服务,进而更好地满足人类文化需求。未来人类预测学家格雷厄姆·莫利托(Graham Molly)做了相关预测,2015年前后,世界发达国家基本进入"娱乐休闲时代",娱乐休闲将成为人类社会中不可或缺的一部分,休闲娱乐、旅游和文化交流将成为下一个经济大潮。马斯洛需求层次理论[①]也指出,人的需求由满足生理需求的物质需求逐步向精神文化需求转变,随着人类社会发展与进步,消费者关注重心也将从"产品对身体的影响"向"产品对精神层次的影响"升级转变。文化创意产业的产生是为了满足人类的精神层面需求,且文化创意产品具有价值延伸性,可能随着时间的推移,其内在影响价值也将进一步提升。例如看完一场演唱会,人们在演唱会过程中得到满足,演唱会结束后仍能保持愉悦的心情,其本身的边际价值得到进一步提升。因此,以文化创意为核心价值的体验式服务产业——文化创意产业也将进入发展黄金时期。

---

①　马斯洛(1968)认为,人的需要由生理的需要、安全的需要、归属与爱的需要、尊重的需要、自我实现的需要五个等级构成,该理论是人本主义科学的理论之一,其不仅是动机理论,同时也是一种人性论和价值论。

三、科技发展的重要支撑

各个国家均有辉煌灿烂的文化,尤其在工业革命完成后,工业水平随技术发展而提高,文化创意产业逐渐出现,因此,文化创意产业的形成依托于科技的进步。从中国古代四大发明到当今电影、电子书籍,无不体现着科技在其中发挥的重要作用。产业业态是不断更替的,由于受到现代科技的影响,这种更替速度得到了明显提升。在社会发展的背景下,文化创意产业不仅依托于科技,而且呈现出与时俱进的交融趋势,任何形式的创意转化为产品都需要依赖科技在该领域的应用。例如,信息技术、广告、影视、电视、音乐等领域交融,催生了软件、网游、网络广告等相应产业的发展,科技在其中正是起到了"催化剂"的作用。文化与科技的交互要依托自主创新能力的推进,在取得创新产权后形成长期竞争优势。目前,我国科技水平已经跃居世界前列①,这就为文化创意产业的发展提供了良好的环境和条件,从而实现文化与科技的进一步交融,实现文化创意产业与其他高新技术产业的协同发展。

四、经济结构失衡与发展方式转变

自1978年改革开放以来,我国产业结构日趋合理并不断优化和升级。中国经济发展维持了多年高速增长②,创造了"中国经济奇迹"。然而,随着经济的快速增长,其负面效应也开始出现。特别是由于对工业规模扩大及经济总量提高的追求,产业结构缺乏合理性,由此造成了一系列产业结构问题,不仅生产结构不合理,产业组织结构也不合理。主要生产工艺、技术装备较落后,资源利用率较低,环境污染较严重,劳动生产率较低,高素质劳动者和管理人才较缺乏,劳动力结构亟待优化等问题突出。因而,改变中国"粗放型"经济模式,转变经济发展方式,实现可持续发展,显得现实而紧迫,这也使"保增长、调结构、促发展"成为当前国家的主要宏观经济目标。近年来,文化创意产业以其优良的经济特性,很快成为世界各国争相发展的战略性产业,其在转变经济发展方式中也起到了关键作用。

---

① 在载人航天、高效能计算机、铁基超导、诱导多功能干细胞等前沿领域取得一批重大成果。

② 中国经济在过去长达20多年的时间里,保持了年均增长9%以上的高速度。

从经济增长率来看,中国在过去 40 多年中,有 3/4 的时间保持了将近10% 的高增长。诚然,受国内发展方式转变及结构调整和世界经济放缓的影响,2012 年以后,中国经济增速明显放缓,但经济增长率仍然达到了 6.5%,远高于全球增长率,且明显高于其他新兴经济体。这表明,我国综合国力已得到了极大提升。然而,我们必须清楚,作为全球最大的发展中国家和人口大国,我国的人均国民收入在世界 200 多个国家中仍然位于中下游。另外,中国虽然资源丰富,但利用效率低,人均占有量少。我国幅员广阔、区域发展不平衡,城乡发展差距较大。而且我国整体受教育程度不高,经济发展科技含量不足,导致经济体系效率低、产业结构不合理、经济增长粗放、资源消耗大等特点。所以,"中国经济奇迹"的背后,隐藏着许多问题和矛盾,尤其是结构失衡问题,主要体现在以下三个方面:

第一,资本累积的结构使经济增长主要依靠外需。在依托投资拉动经济增长的模式下,我国出现居民收入增长缓慢、城乡收入差距加大的现象。而又因为居民的日常消费来源主要为持续性的收入,其他收入多作为储蓄留存,所以即使居民收入增长,也没有出现明显的消费支出提升。可见,我国存在积累与消费的严重失衡问题。

第二,受经济规模扩张与资本边际效率下降的影响,我国要不断加大要素投入以保证经济增长率,随之产生了大量的资源消耗。中国的水资源节约尚有空间,其他各种资源节约空间潜力巨大,这是因为我国的产出能耗比远高于世界平均水平。由此可见,支持我国经济高速发展的是对大量低效资源的使用方式。

第三,经济发展战略与要素分配结果存在不合理性将显著降低社会整体福利。据国家统计局发布的最新数据,2008—2018 年,全国城镇居民人均可支配收入增加了 2.6 倍。同期,全国公共财政收入增长了 5.2 倍,国内生产总值(GDP)增长了 3.6 倍,增速均远高于城镇居民人均可支配收入。截至 2017 年,我国城镇居民收入约为农村居民收入的 4 倍。可见,城乡、区域等各项差距也在不断扩大。

"中国奇迹"的背后,是经济结构发展不平衡①。长期以来政府为推动经

---

① 我国经济发展中的不平衡不充分问题主要表现在以下五个方面:一是区域经济增长不平衡;二是产业结构发展不平衡;三是实体经济和虚拟经济发展不平衡;四是经济增速和资源环境承载力不平衡;五是城乡发展不平衡。

济健康、全面及可持续发展,分别对体制、产业结构、区域平衡等方面进行了不同程度的改革与调整。从发展方式转变这一理念的形成和发展来看,其始终贯穿于我国四十多年来改革开放的始终,从酝酿到形成经历了漫长的过程:①早期由粗放型向节约型的发展模式转变;②"十五"计划要求坚持转变经济发展模式;③党的十六届三中全会提出的科学发展观指出,要又快又好地发展,以经济发展取代经济增长,要求经济总量增加的同时,机构必须要优化,实现社会与经济协调发展;④2007 年,党的十七大以来,转变经济发展模式被写入党章,科学回答了"实现什么样的发展、怎样发展";⑤2012 年,党的十八大提出推行经济的供给侧结构性改革;⑥2017 年党的十九大提出,我国社会主要矛盾已转化为人民日益增长的美好生活需要和不平衡不充分的发展之间的矛盾,坚定文化自信,推动文化兴国战略,解决我国当前精神文化供需不平衡的问题,最终实现社会主义文化繁荣兴盛。

针对如何转变经济发展方式,政府基于国内与国际的不同情况,指出了八项重点工作,例如,要求在转变经济发展方式中重点关注经济社会协调发展、文化产业发展。而文化产业之所以成为经济发展方式转变的重点工作,主要归因于文化产业的发展可体现国际经济发展趋势,可为经济增长添加活力并推动产业结构优化。文化产业的发展可以促进消费结构的优化升级,满足人民日益增长的文化需求。所以,在我国经济发展中,转变经济发展方式、大力发展文化产业是必不可少的。

第二节 体制改革与文化创意产业演进

在经济和文化融合的趋势下,文化和创意产业在全球化背景下产生。基于历史背景并结合我国经济发展实际,转变经济发展方式将有利于推动经济发展与文化产业相结合。文化相关产业是文化发展和繁荣的重要力量。其兴起与发展,一方面满足了中国日益增长的文化需求,另一方面促使国家在全球文化竞争中取得优势地位,保护国家文化和经济利益。然而,其也凸显了原有文化体制和经济体制与适应发展需要的文化体制和经济体制之间的矛盾。原有的文化发展方式已不适合新形势下文化产业的发展,与日趋完善的社会主义市场经济体制不相适应,与对外开放的新要求不相适应,与迅速发展的文化传播方式不相适应。因此,体制改革仍需深化,文化体制改革十分迫切。文化发展模式迫切需要改变,文化生产力需要进一步解放和发展。所以,继续深化经济体制改革,转变经济和文化发展方式,大力支持文化与新兴产业发展,是文化创意产业演进的制度逻辑和实践要求。

一、体制改革促进文化发展方式转变

自我国文化创意产业概念提出以来,其发展进程与相关制度密切相关。每个时期的产业制度都应与经济发展状况、自身发展条件相协调。因此,文化体制改革要动态化地适应当前经济和社会文化的发展特点。在我国原有体制下,文化组织与政府行政部门之间主要呈现纵向关系,所以原有文化组织的发展也体现出明显的纵向性,强调按照行政原则行事。文化体制改革简单地说就是在文化产业中,融入对制度、技术乃至社会的思考,并对现存利益格局、权力分配及运行逻辑展开调整与更新。

从抽象的理论视角来看,不论经济体制改革还是文化体制改革都是为了更好地服务我国社会主义事业的发展。正如马克思所言,经济基础决定上层建筑,而上层建筑又会反作用于经济基础。恰当的经济、文化体制会促进文化产业的发展,反之则会抑制文化产业的进步。体制改革是为了更好地释放生产力,使生产关系与生产力发展更加协调。与此同时,文化本身也作为一种权力的存在方式,文化体制和政治制度同为上层建筑,二者存在着必然联系。体制改革是社会主义发展事业必由之路,总体原则就是"取其精华,去其糟粕",使政治、经济、文化、社会、生态等各个方面的发展更加协调。

从具体的实践来看,以改革开放为节点,我国从计划经济转向市场经济,在这转换过程中,必然伴随着体制改革。改革开放的四十多年也是我国各个领域体制不断优化和调整的过程。改革开放促进我国经济飞速发展并带来了惊人的经济成果,而与此同时,也遗留了不少的体制诟病。因此,在经济发展的同时,进行体制改革刻不容缓。在体制改革中更好地创造经济发展佳绩,在经济发展过程中不断进行体制改革,使经济发展与相关制度更加协调。

文化产业发展上升为"战略支持"阶段以来,文化体制改革更是我国现阶段总体改革的重要任务之一。由于原有体制根基深、时间长、牵涉范围广,因此越到体制改革后期,其任务越艰巨,关系越复杂,但这是深化体制改革必然经历的阵痛阶段。对于文化体制改革,我们要认识到文化融入经济体制并促进经济增长的重要作用,还要认识到文化竞争提高中国国际竞争力的推动作用。因此,在进行文化体制改革的同时,应采用合适的产业发展方式,顺应经济发展规律,提升文化产业国际竞争力。

二、文化发展方式转变促进文化创意产业演进

深化文化体制改革、转变文化发展方式的最终目的是大力释放文化产业生产力。提高文化产业竞争力,就是调整文化主体的纵向管理关系,调整为基于纵向与依托横向并存的产业发展模式,做到主体活力提升、进入门槛下降,区域逐步融合以及竞争力显著提升,实现助力文化产业繁荣与发展的目标。

内在关系一:深化文化体制改革的首要任务是寻找适合社会主义文化产业发展的总思路,理顺产业发展与制度演进的内在逻辑。中国曾在相对较长的时间里实行计划经济体制,后期虽向市场经济方向发展,但在一定程度上文化的发展仍沿袭旧制。这就导致在人们迫切追求精神需求的新时期,当经济体制改革无法规避文化领域时,管理文化的事业、政府与产业发展的市场界限分外模糊,由此带来文化发展的消极影响:一是文化单位的低效率,导致人民文化需求满足能力缺失与市场利润实现的双向矛盾,令我国在世界文化竞争中缺乏优势;二是文化创意产业发展与科技发展不协调,文化产业发展不能充分发挥科技创新的带动效应,从而无法形成适应日益增

长的文化需求。鉴于此,党的第十六次全国代表大会明确划分了文化事业单位,将其分为"公益性"和"产业性"两种类型,并明确指出文化产业与文化事业区别与内在联系,使其相关联并促进共同发展。

内在关系二:转变文化发展方式下,体制改革的关键在于对四个关键发展环节的把握,该行为将有利于满足文化创意产业演进的实践要求。上述文化主体的"二分法"将重塑市场主体。因此,文化单位可逐渐从过去的计划体制剥离,呈现出纵向指导、横向独立的新型发展格局,奠定文化创意产业的发展基础。因为文化市场体制的完善意味着将原有的计划体制转变为市场体系,拓宽发展空间。所以,深化体制改革,建立文化领域市场机制的思维和制度保障体系,大力发展相关产业,支持新兴产业发展,是文化创意产业发展的制度逻辑和实践要求。

第三节　我国文化创意产业发展的基本特征

转型期和改革攻坚期的经济发展必须依靠技术支撑和制度改革,并试图寻求新的经济增长点。而发展文化创意产业则是当前提升经济增长质量的有效途径,在新的文化体制下,原有的文化体制迫于压力开始解体,文化发展模式逐渐发生变化,文化产业自身开始不断进化。在全球化的背景下,复杂的国际环境和激烈的竞争条件为文化创意产业发展带来了机遇和挑战。在市场经济下我国整体行业规模不断扩大,市场微观个体力量持续增长,不断呈现新兴产业。随着国家"文化兴国"、企业"走出去"发展和供给侧结构性改革的持续推进,深化体制改革、由量变转质变的发展模式、去除过剩产能成为现实必然要求。文化创意产业也将迎来更高的发展机遇。

一、文化创意产业演进呈现四个阶段

每一个产业都将经历初生、成长、崛起和发展阶段。虽然文化需求自古就存在,但需求随着社会发展状况而动态转换。因此本书结合文化发展的特殊性和研究需要,依据文化创意产业的自身发展历程和内在逻辑,将中国的文化创意产业的发展过程与中国文化制度变迁相结合。改革开放以来,我国文化创意产业的演进过程可大致分为四个发展阶段:"自发生成""官方认可""产业整合""战略支持"。从下文的分析可以发现,我国文化制度的变迁原因大致为两种:一是客观环境对文化的需求和主观产业自身的发展,即"自下而上"的变革;二是政府主导,即"自上而下"的改革。

(1)1978—1991年:"自发生成"阶段。本阶段中,我国文化娱乐市场长期处于自我发展的状态且没有被普遍认可,甚至在很长一段时间都是受限制的一个领域。一方面,因为改革开放带来经济社会的发展,也带来居民物质财富的增加,故其精神文化需求也随之产生;另一方面,伴随着官方文化体系中文化单位的现实困境,市场概念开始进入文化领域。在文化内在需求和外在产业发展的双向作用下,尚未得到官方法律认可的文化产业开始形成。

(2)1992—2000年:"官方认可"阶段。由于文化创意产业自发形成的积累,人们开始关注文化产品等精神消费需求。由于需求的存在,加之我国当时处于政府调控型经济时期,政府以政策进行引导消费和生产。进入 21 世纪以来,我国进行产业发展重心调整,提出加快第三产业发展。2000 年我国首次提出"文化产业"①,并开始出台政策制度支持,表明文化产业得到官方认可,实现了自身的"合法性"。

（3）2001—2007 年:"产业整合"阶段。文化创意产业向来以国家政策导向作为发展的风向标。随着经济水平和产业结构的调整,我国开始调整相关文化产业制度,使之更好地服务产业自身发展。同时依托市场自我调节能力,激发市场文化要素流动,将制度支持与市场自我调节相结合。开始大力推进发展机制与产业模式的建立与完善,力求规范市场并解放文化生产力,推动我国文化产业积极参与国际文化竞争。

（4）2007 年至今:"战略支持"阶段。随着文化创意产业的持续发展,其在国民经济中的地位越来越高,而且人们日益增长的精神文化需求不断提升。从党的十八大提出的"五位一体"总体战略布局,再到党的十九大提出的"文化强国"发展战略,都表明文化产业已经上升到国家发展战略层面。这不仅是我国经济发展的时代需要,也是我国文化走向世界实现中国梦的必然选择。自"十一五"规划实施以来,我国文化产业发展已经进入"战略支持"阶段,其目的是不断提升我国文化产业在全球的竞争力和影响力。

二、文化创意产业发展的特点

我国文化创意产业发展的一个明显特征主要依托于政府政策支持和制度保障。2000 年,政府在《中共中央关于制定国民经济和社会发展第十个五年计划的建议》首次提到文化产业,将文化产业发展作为经济发展目标之一。党的十八大提出"五位一体"的中国特色社会主义总体战略布局,而全面提升文化产业价值和文化软实力,是最终实现小康社会目标的重要表现。在党的十九大报告中,习近平总书记指出,我国当前社会的主要矛盾是人民日益增加的对美好生活需要和不平衡不充分的发展之间的矛盾,随着人们对文化需求层次的增加,对文化创意产业的发展提出现实要求。自党的十九大以来,我国出台了一系列有利于文化创意产业发展繁荣的政策,表明我国文化发展进入了一个新的生命周期,并呈现出以下六个新的发展特点:

---

① 文化产业正式提出是在 2000 年党的十五届五中全会。

（一）享受政策红利的产业发展初级阶段

按照胡惠林研究团队发布的 CCIDC 数据（见图 5-1、图 5-2），综合指数、生产力和影响力指数平稳增长，驱动力指数增长较快。从 2000 年以来，我国开始逐渐注重文化创意产业的发展，并出台一系列的发展扶持政策和制度引导，表明国家对文化创意产业的发展越来越重视。特别是进入"十三五"以来，我国将文化产业发展上升为国家发展战略层面。文化创意产业的发展趋势与享受政策红利的逻辑相符合，这也符合在文化创意产业发展初期，政府政策保障产业健康有效发展起到的支撑作用。通过政府政策引导，加强社会资本、人力资源等各个方面对文化创意产业的关注度，提高文化创意产业投资热度，释放行业红利的制度变迁。因此，依靠政策支持而享受制度红利成为我国文化创意产业发展的主要特征之一。

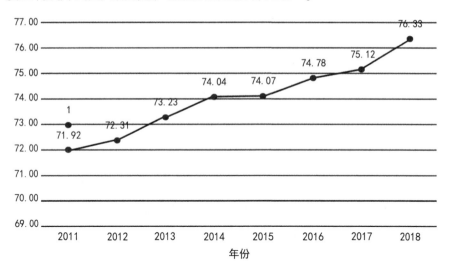

图 5-1　2010—2018 年中国文化产业发展综合指数趋势

资料来源：根据胡惠林《中国文化产业发展指数报告》整理得出。

注：①中国文化产业发展指数由产业生产力、影响力和驱动力三个分指数构成；②生产力指数是从投入的角度评价文化产业的人才、资本等要素和文化资源禀赋；③影响力指数是从产出的角度来评价文化产业的经济效益和社会效益；④驱动力指数是从外部环境的角度评价文化产业发展的市场环境、政策环境和创新环境。

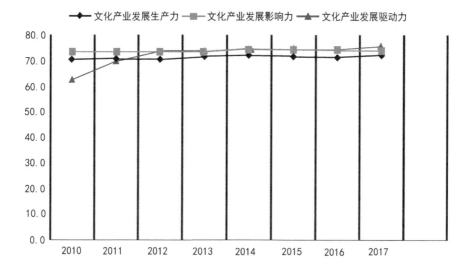

图 5-2　2010—2017 年中国文化产业发展分指数趋势

资料来源:根据胡惠林《中国文化产业发展指数报告》整理得出。

(二)投资热情高涨与产业规模壮大

2000 年以来,随着我国对文化创意产业的相关政策制度红利的持续释放,文化创意产业取得了长足的发展。产业规模和社会投资参与度不断提升(见图 5-3),2006 年文化创意产业产值为 5123 亿元,2018 年文化创意产业产值为 41171 亿元。与此同时,增长率也呈波动增加状态,文化创意产业产值保持着逐年递增趋势。相比于其他传统优势产业,文化创意产业的经济增长贡献度还不算太高,但发展潜力巨大。在社会投资和政府政策的双重发展驱动下,文化创意产业有望在经济转型阶段成为新的经济增长点。

(三)文化创意产业发展的科技依赖性增强

从 21 世纪以来科技革命以日新月异的速度蓬勃发展。同时,科技作为各行各业发展的基础性要素,也不断促进着其他产业的发展(见图 5-4)。通过对比全国规模以上文化及相关产业营业收入占比情况,我们发现新闻信息服务业与文化传播业占有很大比重。通过调查发现,新一轮的科技革命对文化产业的兴起和产业规模的扩大有着较为明显的影响。本书通过细分文化产业,并对各类行业如网络互动行业、旅游与会展行业、教育培训行

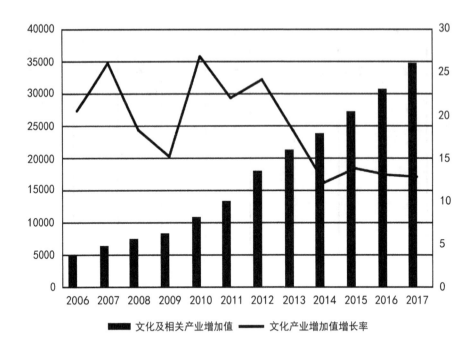

图 5-3 2006—2018 年我国文化产业产值与增长趋势

资料来源:笔者根据国家统计局公布的相关数据整理得出。

业、体育行业等进行了大数据统计,结果如下:

近几年来演出行业增长率均超过 100% 以上,在所有行业中遥遥领先。而不断扩大收视年龄段的动漫行业,年均增长率也以不可想象的速度上升,已超过 400%。在人均收入不断提高的背景下,人们对精神文化的追求不断提升,最明显的体现是相关文化产品急速扩展,同时在对服务品种的要求上也越来越多,这方面的市场需求高速增长,促使市场规模不断扩大。具体从网络服务收入、游戏行业收入可以看出,这两种最明显的网络化产业增长率都在 20% 以上。

(四)文化产业体系初步构建,骨干企业形成带动作用

从宏观角度来看,盘活文化资源的关键在于对文化体制的改革和对文化发展市场机制的规划和确立。从微观角度来看,要从具体的骨干企业入手,不断提升骨干企业的综合实力、创新能力、行业引导能力等。只有宏观、微观齐头并进,才能初步构建并完善文化创意产业体系。本书认为,目前国

内上市公司文化创意企业达 80 余家,文化创意产业整体受到资本市场欢迎,骨干企业引领带动效果明显,可以说初步完成文化创意产业体系构建。企业环境相关的市场环境、文化资本和创新环境全国均值均处于较高水平,说明我国文化创意产业发展在很大程度上依靠骨干企业的引领。

(五)文化创意产业外部投资吸引效应不断扩大

近年来文化创意产业呈现出巨大的发展空间,具体体现在高产业附加值与高投资回报率吸引了大量投资者的目光,大量资本和人才资源涌进文化产业,带动了文化创意产业的发展活力和资金保障。产生这一现象的原因主要是文化体制改革,制度红利使进入产业的门槛不拘一格,纷纷向各类资本放开。例如,从 2012 年起,越来越多的从事金融、矿业、地产等领域的大企业开始将目光投向文化产业,据统计中国文化产业投资事件达到 34 起。从 2007—2012 年上半年中国文化创意产业投资情况可以看出,市场对于文化创意产业热情持续高涨。

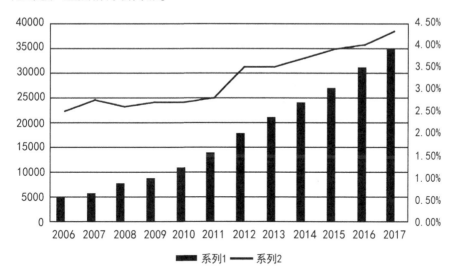

图 5-4　2006—2017 中国文化创意产业增加值及占比 GDP 比重
资料来源:根据相关文化创意产业统计年鉴数据整理得出。

(六)"走出去"战略助力文化创意产品走上国际舞台

在经济全球化大环境下,我国主动实行企业"走出去"发展战略,为我国企业和产品走上国际舞台创造了机遇和条件。我国已经成为世界第一大出口国,而我国要实现文化强国,不仅要借鉴国外文化创意产业发展模式和成功经验,更重要的是要走出国门,在国际竞争驱动下,优化文化创意产品质量。以2012年与2018年世界文化创意产业货物出口贸易前五名为例,中国内地和中国香港的文化产品出口额都位居世界前列,超越了美国、意大利、德国等发达国家。因此,文化创意产业应继续走国际发展道路,不断提升产品附加值和创意价值,提高我国在全球文化影响力和竞争力(见表5-1)。

根据国家海关总署数据,在文化创意产业输出过程中,中国国产游戏出口最为明显,以中国对外文化集团公司、完美世界、天津神界等为代表的文化创意企业不断加大出口,以精良的作品实践着"走出去"的战略。其中,2018年出口额达1860.9亿美元,同比增长22.2%;进口额达120.1亿美元,同比增长10.4%;贸易顺差达1740.8亿美元。这样的成果不仅对我国实现以需求作为动力的发展方式转变具有示范作用,且对于增强我国文化软实力、提高我国综合国力具有引领作用。

表5-1　2012年和2018年文化创意产业货物出口贸易排名及市场份额变化

出口国家 (地区)	2012年出口额 (百万美元)/排名	2018年出口额 /排名	2018年市场 份额(%)	增长率(%, 相对于2012年)
内地	323480/1	848070/1	20.81	16.89
香港	236670/2	33254/4	8.23	13.31
美国	185570/3	350000/2	8.64	14.72
德国	152130/6	344080/3	8.50	6.29
意大利	161570/4	277920/5	6.83	9.71

资料来源:根据中国海关总署数据汇总整理得出。

文化创意产业发展的规模效应主要通过建立的文化创意产业园区反映出来。起步于20世纪90年代的文化创意产业园经过了近20年的发展壮大,形成了多类型、各显优势的发展特点。我国混合型和产业型的文化创意产业园的数量远高于其他类型。从发展特征看,我国主要发展传统文化产业或具有实物产品的文化创意产业,而纯精神消费产业和以创意产业为主导的文化创意产业园的数量还很有限。尽管创意园区数量逐年上升,但在多样性和高创意价值方面还比较缺乏。在国家、政府的积极引导下,我国已逐步形成了以国家级产业示范园区和基地为龙头、省市级文化创意产业园区为发展骨干、各县区产业园和地方特色产业群为立足支点的整体发展格局。

三、产业实体呈现空间集聚

根据克鲁格曼的空间经济理论和产业布局理论,各地区依赖自有的比较优势和生产要素、人力资本等动态流动带来的反馈效应,产业在空间上呈现出一定的布局规律,展现出一定的规模效应。而文化创意产业中,以文化、知识和技术为核心的新兴产业依然在空间上呈现一定程度的集聚现象。具体而言,我国文化创意产业的空间集聚主要表现为创意产业园区的集聚,而由于受到地区经济、技术水平和创新人才的刺激诱导,可以看到一个基本布局规律:我国文化创意产业园区数量分布基本与各地区经济发展水平呈现正相关关系,经济水平越发达,科技水平和创新人才集聚程度相对较高,从而为文化创意产业发展提供了良好的资源要素和外部环境。从表5-2中可看出同样的规律,2012年我国各省(自治区、直辖市)的创意园区数量排名基本与经济发展水平的排名大体一致,排名前五的地区为上海市、广东省、江苏省、浙江省和山东省,这五个地区的经济水平基本能领跑全国。城市是经济与文化交汇的地域空间载体,尤其是经济社会比较发达的大城市,完善本地公共服务设施、融合经济文化互动发展、提升文化创意产业集聚效应,应依托各地政府的文化制度和政策支持,从而提升文化创意产业整体竞争实力和国际影响力,使之成为新的经济增长点。

表5-2　2012年我国文化创意产业园区地区分布

单位:家

地区	园区数量	排名	地区	园区数量	排名
上海市	118	1	山西省	23	17
广东省	108	2	贵州省	22	18
江苏省	91	3	云南省	21	19
浙江省	88	4	内蒙古自治区	20	20
山东省	84	5	吉林省	19	21

地区	园区数量	排名	地区	园区数量	排名
北京市	69	6	重庆市	18	22
安徽省	61	7	江西省	18	22
河南省	49	8	广西壮族自治区	18	22
福建省	48	9	海南省	14	25
河北省	41	10	黑龙江省	11	26
湖南省	41	10	青海省	10	27
四川省	35	12	宁夏回族自治区	8	28
湖北省	35	12	新疆维吾尔自治区	6	29
陕西省	32	14	甘肃省	5	30
天津市	31	15	西藏自治区	5	30
辽宁省	30	16			

资料来源:根据中国文化产业数据整理得出。

综合考虑时间与地域维度,文化创意产业发展在空间方面和产业升级演进方面都呈现出较强的路径依赖规律,各地区应主动将经济发展成果致力于本土文化创意产业发展,使文化发展与经济水平相协调。因此,文化创意产业实体呈现出的空间集聚与发展较好的大城市群应显示出对应关系,文化创意园区建设应充分利用本土自由的创新资源、技术和人才等优势,实现一种经济支持创意产业、文化创意产业反馈于地区经济的互动发展模式,通过产业园区的空间集聚产生一定的规模经济,形成空间外溢效应,带动周边地区文化创意产业共同发展。

四、产业发展形成地域梯度

在产业实体发展过程中除了有"空间集聚"的特征,还可将产业空间集聚放在整个产业体系的地域分布视角中来考察。中国国土面积非常大,各个区域经济社会发展差距也大,总的来说仍存在比较明显的地域梯度差异,而这恰好成为构建文化创意产业发展的前提条件。所以,文化创意产业发展与其所处的生态环境具有内在相关性,将产业空间集聚置于全产业体系的地域分布视角中分析,即会得出中国文化创意产业发展演进的地域梯度规律。

表 5-3 中标示了我国部分城市的文化创意产业增加值及其对 GDP 的贡献度。文化创意产业增加值呈现出明显的地域梯度分布,其中上海市、北京市和深圳市为第一梯队,长沙市、青岛市为第二梯队,沈阳市、厦门市和西安市为第三梯队,并且这部分梯队分布均与城市经济发展水平直接相关。从文化创意产业占 GDP 比重来看,文化创意产业增加值较高的城市,比如上海市、北京市,其对 GDP 的贡献程度也就越大。另外,从 2011 年与 2010 年的数据来看,我国各地区文化创意产业均处于整体情况较优的上升阶段。基于增速角度,可得出第一梯队的城市发展稳定性更高,发展情况与发达国家基本持平;第二梯队在增速发展阶段,处于发展的成长期,该结果与我国经济发展地域梯度也大体一致。

表 5-3　2010 年和 2011 年中国部分地区文化创意产业对经济增长的贡献度

地区		增加值(亿元)		占 GDP 比重(%)	
		2010 年	2011 年	2010 年	2011 年
城市	北京市	1169.7	1938.6	12.0	12.1
	上海市	1673.8	1940.0	9.8	15.8
	深圳市	637.0	875.0	6.7	8.0
	长沙市	453.8	550.0	10.0	10.1
	青岛市	436.3	500.0	7.7	5.6
	西安市	184.0	250.7	5.7	5.7
	厦门市	145.0	160.0	7.0	7.7
	沈阳市	232.7	280.0	4.6	4.7
省	山东省	1230.0	2300.0	3.1	5.1
	四川省	512.0	715.0	3.0	3.4
	陕西省	285.9	372.6	2.8	3.0

资料来源:根据文化产业与宏观经济统计数据库整理得出。

文化创意产业的发展与其空间集聚的特点,从产业体系分布角度考虑,其符合与区域经济发展同构的地域梯度特征。我国仍以经济水平作为标准将文化创意产业分为了三大梯队,未来各地区应因地制宜地发展与定位,充分发挥地区的文化特色。同时,地区间应适当协调分工与互动协作,实现文化创意产业在区域间的衔接与交融,在区域间合理竞争以促进产业良性发展,从而实现文化创意产业的空间优化布局和资源的合理配置。

五、我国典型城市的文化创意产业特征分析

(一)北京市——世界文化中心城市

北京市作为我国政治、文化中心,长期通过自身文化创意产业的发展规律特征,对全国其他地区的文化产业发展产生示范效应和外溢效应。而且在经济全球化和多元文化不断交融的今天,北京市是世界了解中国文化以及中国文化走向世界的窗口,同时也是最先响应国家"文化兴国"战略并付诸实践的地方。因此,了解北京文化创意产业发展情况对于把握国家文化创意产业发展方向具有重要作用。从表5-4中可以看出,北京市文化创意产业资产总额逐年增加,基本保持在15%左右的年增长率,说明北京市的文化创意产业整体发展态势良好。另外,从实现收入和从业人数看,北京市也一直保持较高的增长速度,说明健康有效的文化创意产业发展能显著提高人们的收入水平和促进地区就业。而且文化创意产业已成为北京市继金融业、零售批发业以后的第三大支柱性产业,依靠科技水平将创意转化为精神消费产品,不仅能显著提升国家文化软实力,同时也能对地区经济发展做出贡献。

表5-4 北京市文化创意产业发展基本情况

年份	资产总值(亿元)	同比增长(%)	实现收入(亿元)	同比增长(%)	产值增加(亿元)	同比增长(%)	从业人数(万人)	同比增长(%)
2004	4636.7	–	2468.0	–	613.6	–	74.7	–
2005	5140.3	10.9	2793.4	13.2	700.4	14.1	84.0	12.4
2006	6161.0	19.9	3614.8	29.4	812.0	15.9	89.5	6.5
2007	7260.8	17.9	4601.8	27.3	992.6	22.2	102.5	14.5
2008	8275.1	14.0	5439.6	18.2	1346.4	35.6	107.0	4.4
2009	9535.3	15.2	5985.7	10.0	1489.9	10.7	114.9	7.4
2010	11166.3	17.1	7442.3	24.3	1697.7	13.9	122.9	7.0

资料来源:根据《北京统计年鉴》数据整理得出。

　　从北京市细分行业的发展看,北京市软件网络及计算机服务的增加值最大,并占整个文化创意产业比重近50%,与此对应的是,就业人数和劳动生产率也均达到最大,依赖科技创新的文化产业的相应附加值也会越高。表明依赖科学技术、互联网等信息科技的文化创意产业的经济贡献度将更高。另外,新闻出版和广播电视电影的增加值也相对较高,北京市作为全国文化中心,其相应细分产业基本处于全国领先水平。从劳动生产率看,北京市除了软件网络及计算机服务领域外,其他领域的劳动生产率相对较低,说明整体上文化创意产业与科技结合还不够充分,也未能充分挖掘劳动者在创意方面的价值效应(见表5-5)。

表 5-5　2010 年细分行业的北京市文化创意产业的基本情况

行业	增加值 (亿元)	增加值占比 (%)	就业 (万人)	就业占比 (%)	劳动生产率 (万元/人)
新闻出版	171.8	10.1	14.9	12.1	10.1
广播电视电影	138.6	8.2	4.4	3.6	11.5
文化艺术	53.7	3.2	5.3	4.3	13.8
广告会展	127.4	7.5	10.1	8.2	16.4
设计服务	84.2	5.0	10.9	8.9	19.6
软件网络及计算机服务	847.1	49.9	51.6	42.0	31.5
艺术品交易	43.0	2.5	2.2	1.8	12.6
旅游、娱乐休闲	69.5	4.1	9.9	8.1	7.7
其他辅助服务	162.4	9.6	13.6	11.1	7.0

资料来源:根据《北京统计年鉴》数据整理得出。

　　毋庸置疑,作为首都,北京市首先响应国家政策,并付诸实践,在全国做好示范效应,为整体实现文化强国梦而努力。因此,文化创意发展需要在国家层面进行模范建设,"以点带面"地在各个行业快速发展。另外,北京市发展成颇具影响力、富含中国特色的全球大都市,需要在经济和文化两方面双重发力,这就要求北京市更深层次参与全球竞争,加大本地的文化创意产业竞争力,提升北京市在国际文化市场中的话语权。积极发展文化创意产业是北京市自身的发展需求,也是国家战略发展要求,通过带动创新驱动、消费拉动、品牌带动、改革推动、区域联动五大动力,使北京市朝着国家政治文化中心与国际重大文化影响力大都市的发展道路努力。

(二)上海市——国际文化大都市

上海市作为我国重要的经济金融城市,其文化创意产业的发展也应同步协调发展,增强上海市文化多样性、开放性。近年来,世界经济发生了波动,但上海市的文化创意产业仍保持着稳定的发展态势,它仍然有强大的内部驱动力。整体上看,相比于北京市,上海市展示出更强的文化包容性和文化创新性。从上海市自身发展基础看,文化产业已经成为上海市经济发展的重要支柱性产业,很多领域都有着悠久的历史,比如上海电影产业、上海国际电影电视节等,另外,发展文化创意产业也是符合创新驱动发展和产业转型的现实要求,更是满足现代上海市各阶层精神消费的需求。上海市加入创意城市网络后,为文化产业发展带来了契机,也有利于我国文化创意等元素走上国际舞台。

近年来,上海市努力加大文化创意产业的多维度融合,不断优化文化产业的资源配置效率,整体上取得了显著成效。特别是上海市融入"一带一路"倡议和"长江经济带"等国家发展战略后,上海市文化创意产业投资、融资、并购持续升温,新兴热点产业发展迅猛,如游戏行业、直播行业等,不断推动文化领域供给侧改革,去除过剩产能,加强科技创新与文化产业发展融合。2012 年,上海市文化创意产业实现总产值高达 7695.36 亿元,从业人数和人口结构不断优化,对 GDP 贡献度不断提升。从表 5-6 中可以看出,2004—2010 年,文化创意产业增加值不断增加,由 2004 年的 493 亿元增长至 2010 年的 4418 亿元,基本保持 7% 左右的年平均增长率,对经济增长的贡献程度也显著提升。

改革开放以来,上海市经济一直领跑于全国各大城市。依托自身区位优势在经济政策的支持下,文化创意产业也迎来了发展的春天。尽管过去十年取得了长足进步,但整体上文化创意产业依然落后于房地产、IT 等其他产业。在"十三五"期间,上海市仍主要立足于文化产业的内生增长,在不断深化制度创新和服务创新的基础上,努力将上海市打造成全球最具影响力的国际文化大都市,不断提升文化产业的国际竞争力和影响力。

表 5-6　2004—2010 年上海文化创意产业发展基本情况

年份	增加值(亿元)	占 GDP 比重(%)	创意集聚园(家)
2004	493	5.8	—
2005	549	6.0	36
2006	650	7.0	77
2007	867	7.1	77
2008	1049	7.7	77
2009	3900	11.5	89
2010	4418	8.0	89

资料来源:根据上海文化产业统计年鉴相关数据整理得出。

第四节 我国文化创意产业发展优势、挑战与趋势

一、我国文化创意产业的发展优势

(一)有利的经济发展趋势

我国自加入世界贸易组织(World Trade Organization,WTO)以来,不断发展市场经济,融入经济全球化和全球价值链体系中,整体上我国经济水平实现了突飞猛进的增长。1978年实行改革开放政策以来,我国经济增长率基本保持年均10%左右,经济总量和人均GDP不断上涨,目前我国已成为世界第二大经济体,从参与国际竞争来看,我国在世界贸易投资中的地位日益凸显,已经成为世界第一大出口国。进入"十三五"时期以来,我国在经济发展方式、产业结构转型、产能利用效率等方面做出积极调整,尽管这一时期经济发展速度有所减缓,但这是经济转型期和改革攻坚期所必须经历的。而在经济发展的背景下,我国文化创意产业增加值、就业人数等也逐年上升。从产业结构变动趋势来看,1978年我国的三大产业占比分别为28.1%、48.2%和23.7%,到了2012年,我国三大产业占比分别为10.1%、45.3%和44.6%。其中我国第三产业占比在迅速增加,说明我国经济发展基本符合主流经济思想中的生产要素、产能价值由第一产业向第二、第三产业不断攀升和转变的规律。我国产业结构上的调整升级基本符合西方发达国家所经历的发展规律,三大产业发展并不是独立存在的,而是呈相互协调、相互促进的螺旋上升趋势。随着社会经济的不断发展,产业结构日趋高级化,生产要素也由低级向高级转变,并且产业所带来的附加值也由低端向高端转变。文化创意产业作为第三产业,处于产业结构的高端,目前我国经济发展所呈现的产业结构规律为其发展提供了市场空间。从收入水平来看,我国居民收入水平在不断地提高,而居民收入水平的提高意味着更高的消费能力,国民收入越高,居民的消费结构也趋于高级化,这就为文化创意产业提供了巨大的消费空间和内生发展动力。

(二)技术创新支持

自从18世纪英国发生的第一次工业革命以来,世界的科技创新效率在

飞速发展,由于历史原因,我国并未能有效地跟上世界发展的步伐。然而,在以信息为主导的第三次技术革命发生时,我国紧跟上了时代的步伐,各类产业体系也在加速转型升级。文化创意产业正是依托创意和技术发展起来的。目前全球正处于信息化、智能化和科技化的新时期,这就为文化创意产业提供了技术支持和发展氛围。随着技术创新力度的加大,我国文化创意产业的生产、传播和销售方式都在快速转变,文化产品和价值链供应模式也在不断革新。同时,文化创意产业的发展也进一步带动了地区经济发展,不断渗透、扩散到经济生产过程中,进一步推动文化创意产业的跨地区、跨行业发展,不断提升产能利用率,融入产业结构和价值链的高端,从而营造有利于自身发展的外部环境。

1. 产业体系基础

文化创意产业发展与制度创新紧密相关,目前主要依赖政策扶持,比如文化创意产业园的建设。但纵观我国文化产业发展历史,基于精神消费的文化创意产业规模一般较小,并没有形成规模经济效应。而我国丰富的文化底蕴和制度保障则是产业体系的基础。随着原有体制内的文化单位转型为新型文化企业以及政府引领社会资本进入文化创意产业中,使该行业的规范性不断加强,同时也能够有利于进一步刺激文化资源,使其焕发出新的增长活力。通过逐步构建合理产业发展制度,使其最终形成技术含量高、创新能力强、国际竞争优势明显的国家支柱型产业。

2. 国家战略推动

从目前文化创意产业发展现状和模式看,产业发展仍主要依赖政策支持,属于国家战略性支持的新兴产业之一。由于该时期的典型发展特征是以制度创新为重要增长力,相关体制机制也在不断完善,制度红利的释放为经营环境打下了良好的基础,使文化创意产业在顶层设计层面具有重要发展优势。特别是党的十九大以来,我国将发展文化产业提升为国家战略层次,产业的发展情况直接关系着能否实现文化强国的终极目标。因此,国家对文化产业的高度重视和相关政策扶持,不仅保障了文化创意产业的规范化发展,也为产业要素流动指明了方向,拓宽了产业的空间和规模,市场的期望不断增加。

二、挑战因素分析

当然,由于中国正处于过渡时期的发展阶段,各种体制机制有待完善,而来自国内其他产业的投资挤出效应和国际上发达国家高端文化创意产业的高压竞争都制约着我国文化创意产业的发展。此外,鉴于我国的文化创意产业仍处于前期发展阶段,自身发展所需的外部社会经济条件、人力资本、科技技术水平和政策支持还难以与高速发展需求相匹配,因此与发达国家相比,我国文化创意产业发展仍存在不少"瓶颈"与制约。一方面,体现在缺乏人才培养。文化创意产业主要是在科学技术的支持下,在将文化创意转化为文化产品从而形成的新兴产业中,创新人才是关键。尽管我国早已提出创新驱动发展战略基础上的创新人才发展战略,但在实践过程中仍举步维艰,特别是文化创意产业领域的专业人才尤其匮乏。创新人才的匮乏直接导致文化产业发展缺乏持续动力和过硬核心竞争力,最终归结于文化产品质量上的落后。以北京市为例,文化创意产业从业人数占总就业人口比重才千分之一左右,远低于纽约、东京等城市的文化产业从业人数占比。我国不仅在从业人数总量上匮乏,而且在就业人才结构上的产业领军人才或拔尖人才也相对缺乏。造成该现象的主要原因是我国校企联合培养机制尚未完善,人才要素市场落后于产业需求,以及人才流失率较高。另一方面,还表现为融资约束和严重的产业发展路径依赖。具体而言,我国文化创意产业发展主要依靠政府政策支持,但对扩大产业外延边际、加大对国民经济的贡献程度来说,产业融资水平也极为重要。充足的资本是保障企业发展延续和健康运营的命脉,但目前我国文化创意产业在社会上的发展地位还很有限,这就导致融资渠道受阻。我国文化产业融资状况不太乐观,要改善相关政策支持和优化融资渠道,进而不断改善企业发展状况与融资机构的信息不对称等问题,才能有利于文化创意产业的良性发展。同时,对于产业发展路径的依赖体现为沿用传统方式推动文化创意产业的发展,不仅缺少需求支持,还缺少上下游产业链的相互扶持,各种文化企业总是在数量上进行恶性竞争,而忽略了产品质量和创意价值。从世界文化产业发展经验看,文化产业的发展更多依赖创意转化。有统计表明,在超过2500多个主题公园和电影制片厂中,70%处于亏损的状况,20%盈亏平衡,只有约10%是有利可图的,约2/3无望收回成本。

三、我国文化创意产业的发展趋势

纵观全球环境和国内发展形势,在潜在的全球经济危机和经济增长乏力的背景下,各个国家都试图发展和培养战略性新兴产业以摆脱增长乏力和转型发展的迫切诉求,而文化创意产业正是各个国家角逐的"主战场"。从我国目前实际发展情况看,我国正处于经济改革的深水区,体制改革、模式创新等都是目前经济增长的着力点,同时我国也面临着产业发展转型的严峻形势,这就使文化创意产业作为新时期经济增长的新动力和转变经济发展方式的"加速器"成为可能。从整体来看,我国文化创意产业未来的发展将呈现以下趋势:

(一)从产业周期定位来看,仍处于高速增长的时期

从产业演化发展生命周期来看,目前文化创意产业还处于高速增长时期,其突出特点是快速增加的文化产业规模与总量。但从文化创意对国民经济贡献率而言,仅仅贡献了较少的一部分,这也与国民经济支柱型产业的定位相违背,因此我国还需要大力发展文化创意产业。此外,我国文化创意产业处于"产业发展转型"和"经济发展"的双重外部要求下,与其他实体或传统产业不同的是,文化创意产业发展受制于宏观经济发展周期和政治环境变迁。未来我国的文化市场需要进一步整合,同时管理部门也应加速革新并提升效率,不断扩大产业竞争范围。

(二)产业竞争内涵改变

尽管在国家政策指引、文化体制改革和转型期发展新动力的综合影响下,文化创意产业得到了长足的发展,但不可否认的是,在这过度寻求快速发展的同时,也伴随着许多潜在风险和发展弊端。我国文化创意产业发展初期主要依赖政策主导,抑或在政府牵引下社会资本注入局部带动规模效应,从而引起产业发展的短期经济效应。在政府主导的招标竞争发展模式的推动下,大量低附加值的文化产品不断涌现,出现了不利于产业发展的"走量经济"怪圈,但日益提升的精神文化需求无法得到充分满足,因此,这必然引发政府和企业对文化创意产业发展模式进行矫正,由数量竞争向质量竞争转变,重点促进产业内竞争优势的提高。此外,还要不断加强跨行业、跨区域一体化的整合与发展。

(三)管理部门改革合并

在以往我国文化创意产业发展过程中,往往采用通常管理,按行政等级

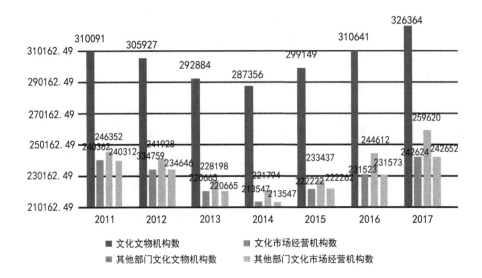

图 5-5　2011—2018 年我国文化市场一般经营性场所

资料来源:笔者根据文化产业统计年鉴相关数据整理得出。

划分资源配置的规则强调纵向从属的体制结构,上下分工管理不明确、平行从属混乱,各部门的职能分工并不明确。特别需要指出的是,国家对规范文化产业发展出台了一系列行政制度和优化决策,这将有利于改善当前较为混乱的管理体制机制。然而,现有某些部门的组建可能更多是从部门融合方面进行改革,并未真正意义上将文化产业各职能部门进行有效整合和重新配置,因此,文化创意产业的发展速度仍然有限。但这一文化管理制度也使各部门职能发生了一定的变化,相应职能部门也得到了尽快理顺,这对完善文化产业内在管理机制的顺利运行和服务与产业自身发展起到了良好的保障作用。

(四)产业政策的制度红利持续释放

目前我国文化创意产业发展已经上升为国家战略层面,这是前所未有的发展良机,而且当前我国也正处于经济发展转型的关键期和深化体制改革的纵深阶段,这是制度的迅速变迁和政策效应的高度释放。在高峰时期,文化产业将继续受到机构红利的驱使。以往通过制度优势推动发展文化创意产业不仅贴合了产业自身发展趋势,也符合我国文化兴国的战略目标,更是不断提升我国文化产业在国际上影响力和竞争力的现实要求。国家对文化创意产业的一系列政策支持和制度保障,不仅降低了产业自身发展风险,还能使制度红利得到最大程度地发挥,促进文展产业环境的改善,使市场对继续发行的预期大幅上升。

(五)转型与发展成为文化创意企业演变的主旋律

文化是一个国家的精神财富,文化创意产业将文化精神产品转化为实体消费产品,其自身的发展主要依赖产业政策和资本支持。文化体制改革下,积极推进产业转型和技术升级,这不仅是现代社会宏观经济与文化创意产业实际发展的必然需求,同时也不断丰富了文化创意产业自身发展内涵和提升产品的质量,最终实现从供给端的数量追逐型向质量竞争型的发展模式转变,产业发展和市场竞争推动企业转型与发展。

第六章 天津市体育文化创意产业与经济发展现状分析

第一节 天津市体育文化创意产业的产生与发展演进

体育文化历史悠久,经历了长期的发展过程,在发展的过程中体现出了体育文化发展的相关因素以及特性,这主要表现在以下方面:

一、从体育的演进历程来看体育文化的发展

(一)人类社会的演进对体育提出了必然要求

随着现代社会的不断发展,各种社会关系越来越复杂,但是人与人以及人与自然环境之间的关系却是相对稳定的,在生产力逐步提升以及余暇时间不断增多的情况下,人们开始注重生活的质量,于是从事各种体育活动的职业人士开始出现。在传统社会背景下,人们的生活空间受到一定程度的压缩,在封闭的条件下,体育活动的地域性、民俗性、宗法性等特点就逐步形成了。后来,随着工业革命的进行及现代社会的变革,人们的体育活动也发生了较大的改变,体育逐渐成为人们的一种生活方式,与人们的日常生活发生着日益密切的联系。

随着现代科学技术的发展,体育科学研究也获得了一定的发展和进步,关于人体运动的学术研究资料越来越多,这为体育文化的发展奠定了坚实的理论基础。经过长时期的发展,体育已不再是贵族圈子和民俗的一部分,体育开始向着大众化方向发展,成为人们社会生活的重要内容。

发展到现在,体育文化的特点越来越鲜明,成为独具特色的文化现象。第一,随着现代社会的发展,体育文化中原始部分内容逐渐消退,现代化的元素逐渐增多;第二,新的民主平等观念深入人心;第三,体育文化的科学性

更加浓厚,获得可持续发展。

随着现代社会的不断发展,现代体育文化也日益丰富和完善。在体育文化发展的过程中,科技革命和经济的发展为体育文化的传播创造了良好的条件,政治和经济成为推动现代体育文化传播的推动器,在这样的条件下,体育文化传播的速度进一步加快。

需要注意的是,在现代社会背景下,高科技手段越来越得到广泛利用,这在一定程度上改变了体育文化本来的面貌,各种电子产品的介入给予了人类体育文化新的挑战,目前机器人健将和生物工程运动员正在受到越来越广泛的关注。

(二)人类发展的过程为体育创造了充分条件

人类在生产与生活的各种活动中,逐步孕育出体育文化的因子。体育运动的形式并不是一成不变的,随着时代的发展和变化,体育文化也会随之改变。最初的体育形式主要以徒手表现技艺为主,后来随着社会生产力的不断发展,使用体育器械的运动形式大量出现,这对于人类本身及体育文化的发展而言都具有深远的影响和意义。

纵观整个人类社会的发展历史,出现的各种形式的体育文化,其主要目标都是使人驾驭外在工具的能力得到有效提升,从而促进人类社会的不断发展,而在人类文明发展的过程中,体育文化在其中扮演了非常重要的角色。以下几个方面可以揭示出体育文化对人类社会的重要作用:

(1)在历史长河中,人类意识的进化促进着体育文化的不断发展。

(2)体育运动的发展,是从各种体育运动工具到专门运动器械发展的过程。

(3)体育运动由初期的、形式单一的活动内容,向成熟的体育文化体系方向发展。

(4)体育运动由初期与其他文化形态的混合发展,向后来独立性的专业化方向发展,并因此逐渐形成独特的体育文化体系。

综上所述,体育文化就是在这样的背景和形势下,逐渐成为现代社会的重要组成部分,并获得进一步的丰富、完善和发展。

二、从体育的逻辑演进来看体育文化的发展

(一)现代人对体育运动的认识与掌控方法的发展

在现代社会发展的背景下,哲学、艺术等各种学科都获得了不错的发展,成为人们知识结构与文化体系的重要内容。体育文化作为人类社会文化的重要内容,也受到各种文化成果的熏陶而获得不断发展。体育本身的人文内涵与文化特性都将自身与人类精神实质的契合进行了标示,人们可以从各个层次进行哲学思考。在体育文化发展的历史长河中,体育在自己的发展过程中不断获得来自其他人类文化成果的抚育与熏陶,在发展的过程中深刻揭示出自身的特性,从而获得可持续发展。

(二)现代人对体育运动的组织与管理方法的认识

发展到现在,知识对于整个社会的发展越来越重要,人们只有具备一定的知识储备才能跟上时代发展的步伐,为社会发展做出贡献。在体育领域,不论是体育院校的师生,还是一般的体育爱好者,都要接受体育方面的人文锻造,否则,就会对体育文化的转型产生不利的影响。另外,提高人们的体育文化素质也不应是简单地将体育人文知识引入进来,而是培养人们的体育思想意识和习惯,转变思维观念,与现代社会获得同步发展。

三、从产业融合的角度看体育文化创意产业的产生

(一)文化产业与体育产业的有机融合

体育产业发展初期,体制建构相对不完善,在文化产业的包装与宣传下有了很大的提升,体育产业的发展促进了体育事业的繁荣,体育产业与社会发展的规律紧密结合,促进市场经济更加繁荣,体育产业使大企业对体育方面的投资加大,而另外中小企业对消费者体育方面的关注也加强了不少。体育产业在当今社会中是不可或缺的存在,对我国经济发展起到了很大的促进作用。文化产业主要包括文化产品、文化传播服务以及休闲娱乐,还包括与这些有关的设备生产、相关技术等。文化产业是一门结合传统文化与现代科技的、发展时间不长的产业,随着社会发展,取得经济效益的同时,文

化产业越来越重视消费者的需求。体育产业在广义上属于文化产业的一部分,最初我国文化产业与体育产业的发展相互独立,然而,随着社会信息与经济的飞速发展,各个产业之间不再独自建设,而是相互交融,共同发展。体育产业与文化产业融合发展,对文化产业有着深远的意义,对文化体制的改革起到促进作用。

当今社会人们在生活质量提高的同时,对生活质量的提高有所需求,体育产业逐渐进入到人们的生活之中,体育尤其在学校教育、休闲娱乐中受到重视。体育锻炼增进人的身心健康发展,在教育上中学生可以以体育特长生的身份考入理想学校,使更多的人有了接受教育的机会,使得更多的人学习文化知识;体育节目在电视、网络等媒体的播出也受到了很多人的关注,而新闻、报纸上出现的体育消息也成了更多人讨论的话题,各大媒体借助体育新闻为自己带来丰厚的经济效益。另外,体育产业带来的巨大利润,对技术的改革发展也有一定的促进作用,高科技的体育技术被运用到体育活动中,例如,利用仿生学设计出的衣服可以减少摩擦,高端的技术拍摄运动员的训练过程,可供教练和运动员进行分析研究。随着体育产业与文化产业融合发展,更加合理化的制度被制定出来,各部门加大对文化体育产业发展的协助,体育产业与文化产业融合将得到迅速发展,对缓解就业压力、提升体育文化水平、增强我国国际地位、促进市场经济的蓬勃发展起到了积极的作用。

(二)体育文化创意产业促进体育经济发展

我国信息、科技都发展到一定高度,文化产业的发展绝不可以只拘泥于现有形式,而是应该多元吸纳信息元素,充分实现创意的融合,创意产业的发展是现代社会符号化发展的必然趋势。而当我们将视域界定在体育领域,体育文化创意产业则成为体育文化产业的进一步深化和升华,是体育社会功能符号转向的重要表征。体育文化创意产业的发展将促进无形体育文化资源的实体化,使被"束之高阁"的体育文化成为人们日常生活中可以通过视觉、嗅觉、听觉、感觉或感知而得到的文化体验。作为具有体育文化体验的体育文化内涵、体现体育文化品格的经济形式——体育文化创意产业将成为体育产业的活化剂,为新时期体育产业的发展注入活力。通过对体育文化创意产业缘起和意义的追溯可对国内外文化创意以及体育文化创意产业在文化繁荣背景下的追溯进行反思。在追溯和反思之后,抽象出体育文化创意产业发展的意义以及提升体育文化创意产业的路径,即发展体育文化创意产业应遵循体育是背景、文化是资源、创意是思路、产业是出口的基本原则。体育文化创意产业能够通过转变增长方式,促进体育经济全面发展;通过提高社会效益,促进体育竞技的协调发展,通过改善生态环境,促进体育经济的可持续发展;通过塑造体育品牌形象,增强城市综合竞争力。只有实现体育文化交流促进体育产业互动、以体育文化创意理念引领体育产业走向、以及体育文化资源激发文化产业动力,以有特色的体育文化整合方式带动体育产业提升,才能从真正意义上实现体育文化力与体育生产力的结合。

第二节　天津市体育文化创意产业的
发展环境分析

体育产业的发展与社会经济的发展息息相关,不同的发展阶段也呈现出不同的产业发展特征。2015年丛湖平教授在"体育产业发展高层论坛"上提出,改革开放以来,我国的体育产业主要分为四个阶段:酝酿阶(1978—1991年),起步阶段(1992—2002年),快速发展阶段(2003—2012年),新常态阶段(2013年至今)。近年来,随着天津市经济的不断发展,依托快速成长和基础雄厚的民营经济,天津市的体育产业发展也迎来了黄金时期,体育产业的转型升级和提质增效凸显成效,体育服务业比重逐渐增加(见图6-1)。

一、经济环境

天津市整体经济保持平稳较快发展,实现了"十三五"后期良好发展。天津作为首批沿海开放城市、环渤海经济中心、改革开放先行区,国际消费中心城市,经济发展起步早,积累的经济实力雄厚。雄厚的经济实力为天津体育文化创意产业的发展提供了强有力的经济支撑。

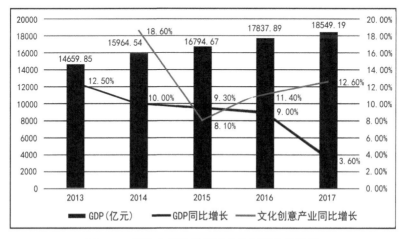

图 6-1　天津市经济增长及文化创意产业增长

资料来源:根据文化产业统计年鉴相关数据整理得出。

二、政策环境

2016 年 5 月,体育文化创意产业得到重点关注。为贯彻落实《国务院关于推进文化创意和设计服务与相关产业融合发展的若干意见》,天津市政府制定了《天津市推进文化创意和设计服务与相关产业融合发展行动计划(2015—2020 年)》,推动天津市体育文化创意产业的发展,同时国家体育局和国家旅游局发布《关于大力发展体育旅游的指导意见》,提出到 2020 年推出 100 项精品赛事。2017 年 7 月,发布《"一带一路"体育旅游发展行动方案》,强调加大体育旅游宣传,培育体育旅游重点项目。为了推进体育旅游政策进度,2017 年 7 月,全国体育旅游产业发展大会召开,提出了以规划为引领、以产业融合为路径等措施推动体育旅游发展。同年 8 月,国家体育局与海南省签署协议,将旅游卫视打造为全国体育旅游宣传平台。2016 年 4 月 30 日至 5 月 2 日,天津首届体育旅游大会在天津静海团泊湖举行。本次大会以"喜迎十三全运、广惠健康民生、共促和谐发展"为主题,通过举办大会引导和培养大众健康生活新理念,推动天津市体育旅游等健身休闲产业的快速发展。2017 年被称为"天津市体育旅游年",这些政策措施为天津体育旅游发展提供了动力。以习近平新时代中国特色社会主义思想为指导,以习近平总书记对天津提出的"三个着力"重要指示为元为纲,紧紧围绕"一基地三区"城市定位和"五个现代化天津"建设目标,以提供优秀文化产品、优质旅游产品为中心任务,着力开发天津市都市风情、滨海休闲、乡村田园、民俗技艺等特色文旅资源,打造了一批高质量旅游和体育融合的特色产品,使体育文化创意产业成为全市经济社会快速发展的强力引擎。

三、地理环境

天津位于渤海之滨,又毗邻首都北京,自古就是京师门户,是北方最大的港口城市,天津滨海国际机场是我国主要的航空货运中心之一,作为国际化的大都市,一流的海港、空港及发达的铁路、公路等运输方式和先进的电信通信网及便利的邮政网构成了天津方便快捷的交通运输网络,为天津市体育文化创意产业的发展提供了便利的交通环境。

四、文化及资源环境

(一)丰富的体育文化资源

根据天津市旅游局网站显示,天津市 A 级景区 84 个,博物馆 73 个(见图 6-2)。海岸线 153.3 千米,多处 AAAA 级海滨浴场和温泉圣地,海上运动、沙滩项目、滨海娱乐、水上比赛等与水相关的主题海滨体育运动也丰富了体育旅游品类。作为中国第一批"中国武术之乡",武术作为非物质文化遗产在天津被较为完好地保留下来,也是天津传统体育旅游重要的组成部分。例如,蓟州盘山的北少林功夫、霍元甲故居西青精武武术、河东长拳拦手门、津门回族重刀等以其自身独特的魅力更是吸引着全球的武术旅游爱好者。天津大大小小的湖泊(东丽湖、翠屏湖、团泊湖等)河流(海河及其支流)、高山(八仙山、九龙山、AAAAA 级景区盘山)以及西青的黑森林等自然旅游资源为定向越野、马拉松、攀岩、户外探险、滑雪、自行车赛等户外体育项目提供了优质的活动场地。奥运会、全运会等赛事留下大小体育场馆 22处,2018 年全市新建多个健身园、体育公园及健身广场,打造 15 分钟健身圈。武清运河驿站、滨海东疆沙滩、团泊湖光合谷、乐乐岛等房车露营地初具规模;滨海新区还开通了低空飞行旅游线路。在近期举行的中国体育旅

A级景区及博物馆数量

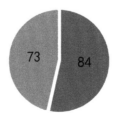

■ A级景区 ■ 博物馆

图 6-2 天津市体育文化资源

资料来源:根据相关文献资料整理得出。

游和体育文化博览会上,天津的参展项目获得了广泛好评,其中有 6 个项目在全国评选中获奖,分别是天津五大道体育文化旅游区、天津健康产业园旅游区、环团泊湖自行车邀请赛、天津霍元甲文武学校《武传奇》功夫剧、天津市君利农业示范园、北运河休闲旅游驿站。天津在体育旅游方面的独特魅力和资源优势为体育旅游发展提供了良好基础。

萨马兰奇纪念馆坐落在中国天津市静海区团泊新城西区健康产业园,于 2013 年 4 月 21 日对外开放。纪念馆由国际奥委会委员吴经国先生创办,是世界唯一一座得到萨马兰奇家族授权和国际奥委会批准的纪念萨马兰奇先生、传播奥林匹克精神的体育文化场馆。萨马兰奇纪念馆现为国际奥林匹克博物馆联盟成员、国际博物馆协会团体会员、中国博物馆协会团体会员、国家 AAAA 级景区。

萨马兰奇纪念馆整体占地 216 亩,建筑面积约 1.9 万平方米,展区 4000 平方米,以缓坡方式延展。展区分为 14 个单元,展示萨马兰奇收藏的各种书籍、邮票、纪念品、艺术雕塑、绘画及与他相关的信件、照片、私人用品,以及极为珍贵的与奥委会相关的文献。纪念馆由世界知名博物馆设计顾问公司 RAA 进行设计,突破传统的新颖造型,通过现场复原、影像声光等展陈方式,让游客仿佛置身于科幻世界之中。

萨马兰奇纪念馆主体建筑内,除了展示萨马兰奇先生一生的收藏品之外,另设有报告厅、临时展厅、冬季花园等,可供举办各种发布会、研讨会、展会、企业年会、活动。纪念馆并设西班牙风味餐厅,纪念品店,运动体验区,将纪念馆打造成一个多元性的综合型平台。

2011 年 5 月,天津市体育博物馆开始了筹备工作,当时市体育局多位老领导和老同志一起策划并做了诸多基础工作。2012 年 3 月,市体育局与和平区政府签订了《关于提升改造民园体育场的协议》,明确提升改造后的民园体育场要建有一座展现津门体育事业的博物馆。自体育博物馆筹备伊始,就得到了市委、市政府和市体育局的高度重视和大力支持,也得到了各方面的帮助和指导,力争打造国内一流的省级体育博物馆。天津体育博物馆于 2013 年底前向公众免费开放,展出面积达 3000 平方米。天津体育博物馆筹备委员会在短短一年多的时间内已经征集到藏品和文史资料 1200 余件。征集了不乏珍贵和有价值的展品,其中有中国第一场篮球比赛的公告复印件,见证了篮球开始引进中国;有老一辈革命家包括毛泽东、周恩来、刘少奇等人关心天津体育的珍贵照片;还有跳水奥运冠军王鑫 2008 年在北京奥运会上穿的比赛服等。

(二)成熟的体育赛事活动

天津地区每年有大量的体育赛事活动,大多举办地在景区、公园或绿地,是体育旅游发展的雏形。如 2014 年开始的"天津市民健康跑",分别在北辰郊野公园、静海团泊湖、滨海新区窦庄通用机场等地举办;2016 年 9 月,"天津市全民健身运动会山地技能比赛暨 2016 年全国户外指导员综合技能挑战赛"在北辰郊野公园举办;2016 年 9 月,"全国群众登山健身大会"在天津 AAA 级景区梨木台成功举办;2017 年 5 月,在津南区海河故道公园成功举办"体旅融合助力全运"自行车城市定向赛;2017 年 7 月,"京津冀汽车露营大会暨山野徒步大会"在蓟州甘露山风景区举办;2017 年 7 月"天津市民城市定向体育旅游大赛"在天津市地标型建筑及景点举办;2017 年 11 月,"京津冀山地越野挑战赛"在蓟州区下营镇举办;2018 年 4 月,"天津市全民健身山地技能挑战赛"在天津环亚国际马术会举办;2018 年 5 月,"第二届京津冀山野露营大会"在蓟州区举办;2018 年 7 月,"全国徒步大会天津站暨天津市山野运动大会"在蓟州甘露山风景区举办;2018 年 6 月,"天津第三届体育旅游大会暨首届京津冀自行车挑战赛"在天津东疆湾景区举办;2018 年 10 月,"光大银行杯市民城市定向赛"在天津市内著名景点及地标建筑举办。这些赛事的举办都推动了天津体育旅游的发展。

(三)丰富的体育场馆

天津市各大体育场馆均为近年建成,基础设施水平在国内及国际属于领先水平,分布情况,南开区和静海区为块状,其他区为点状,能覆盖各级行政区域,按照建设及使用主体可大体分为市体育局场馆、区体育局场馆、高校体育场馆和其他体育场馆(见表6-1、表6-2、表6-3)。

表6-1　天津地区大型体育场馆

序号	场馆名称	所在地	建成时间
1	天津奥林匹克中心体育场	南开区	2007 年
2	天津体育馆	南开区	1994 年

序号	场馆名称	所在地	建成时间
3	天津网球中心	南开区	2013 年
4	天津市人民体育馆	和平区	1956 年
5	天津海河教育园区体育场	津南区	2012 年
6	天津海河教育园体育馆	津南区	2012 年
7	天津团泊足球场	静海区	2011 年
8	天津体育中心垒球场	静海区	2016 年
9	天津体育中心足球场	静海区	2016 年
10	天津体育中心橄榄球场	静海区	2017 年
11	天津体育中心自行车馆	静海区	2013 年
12	天津体育中心曲棍球场	静海区	2013 年
13	天津体育中心棒球场	静海区	2013 年
14	天津体育中心射击馆	静海区	2013 年
15	天津体育中心射箭场	静海区	2016 年
16	天津体育中心小轮车场	静海区	2016 年
17	天津奥林匹克中心游泳跳水馆	南开区	2010 年
18	天津海河教育园区游泳馆	津南区	2012 年

资料来源：根据相关文献资料整理得出。

表 6-2 天津地区高校体育场馆

序号	场馆名称	所在地	建成时间
1	天津城建大学体育馆	西青区	2016 年
2	天津城建大学体育场	西青区	2016 年
3	天津农学院体育馆	西青区	2016 年
4	天津财经大学体育馆	河西区	2016 年
5	天津商业大学体育馆	西青区	2016 年
6	天津职业技术学院师范大学体育馆	津南区	2016 年
7	天津科技大学体育馆	滨海新区	2016 年
8	中国民航大学体育馆	东丽区	2006 年

续表

序号	场馆名称	所在地	建成时间
9	天津工业大学体育馆	西青区	2012 年
10	天津师范大学体育馆	西青区	2012 年
11	天津体育大学体育馆	静海区	2016 年
12	天津体育大学体育场	静海区	2016 年
13	天津中医药大学体育馆	静海区	2016 年

资料来源:根据相关文献资料整理得出。

表 6-3　天津市区体育局体育场馆

序号	场馆名称	所在地	建成时间
1	东丽体育馆	东丽区	2012 年
2	宝坻体育馆	宝坻区	2016 年
3	天津滨海新区大港体育馆	滨海新区	1996 年
4	武清体育馆	武清区	2016 年

资料来源:根据相关文献资料整理得出。

在以上场馆中将文化产业和体育旅游产业融合较好的是天津市奥林匹克中心。天津市作为 2008 年北京奥运会的协办城市,将天津奥林匹克中心体育场设置成了足球比赛的分赛场,此场地及其训练场自 2007 年 7 月竣工来,先后完成 2007 年女足世界杯、2008 年奥运会、南非世界杯外围赛、2013年第六届东亚运动会、2017 年天津全运会的比赛任务,充分展示了天津承接重大赛事的能力。

第三节　天津市体育文化创意产业的发展现状

一、天津体育文化创意产业的设施现状

目前天津全市体育设施总面积达到 3118.7 万平方米,人均达到 2012 平方米,高于全国平均水平;拥有各类体育场馆 8000 多个,具备比赛和训练条件的场馆有 110 多个;此外还有 15 个标准高尔夫球场、8 个高尔夫练习场和马球场等时尚体育休闲场所。"十二五"期间,天津市已建 1500 个健身园,并开设了 30 个体育公园。截至 2015 年底,天津已建成 5323 个健身园、92 个体育公园、63 个全新的乡镇文体中心,不仅如此,为了方便城乡居民健身,不仅为其安装了免费的健身设施,而且也已经建设的初具规模。为了提高天津市民在体育活动中的参与度,天津市非常重视体育休闲活动的发展。不仅举办了适宜全民健身的"体彩杯",也举办了中国·海河龙舟节、新年步步高登天塔比赛等,这一系列体育休闲活动都是为了鼓励天津市全体市民积极参与进来,丰富市民的精神娱乐活动,也增进市民之间的情感交流,继而促进天津市创意产业发展环境更加和谐、融洽。

正是因为天津市体育产业快速发展,也推动了体育服务业的不断完善。天津市经营性体育活动场所有 400 多家,以经营体育健身为主的服务场所有 1100 多家,体育传媒有 200 多家,体育经纪人有 400 多名。为了更好地完善体育指导员的培训方法,编印了《运动健身指南》。经过统计,天津市体育社团已有 200 多个,培养了社会体育指导员 29000 多名,并且体育彩票的销售额较上一年增长了 16.8%。由此可以看出,天津市体育市场正趋于完善。

为了更好地提升天津市体育产业的整体规划,天津市颁布了相关的政策,于 2015 年 7 月正式颁布了《关于加快发展体育产业促进体育消费的实施意见》,不仅明确了体育产业的发展目标,也确定了体育产业的重点任务,不仅引导了天津市体育创意产业的发展方向,也切实对天津市体育创意产业的发展给予了必要的鼓励,这对提升当地文化软实力有着重要的意义。

二、天津体育文化创意产业功能现状

(一) 从文化创意的维度来讨论

我们研究体育文化创意就必须涉及体育文化创意功能这一问题,根据文化创意功能这一特征来讨论文化创意问题,我们需要从多层次多维度的角度来讨论。体育文化创意不仅具有丰富的内涵,且从发展规律的角度来说,这个过程不仅要符合社会的发展规律,而且要符合人们个性的发展规律,这就需要我们在实施文化创意功能的过程中不断协调文化创意的因素,利用这些相关的因素促进体育文化创意功能的不断完善和发展。为促进人们对文化创意维度的正确理解,我们接下来从以下几个方面进行分析。

1. 文化创意影响人们的思想意志

既然我们研究的是体育文化创意,自然"思想"就是其中最为重要的组成部分。我们所说的思想不仅是头脑,还有心理,只有对这两方面都产生了影响,才算是有效的文化创意。但是单纯地从思想的角度来说,这里不仅包含着正确的思想,还有错误的思想,正确的思想可以促进社会的进步和人类的发展,错误的思想会阻碍社会的进步以及人类的发展。但是根据什么来判断这个思想到底是错误的还是正确的,就需要我们基于文化创意功能来讨论。体育文化创意功能重要的一点就是对受文化创意者造成直接的影响,可以通过改变受文化创意者的观念,从而增强受文化创意者对科学的理解,最直接的表现就是受文化创意者可以通过被文化创意为社会提供持久的发展动力。思想的力量是很大的,且是最不容易摧毁的,这里我们就可以将思想看成是人们的意志。因此,思想的文化创意有很多面,这也就是我们说的维度。坚持体育文化创意的维度建设,不仅可以促进受文化创意者更加科学、合理地看待世界的发展,也可以让人们在从事社会实践活动时,有更加积极的心态,促进社会上正能量的传递。

2. 文化创意引导人们形成正确的理念

社会的和谐与统一需要我们每个人的努力,但是在这个过程中总是会出现不同的声音,在当今时代我们尊重不同声音的出现,但是有的时候是"不好的声音",这些"不好的声音"不仅破坏了人与人之间的沟通和信任,还破坏社会的稳定与和谐,严重的情况会危害人们的人身安全和财产安全。

因此,需要加强对人们的体育文化创意,加强人们的文化思想创意主要就是引导人们往正确的思想轨道行驶,这就是我们强调的引导功能,需要社会各个层次的共同努力,不仅仅是国家政策的支持,还需要文化的渗透以及经济的帮助,在这些因素的共同影响和协调发展之下,才能更好将体育文化创意的引导功能激发出来,帮助人们树立正确的观念,找到自己实现理想的正确途径,这样才能为社会的发展注入新的血液,保证社会的发展具有持久的活力。

3. 文化创意塑造人们的道德品格

道德是一个人最基本的品质,体育文化创意是培养人们道德最为重要的途径。因此,为了保证人们在成长过程中具备最基本的品德和良好的道德,我们就需要完善体育文化创意。道德文化创意体现的范围十分宽广,不仅仅是传统意义上的谦让、孝顺、友善等,还有就是在社会中强调的道德行为。我们通过道德的建设不仅会促进社会的发展,也可以促进人们更好的发展。

(二)从意识形态角度讨论

根据社会的发展来看,体育文化创意这个过程是社会发展的重要阶段,也是不可避免的阶段。根据体育文化创意的意识形态,在学术界有着激烈的讨论,并且现在依旧没有统一的说法。但是却有着大家都不否认的观点,就是在体育文化创意中包含着非意识形态的内容。那么,我们在讨论体育文化创意的过程中,我们就必须从两个角度来讨论这个问题:一个是意识形态的角度,一个是非意识形态的角度。

1. 意识形态的角度

我们在讨论意识形态时不可避免地就是针对意识形态的作用进行分析。意识形态强调的是文化创意的社会功能,更多的是对文化创意内容的一种整合,为的就是更好地实现社会的统一。我们不可否认的是在意识形态中带有明显的政治性与阶级性,根据这一点我们可以分析出,意识形态的功能还有一点就是"帮助统治阶级稳定其统治地位"。通过意识形态的角度来分析,我们就可以判断这个角度发展的文化创意功能也具有一定的阶级性。因此,从这个角度来说,我们可以利用这个功能来凝聚社会力量,提升人们的思想素质。但是我们需要注意的一点就是,我们这里说的文化创意

途径是培养,并不是违背自然发展规律的强制学习。违背自然发展规律的
事件都是不可能长久持续的行为,因此在现实文化创意的过程中我们需要
注意到这一点。

2. 非意识形态角度

这个角度的体育文化创意具有与上面不一样的特征。非意识形态中也
包含文化创意的社会性,但是这里的社会性强调的是一种人们的普遍需求。
经过不断的协调和发展,体育文化创意已经越来越重视人的重要性,并在文
化创意功能中将人的主观能动性作为文化创意功能中的重点体现,强调环
境对人的影响,或者说强调环境对文化创意的影响,注意文化创意过程中人
的心理发展轨迹。

第四节　天津市体育文化创意产业的
制约因素分析

一、从政策角度分析

　　"十二五"时期,天津市不仅颁布了宏观战略政策,也颁布了对相关行业的支持政策,这些政策虽然切实保障了当地创意产业快速发展,但政策在具体实施的过程中却没有达到最初既定的目标,并且在落实政策的过程中也没有及时给予必要的跟踪,直接导致落实质量比较低。2014年10至12月,南开大学会同天津市工商联开展了对天津市出台的《中共天津市委、天津市人民政府关于进一步加快民营经济发展的意见》简称"民营经济27条的调查"。此次调查针对全市范围展开,其划分范围有:行业、区县、企业规模,供给10850份问卷,有效问卷为9783份。从整体上看,68.2%的企业认为此项政策对于经济发展有一定的作用;65%以上的企业认为对市场环境的整合,经济发展与创新有直接推动作用。但对于政策宣传问题,很多企业都表示并不到位。根据调查显示,53.4%企业只是对政策有初步了解,但却不清楚具体的内容;6.7%企业直接表示不知道此项政策。针对这样的情况,很多企业表示即使企业在经营过程中出现了一系列问题,但由于对政策的了解比较匮乏,也不知道该去什么部门寻求帮助,自然也就无法进行深度的解读。在相关的调查中可以发现,很多企业表示现在的经营成本正在上升,并且市场环境并不十分乐观,很多企业的订单难以满足企业正常运转的需要,这样不仅导致利润空间下降,更重要的是行业门槛提高之后,各项费用标准也随之上升,这必然会阻碍天津体育文化创意产业的发展。

二、从政府管理角度分析

　　虽然在"十二五"期间,天津市在文化管理体制方向进行了多项改革,并且颁布了相关的政策。但从实际发展角度来讲,天津市现有文化创意管理体制仍然有很多地方未能理顺,这样不仅制约了文化创意产业的发展,也导致市场空间不断萎缩。经过研究可以发现,造成这种现象最为主要的原因就是管理部门职能划分不明确,明显存在职能交叉的现象,并且很多管理机构的责权划分也不明确。天津市的文化产业由市委宣传部管理,创意产业由天津市发展和改革委员会管理,这两个机构分别对同一个文化产业园区授牌,不仅分别下达统计指令,在宣传业绩时也要重复申报。正是因为这样的情况仍然存在,很多文化创意企业往往为了应付不同的管理机构而无法明显凸显自身的特性,这对规范文化创意市场产生了消极影响。在这种管理模式下,机构之间的竞争直接造成了文化投资重复、资源浪费等问题的发生。由于天津市文化管理体制并未完善,才导致在文化创意产业竞争日趋激烈的今天,在本身发展资源就有限的情况下,文化产业的发展资源无法合理配置。若是本土文化产业的管理体制不改革与创新,很难在发展过程中获得更多的资源,自然也无法突出天津市文化创意产业的特色,对体育文化创意产业的发展也会造成较大的阻碍。

三、从文化消费问题角度分析

2005 年,天津市文化消费总量为 98.46 亿元,至 2012 年底增长为 188.44 亿元,年平均增长率为 11.4%,增长速度加快。2005 至 2012 年,天津人均文化消费由 1283.7 元增长为 2300 元,年平均增长率为 9.89%,也在快速增长的空间(见表 6-4、表 6-5)。但经过调查可以发现,2014 年天津市文化产业增加值为 710.19 亿元,占 GDP 比重为 4.52%;2015 年文化产业增加值为 784.42 亿元,占 GDP 比重为 4.74%;2016 年文化产业增加值为 820.28 亿元;占 GDP 比重为 4.49%。天津市文化消费总量增长速度不仅下降,更重要的是文化消费总量整体排行量也从第 17 位下降为第 21 位(见表 6-6),更重要的是全国文化消费总额增长率为 19.84%,天津市为 12.33%,低于全国 7.51 个百分点。造成文化消费增长缓慢的因素有很多,首先是居民收入增长缓慢,可支配收入较少,并且收入差距逐渐拉大,但相对来说物价上涨,很多居民为了应付生活中其他必要开销,自然就会减小在文化消费上的投入。其次,文化产品供给单一,现在本身就是新媒体时代,在互联网快速发展的今天,单一的文化产品供给模式明显已经无法满足居民日益增加的需求,这样不仅造成与居民实际需求脱轨,更重要的是导致无法激发居民的消费欲望,这对文化产品供给市场的发展自然也是不小的打击。最后,消费主体观念落后,文化消费毕竟是一种新的消费观念,在很多居民眼中这种消费观念与自己传统的消费观念有所冲突,由于很多居民的消费观念为节约型消费,其财富更多地愿意放在投资及存储上,其本身就不太愿意参与到文化活动之中,自然也就不愿意在其中过多消费。

表 6-4 2005—2012 年天津市文化消费总量增长情况

单位:亿元,%

项目年份	2005	2006	2007	2008	2009	2010	2011	2012
文化消费总额	98.46	112.36	128.26	127.12	138.99	152.90	171.75	188.44
年度增长率	100	14.12	14.14	−0.89	9.33	10.01	12.33	9.72

资料来源:根据文化产业统计年鉴相关数据整理得出。

表 6-5 2005—2012 年天津市人均文化消费增长

单位:元,%

项目年份	2005	2006	2007	2008	2009	2010	2011	2012
人均文教娱乐消费	1283.7	1452.2	1639.8	1609	1741	1900	2116	2300
年度增长率	100	13.12	12.92	−1.88	8.20	9.11	11.40	8.69

资料来源:笔者根据文化产业统计年鉴相关数据整理得出。

表 6-6 2005—2012 年天津市文化消费总量全国排行

单位:亿元,%

项目年份	2005	2006	2007	2008	2009	2010	2011	2012
文化消费总额	98.46	112.36	128.26	127.12	138.99	152.90	171.75	188.44
占全国城镇份额	1.62	1.64	1.65	1.56	1.54	1.45	1.36	1.32
全国排序	–	17	18	27	17	19	20	21

资料来源:根据文化产业统计年鉴相关数据整理得出。

第七章　天津市体育文化创意产业与
经济发展的相关性分析

第一节　体育文化创意产业的供给与需求

一、体育文化创意产业的供给端分析

(一) 产业政策环境不断优化

作为新兴绿色产业,体育文化创意产业成为国家大力发展的产业之一,国家层面和地方政府层面都给予了大力支持。在产业政策方面,我国已经制定了一系列支持、鼓励文化创意产业的政策,主要有财政部、文化部等十部委联合发布的《关于推动我国动漫产业发展的若干意见》;中宣部、中央文明办、教育部、民政部、文化部的《关于运用传统节日弘扬民族文化的优秀传统的意见》;财政部、中宣部联合发布的《关于进一步支持文化事业发展的若干经济政策》;财政部、海关总署、国家税务总局《关于文化体制改革试点中支持文化产业发展若干税收政策问题的通知》;五部委制定《关于文化领域引进外资的若干意见》;文化部发布《文化建设“十一五”规划》等,产业政策的不断完善为体育文化创意产业的发展营造了优越的产业发展环境,加大了产业供给。

天津市为落实国家《“十二五”时期文化改革发展规划纲要》以及文化部出台的《倍增计划》等政策,通过解读国家的政策,出台了相应的落实方法。例如:《关于贯彻落实服务贸易发展“十二五”规划纲要实施意见的通知》和《天津市创意产业发展“十二五”规划》等。通知和规划旨在加大天津在国际文化市场中的竞争力度,用五到八年的时间培养一批有国际竞争力的企业和基地,打造一批具有特色的文化贸易重点项目和搭建文化贸易平台,培育一批文化专业的人才,以推动我市文化贸易发展水平走入国际前列。地市

层面上相关政策有《关于鼓励发展文化创意产业的奖励方法》《天津市文化产业振兴规划》《关于推进滨海新区文化体制改革的意见》等政策。其中,最具有显著特点的是《关于鼓励发展文化创意产业的奖励方法》。这项政策主要由中共滨海新区汉沽工委、滨海新区汉沽管理委员会出台。目的是为推动汉沽文化创意产业的繁荣发展。该政策明确规定了政策的适用范围,详细解释了鼓励方案,奖励标准、方法以及额度,扶持力度大,针对性强。是天津文化创意产业地市政策的范本。除此之外,天津市还针对某些园区发布了入园优惠、税收优惠等政策,扶持园区发展,推动文化与体育产业深度融合,提升体育产业的文化内涵。支持品牌赛事、体育传媒、运动休闲、体育培训、体育表演、智力体育、体育影视、体育动漫、电子竞技等体育服务业发展。加强对品牌体育赛事文化内涵的深度挖掘,培育一批知名度高、竞争力强的运动品牌。促进体育衍生品创意和设计开发,打造文化体育产业集群。引导建设一批文化体育、智能体育产业园和集聚区,争创一批国家级运动休闲特色小镇。

(二)企业产值不断提升,对未来预期呈现良好态势

根据国家统计局的数据,2018年全国规模以上文化及相关产业企业营业收入增长8.2%。从大的产业环境看,中国体育产业人口和产值保持增长趋势,预计2025年产业人口将达到5亿。中国体育产业产出增加值逐年上升,2017年达到7811亿元,增长势头明显。目前,体育产业已形成上游资源生产、中游产业运营与传播和下游产品到达的完整产业链,同时融合新业态形成了新的经济效益增长极。在利好政策的驱动下竞技体育、场馆服务等相关产业积极转型,同时智慧场景的打造也将为体育产业带来新的机遇。

党的十八大以来,中国文化创意产业发展态势良好,得到国家政策、经济、社会、科技等条件的支持。随着消费升级,以及全民文化意识的提升,文化创意产业总体营收规模不断扩大,供给呈现缺口。根据艾媒咨询的数据显示,中国文化创意产业的发展具有以下趋势:传统文化通过科技呈现更高级的文明,5G发展为文化创意产业带来更多机会,基于大数据的文化创作正在普及,区块链文化版权保护发展等。企业的发展前景使得企业对未来的预期持乐观态度,有利于产业供给。

（三）全民创新意识强

"大众创业、万众创新"出自2014年9月夏季达沃斯论坛上李克强总理的讲话。李克强提出,要在960万平方公里土地上掀起"大众创业""草根创业"的新浪潮,形成"万众创新""人人创新"的新势态。自此以后,结合"互联网+"新趋势,众多产业都逐渐融入互联网新思维,体育文化创意产业也不例外。从数据层面看,2018年中国手机游戏用户规模达到5.65亿人、音乐客户端用户规模达到5.43亿人、动漫用户规模达到2.76亿人,体育文化创意产业的供给正呈现出大众创新的趋势。

网络的发展和互联网的普及不仅催生了许多新的业态,如"网红经济"等,也为体育文化创意产业的发展注入新动力。全民参与、全面创新的氛围正在逐渐形成,许多体育文化创意产业的创意设计采用征集的形式,激发消费者不断创新思路和想法,同时这种参与热情也推动了体育文化创意产业不断发展。体育文化创意产业的产业供给也在逐渐打破企业的边界,不再局限于具体的企业形式。人人皆有创意,人人皆可创业,在全民创新的大浪潮下,体育文化创意产业的供给端表现出遍地开花的趋势。

二、体育文化创意产业的需求端分析

（一）消费者的收入水平不断提升

2017年全国居民人均可支配收入25974元,比上年增长9.0%,扣除价格因素,实际增长7.3%。全国居民人均可支配收入中位数22408元,增长7.3%。按常住地分,城镇居民人均可支配收入36396元,比上年增长8.3%,扣除价格因素,实际增长6.5%。城镇居民人均可支配收入中位数33834元,增长7.2%。农村居民人均可支配收入13432元,比上年增长8.6%,扣除价格因素,实际增长7.3%。农村居民人均可支配收入中位数11969元,增长7.4%。按全国居民五等份收入分组,低收入组人均可支配收入5958元,中等偏下收入组人均可支配收入13843元,中等收入组人均可支配收入22495元,中等偏上收入组人均可支配收入34547元,高收入组人均可支配收入64934元。全国农民工人均月收入3485元,比上年增长6.4%。

回归到地方层面,根据2018年《天津市国民经济和社会发展统计公报》

的数据,2017年全市居民人均可支配收入为37022元,比上年增长8.7%,全年全市居民人均可支配收入37022元,增长8.7%。全市居民人均消费支出27841元,增长6.6%,其中,医疗保健、教育文化娱乐、食品烟酒支出分别增长18.1%、12.0%和7.8%。从中不难看出,消费者的人均可支配收入在逐年上升,人均消费支出也在不断上升,收入增加刺激的消费需求也在不断提升,消费者有更多的可支配收入用于生活消费的方方面面,对体育文化创意产业的需求也同样在提升。

(二)消费者追求高质量的闲暇生活

随着社会经济的发展,人们的收入和生活水平在不断提高,消费需求也必然随之产生变化,主要体现在消费观念和消费方式的变化。消费观念上,人们更加注重生活质量的提升,绿色消费的意识在不断增强,体现了对文化生活等精神层面而非物质层面的追求,同时更加注重身体健康;消费方式上,更加合理化,消费者愿意在丰富精神生活、增强身体素质方面投入更多。伴随着人们收入水平的不断提升和闲暇时间的增加,以及对生活质量的要求越来越高,人们对文化健身的需求日益增强,这也为文化创意产业的发展创造了优越的市场空间。2018年天津市全民健身活动状况大数据的调查结果,2018年天津市经常参加体育锻炼人数比例达到41.3%,与2017年相比,增长3.2个百分点,运动有利健康的意识大幅传播。天津地区居民参加体育锻炼的目的前三位是:一是增强体质,占比30.1%;二是增加体力活动,占比21.9%;三是丰富业余生活,占比15%。随年龄增长,增强体质、防病治病的比例增高。由此引发了一波健身热潮,天津市政府相关部门也先后发布了《天津市全民健身实施计划(2016—2020年)》《天津市体育强市指标体系》等政策文件,我国健身行业的市场规模也有望突破千亿大关,消费者偏好的改变拉动了体育文化创意产业的需求。

(三)消费者规模不断增加

需求理论表明,消费者规模会对消费者需求产生影响,当消费者的数量增加时,需求随之增加,反之则减少。如前所述,体育文化创意产业的消费者规模在逐年递增。放宽至体育产业,中国体育产业规模呈现不断扩大态势,预计2025年将超过5万亿元。中国体育消费新兴业态发展迅猛,场馆服务、体育培训、体育赛事总体规模不断扩大,2018 年分别达 1808.3 亿元、564.1 亿元和 2500.0 亿元。数据显示,2017 年中国体育用品和相关产品制造总产出占体育产业总产出的 61.4%,超过一半的体育产业产出为体育用品和相关产品制造。2017 年阿里"双十一"体育消费总额达 60 亿元,同比增长 17.6%。以安踏、李宁等中国本土运动品牌营收来看,得益于线上线下的业务发展,2017 年安踏营业收入达到 166.92 亿元,相较 2016 年增长 25%,同时虎扑识货、KEEP 等电商也逐渐崛起。艾媒北极星互联网产品分析系统数据显示,2018 年 3 月,KEEP App 月活用户数量超过 1500 万人,环比增幅 4.9%;识货 App 月活用户数量超 100 万人,环比增幅 6.3%,中国体育消费新兴业态发展迅猛。此外,场馆服务、体育培训、体育赛事总体规模不断扩大,"体育+"工程促进体育与传统旅游、文化产业的跨界融合开始成为体育消费的新兴发力点。

综上所述,无论是供给端还是需求端,伴随着产业政策环境不断完善、企业产值不断增加和消费者收入水平及消费者规模的不断提升,体育文化创意产业的供给与需求均表现出较好的发展趋势,这也为产业的蓬勃发展奠定了良好的市场基础。

第二节　体育文化创意产业的产品价值链

一、体育文化创意产业的产品价值链构成

产品价值链分析法最早是由著名经济学家迈克尔·波特提出的"价值链分析法"，他把企业内外价值增加的活动分为基本活动和支持性活动。其中基本活动涉及产品生产、销售、进向物流、去向物流、售后服务。支持性活动涉及研究与开发、采购、计划、财务、人事等，它们共同构成了企业的价值链。但在有些价值活动中，并不是每一个环节都会产生价值，只有某几个特定的价值活动才能真正创造价值，这些活动被称为价值链上的"战略环节"。因此，企业要想在市场中保持竞争优势，就是要保持在价值链上"战略环节"的优势。当运用价值链分析法来分析企业的核心竞争力时，企业要密切关注和培养在关键环节上获得核心竞争力，要特别关注企业的资源状态，从而形成企业在市场上的竞争优势。企业的优势可以来源于企业间合作价值链或协调带来的最大化效益，也可以来源于价值活动所涉及的市场范围的调整。

但与传统的产业不同，体育文化创意产业更注重文化创意与体育相关产品生产或服务提供，以知识创造为主，因此企业的生产经营活动始于创意策划。此外，体育文化创意产业的价值链还有两个突出的有别于传统产品价值链的特点：一是文化创意的设计需要借由高技术的处理和加工才能使其价值得到显著提升，因此研发和设计成为体育文化创意产品生产的基本活动。而保证技术处理和研发顺利进行的前提是具有创新意识和创新能力的人才，因此人力资源不是价值链中的支持活动而是基本要素投入。二是在体育文化创意产业的产品价值链中，除了创意设计占主导地位外，市场营销和产品推广会对产品价值链的增值过程起到关键性作用，这也是由体育文化创意产业高附加值的特点所决定的。

二、体育文化创意产业的价值链分析

如前所述，体育文化创意产业始终围绕"文化创意"这个主题展开，结合

其产品价值链特点,体育文化创意产业的价值增值活动以"创意—生产—市场"(习哲馨,2016)为主线,最终实现由文化创意到产品,到商品,最后到消费品及衍生品的演化过程。这个过程可分解为五个阶段:创意内容生成、创意投资开发与生产、创意推广与销售、创意消费与体验、衍生品开发这五个阶段。创意内容生成是体育文化创意产品的生产前提,在该阶段主要依靠创意者的灵感和智慧来塑造产品的核心价值,因此作为知识经济的产业,人才是体育文化创意产业的首要资源。广义的创意人才包括艺术家、音乐家、建筑师、科学家、演员、设计师、文学家、画家及其他知识型专业人士,对体育文化创意产业而言,创意人才主要有设计师、画家、建筑师及广大富有创新思维和创新内容的产品消费者,他们为体育文化创意产品的设计贡献了许多宝贵的创新思路。

在创意投资与开发阶段,主要的参与主体是生产商,通过对前期创意内容及创意作品的筛选,借由高科技手段和现代化管理方法对创意产品进行制作生产,是将创意内容转化为市场化实体产品的重要环节。这一阶段是体育文化创意产业的产业化初期阶段,在这一阶段,零散的创意通过实物体现,进入产业化、规模化的生产通道。同时,不同类型的企业在这一价值增值过程中履行的职能各不相同,可以将企业分为辅助服务类企业和生产类企业。

到了创意推广与销售阶段,产品价值需要通过运营商这一参与主体来进行宣传与增值,运营商通过有计划的营销和传播活动,将体育文化创意产品打开市场,使得消费者知道并了解产品特点和内在价值,这是创意内容市场化的第二步,运营商通过挖掘产品特点,宣传产品属性,满足消费者现有需求或挖掘消费者潜在需求,引导、培育消费者群体,使产品中蕴含的文化内涵、体育内涵和文化理念为消费者所接受并产生购买意愿。这一阶段所涉及的企业主要有销售商、媒体运营商和贸易商等。

在创意消费与体验阶段,参与主体变为消费者。营销的过程就是满足消费者需求或挖掘消费者潜在需求并使之得到满足,因此消费者是整个产业价值链存在的前提。在体育文化创意产业的市场上,消费者借由产品或服务表达自我价值观念、实现自我价值、满足精神需求,这是整个市场的基础。同时,消费者体验是产品改进的动力和方向,体验信息也在市场上得以传播,传递了产品的内在创意和思想,进而形成新的社会潮流,使体育文化创意产品可以进一步实现价值增值。在当下的许多新兴业态中,消费者的创意或观念甚至成为产品灵感来源,消费者变身为创意活动的主体。

衍生品开发阶段是产品价值链的扩展和延伸,体育文化创意产品在原有的生产创造销售基础上进入一个新的循环。价值创造过程中价值链越长,所产生的价值就越大。衍生品的开发加速了产品价值链的扩张,实现由点到面的蜕变,而且衍生品往往也是高附加值产品,进而实现了体育文化创意产品的价值最大化。

体育文化创意产品的价值在各个产业链上的各环节之间进行传递和增值,最终呈现给消费者产品或服务的形式。价值链上创意内容是首要,是整个产品的灵魂,生产制作使灵感创意市场化、实体化,销售与推广则是宣传解说产品价值的过程。体育文化创意产业发展,消费品进入一个新的循环,也是扩大内在价值的过程。

第三节　文化创意产业的外在表现力和
内在支撑力分析

体育文化创意产业的市场竞争力,除了分析它的供给与需求、还包括体育文化创意产业的外在表现力和内在支撑力。结合体育文化创意产业的特点,外在表现力主要分析市场影响能力、价值创造能力和产业提升能力,内在支撑力主要是分析信息技术、人力资源及企业文化。

一、体育文化创意产业的外在表现力分析

(一)体育文化创意产业的市场影响能力

体育文化创意产业尽管不是金融业等国民经济的支柱产业,但因其产业特性发挥了部分社会文化传导功能。体育文化创意产业的市场影响能力主要表现在两方面:一方面,其受产业政策的影响较大。体育文化创意产业在一定程度上揭示地区产业政策倾向,若公共管理部门对其倾注精力较多,结合该地区的体育文化背景,则能得到较好的发展,对居民生活和市场影响较大。另一方面,体育文化创意产业同其他产业关联较大,因此有着牵一发而动全身的市场影响能力。一个地区的体育文化创意产业若发展较好,则其关联产业也能被相应带动起来,从而产生产业间的联动效应。

以体育赛事为例,一场大型体育赛事的举办同时能带动新闻业、制造业、广告业、会展业等的发展。随着我国举办各种大型体育赛事能力的提高,体育文化创意产业作为体育产业新的增长点也呈现出良好的发展态势。天津奥林匹克中心体育场位于天津西南部的奥林匹克中心内,占地34.5公顷,建筑面积15.8万平方米,总投资14.8亿元,2003年8月动工。设计方案是由日本佐藤综合计画公司完成的,整体上突出了"绿色奥运""科技奥运"和"人文奥运"三大理念。整个中心体育场占地7.8万平方米,建筑面积15.8万平方米,该体育场南北长380米,东西长270米,高53米,设计分为六层。既可满足国际足球和田径比赛要求,而且还设有卖场、展馆、会议厅、健身室等多项辅助设施,是集群众休闲、娱乐、健身、购物为一体的综合性体育场。

(二)体育文化创意产业的价值创造能力

体育文化创意产业的价值创造能力不仅仅体现在发挥产业价值和经济价值方面,总的来说,它的价值创造能力表现在政治、体育、经济和科技四个方面。在政治方面,一个地区体育文化创意产业的发展往往决定着文化"软实力"的高低,如北京在成功举办奥运会后其政治影响力在国际舞台上有了很大提升。在体育方面,体育文化创意产业与体育产业息息相关,其产业发展和价值创造既受体育产业的影响,同时作为后起之秀也在影响和改变着地区的体育发展,使体育更加大众化、多元化和亲民化,为体育和体育产业赋予了更丰富的内涵。在经济方面,作为一个新兴绿色产业,其所创造的经济价值是不容忽视的,同时体育文化创意产业以其超强的辐射能力带动关联产业的发展,为中国经济市场的可持续发展贡献了力量。在科技方面,体育文化创意产业离不开创意,而将创意产业化和市场化就需要科技的支持,这也在一定程度上催生了科技的发展。

(三)体育文化创意产业的产业提升能力

体育文化创意产业的产业提升能力主要表现在提升产业基础能力和产业链水平两个方面。首先,产业基础能力是指基础零部件、基础材料、基础工艺、基础技术。中国社会科学院工业经济研究所研究员李晓华认为,产业基础能力是在价值链和产业链上游对产业发展具有决定性影响和控制力的能力。作为新兴环保产业,体育文化创意产业对基础零部件、基础材料、基础工艺和基础技术要求相比其他制造业企业要低,看似其对产业基础能力的提升作用不大,但作为极富创意的产业,将创意或者想法理论化或市场化就需要基础工艺、技术和材料等的支撑,这在一定程度上提升了产业基础能力。其次,具有文化创意产业的产业链水平的提升作用主要表现在体育文化创意产业极强的产业集聚和产业关联效应,因其产业特性同文化产业、创意产业等存在密不可分的关系,对提升上下游关联产业发挥着较好的带动作用,从而推动了产业链水平的提升。

二、体育文化创意产业的内在支撑力分析

随着互联网技术的发展,体育文化创意产业开始进入人们的视野并得

到充分发展,全球体育文化创意产业蜂拥而起,中国尽管起步稍晚,但近几年在相关部门的扶持下发展前景一片大好。从体育文化创意产业的内在支撑力看,信息技术、人力资源和企业文化都在影响着体育文化创意产业的发展。

（一）体育文化创意产业的信息技术分析

从发展因素入手,信息技术对体育文化创意产业的推动作用是巨大的。体育文化创意产业中的创意部分是对传统文化的再创造,一方面,调整了传统体育文化产业的发展方向,促进经济增长的同时优化产业结构;另一方面,信息技术的融入增加了传统体育文化产业的文化附加值。同时,体育文化创意产业对信息技术的要求也是较高的,很多创意因素都需要信息技术或互联网技术做支撑,互联网技术的发展和网络的普及为体育文化创意产业创造了得天独厚的传播条件。

以北京奥运会的主会场中国国家体育场（鸟巢）为例,鸟巢坐落于奥林匹克公园建筑群的中央位置,地势略微隆起。它如同巨大的容器,高低起伏的波动的基座缓和了容器的体量,而且给了它戏剧化的弧形外观。这些构造共同汇聚成网格状,从而形成一个由树编织成的鸟巢。鸟巢在设计时并没有被数码屏幕和过于强调技术的大跨度结构所束缚,同时又能满足体育场所有的技术要求和功能要求。这样的设计为北京奥运会创造了史无前例又独一无二的标志性建筑,场馆的空间效果简洁古朴,同时又独具创意。国家体育场设计大纲对体育场馆设计的要求是："国家体育场的设计应充分考虑以信息技术为代表的,包括新材料和环保等技术的高新技术。在节能、智能化、建材、环保、通信、建筑、结构、信息和景观环境等方面,通过采用先进的、可靠的、成熟的高新技术成果,将国家体育场建设成为一个具有信息服的通信手段、坚实可靠的安全保障、以人为本先进舒适的比赛环境特点的新型场馆。在设计中体现奥运场馆的科技先进性和时代性,使其成为展示中国高新技术成果和创新实力的一个窗口。"

（二）体育文化创意产业的人力资源分析

依托于信息技术,体育文化创意产业的发展有了更好的传播途径和市场化技术,但创意始终离不开人才,因此人力资源也是体育文化创意产业发展的关键内在支撑力之一。总体来看,体育文化创意产业对人力资源的需求主要体现在管理人才和创意人才方面,纵观各区域体育文化创意产业的发展现状,人才缺口是共性发展劣势。一方面,我国各大高校和科研院所对体育文化创意人才的输出不足,鲜有高校有对口专业,这从源头上限制了体育文化创意产业的人力资源发展;另一方面,体育文化创意产业在国内尚处于成长阶段,人才配备、资源配置等都有待完善,管理人才所具备的管理经验不足,难以结合各地区个性特征开展管理工作。此外,人才引进工作较难开展,因我国各地区经济发展水平差异较大,尽管都出台了相应的人才引进政策,但效果不尽如人意,制约了当地体育文化创意产业的发展。

天津奥林匹克中心体育场是第29届奥运会足球预选赛赛场之一。其昵称为"水滴",位于天津的西南,成为滨海城市天津的地标建筑。这座占地面积8万平方米的体育场,总建筑面积15.8万平方米,功能齐全,设施先进。体育场主体结构南北长407.3米,东西宽284.6米,标高53米,设有主席台座位518个,记者席座位272个,观众席座位6万个,配备卖场、展馆、会议厅、健身房等辅助设施,集休闲、娱乐、健身、购物等功能于一体。竞赛场地设计了8条400米椭圆形跑道,一条直线道可供足球及田径比赛,此外场地内还可以举办大型文艺演出、集会和展览等活动,是中国足球超级联赛中的天津津门虎足球俱乐部的主赛场。

(三)体育文化创意产业的企业文化分析

相比于信息技术和人力资源,作为体育文化创意产业的内在支撑力,企业文化所发挥的支撑作用看似不明显,但不难发现体育文化创意产业因其产业特性,在企业文化内涵上具有一些共性的特点。首先,体育文化创意产业核心在于创意,而创意人才或创意想法的诞生需要一个开放包容的文化环境作为外部条件,因此体育文化创意企业的企业文化离不开开放包容。其次,由于体育文化创意产业同时兼具公共产业的色彩,许多体育文化创意项目的牵头和举办都是由政府部门主导,因此它同时又有其他纯市场化产业所不具备的政治性。再者,随着国家"市场在资源配置中起决定性作用"的号召,体育文化创意产业也逐渐呈现出政企合作的模式,因此合作也是体育文化创意产业的企业文化内涵之一。

以2008年北京奥运会主赛场鸟巢的建造为例,以前的体育场馆建设都是社会公益项目,大多由政府投资,主管部门经营,当出现财务亏损时由政府予以补贴,导致许多体育场馆在建成后成为政府财政的"拖累"。北京决定改头换面,面对史无前例的最大规模体育场馆建设,在参考国外先进经验的基础上,以市场经济的思维方式,积极探索"政府引导,市场化运作"模式,加快机制和体制创新。同时,为吸引投资商,除国资公司代表政府投资58%外,北京在拆迁、土地转让等方面给与大幅度的优惠措施,以解决投资商对国家体育场投资额度大、赛后运营成本高的担忧。

最后,伴随着"大众创业、万众创新"的全民创新浪潮的兴起,体育文化创意产业得到了较好的发展,"人人皆有创意,人人皆可创新"极大程度地助推了体育文化创意产业的蓬勃发展,因此大众化和创新也是体育文化创意产业或企业应具备的企业文化内涵。

第四节　体育文化创意产业的市场结构分析

所谓市场结构,是指某一市场中各种要素之间的内在联系及其特征,包括需求者之间、市场供给者之间、供给和需求者之间以及市场上现有的需求者、供给者、正在进入该市场的供给者之间的关系。根据产业经济学的研究理论,市场结构分析主要围绕市场集中度、进入退出壁垒、产品差异化、市场需求增长四个方面进行。

一、市场集中度过高,产业结构不合理

市场集中度是指特定市场中最大的企业所占的销售份额。纵观我国体育文化创意产业的地域分布,不难发现,我国的体育文化创意产业存在东部和沿海地区蓬勃发展而中西部地区发展缓慢的现象,呈现出由东到西逐渐减弱的趋势。从产业结构看,体育文化创意产业中的某几个产业在某些地区发展势头迅猛,而其他相关产业发展则较为滞后。从空间结构分布上看,体育文化创意产业主要集中在省会或中心城市,表现出由中心向周边城市扩散的特点。究其原因,主要有三点:第一,我国的经济发展历来呈现出东强西弱的局面,东部沿海地区借助地域优势和交通便利及很多历史因素一直是经济大省或经济大市,经济的发达必然意味着人均可支配收入处于较高水平,消费者有更多的收入投入文化体育方面;第二,经济发达地区人才也较为集中,而体育文化创意产业离不开创意人才,这也使得东部地区有经济实力和人才资源的双重加持,产业得以具备良好的发展环境;第三,自改革开放以来我国经济发展就有先富带动后富的特点,大的省会城市、中心城市具备较好的资源可以发展,体育文化创意产业又属于第三产业,需要一定的经济基础,因此才会呈现出由中心辐射周边的现象。以2008年北京奥运会为例,奥运会不仅带动了北京市的体育文化创意产业的发展,同时其影响力也逐渐辐射到周边地区乃至周边省(自治区、直辖市)。

二、进入退出壁垒较高

进入壁垒(Barriers to Entry)是指某个产业内现有企业对刚刚进入的新企业和想要进入的企业而言所具备的某种优势的程度。也就是说,新企业

和想要进入的企业与产业内现有企业竞争时面临的种种劣势。进入壁垒是现实进入者和潜在进入者首先需要克服的困难,同时在某种程度上保护了产业内企业。退出壁垒(Barriers to Exit),也叫退出障碍,是指企业在退出某个行业时所遇到的困难和要付出的代价。当出现企业业绩不佳、市场前景不好时,产业内现有企业退出该产业,但迫于各种因素阻拦,企业资源无法顺利转移。退出壁垒分为向其他产业转移时的退出(主动或自觉)和破产时的退出(被动或强制)两种。首先,体育文化创意产业的进入退出壁垒均较高,进入壁垒方面,体育文化创意产业的资金门槛较高,一个大型体育场馆的建成或大型体育赛事的举办都需要政府或企业具备一定的资金实力,且项目的投入到产出存在一定时间间隔,规模不足的企业可能无法满足资金链需求。其次,获取项目资源的门槛较高,以北京奥运会为例,申奥成功是几代人的付出和努力,且很多项目大多是政府投资或招标生产,一般和运营能力强、行业经验丰富的大企业合作。最后,品牌壁垒较高,体育文化创意产业的兴起都将带起一阵文化浪潮,而这很难复制和模仿,因为各个地区经济发展、文化特色不尽相同。从退出壁垒看,由于前期投入较大,因此企业或政府选择退出时所付出的沉没成本较高,很多资源难以顺利转移。

三、产品差异化越来越大

产品差异化是指企业在为客户提供产品时,通过各种产品设计或服务引起客户偏好的特殊性,使客户能够将它与市场上现有同类产品进行有效区分,从而使企业在市场竞争中占据优势地位。我国的体育文化创意产业的产品呈现出较大差异化的特点,这也是由市场集中度决定的。从地缘因素看,每个地区的体育文化创意产业具备各自的地区特色,产品之间差异化较大且难以复制和模仿;从产品因素看,体育文化创意产品的核心在文化创意,而创意是人的思想智慧的结晶,具有不可替代性,创意人才也具有不可复制性,因此产品与产品之间差异化较大;从品牌看,体育文化创意产业的品牌效应较强,一些好的体育文创品牌在形成品牌效应后,经过经营管理不断发展壮大自己的品牌,而品牌价值和品牌理念也逐渐深入人心,形成独有的品牌特色被消费者认可和接变;最后,体育文化因人而异,因而提供的服务差异化也越来越大。

四、市场需求逐步增加

市场需求分为消费需求和投资需求两个方面,投资需求是一定时期内全社会形成的固定资产投资和存货增加额之和,消费需求是指消费者对以劳务或商品形式存在的消费品的欲望和需求的满足。在市场经济中,消费需求的满足离不开市场交换,生活资料和生产资料都是商品,随着社会生产力不断发展,企业向市场提供的产品或服务质量越来越好,数量越来越多,消费者的消费需求进一步被满足。消费需求方面,如前文所述,当前体育文化创意产业作为一个新兴产业,在国家产业政策的大力支持下前景一片大好,无论是供给端还是需求端都表现良好,市场规模在逐步扩大且存在较大的发展空间,需求端也因消费者人均可支配收入和人均消费的逐年递增和国家消费升级的引导而呈现出较大的需求缺口,消费者消费观念和方式的转变推动了产业的进一步发展,因此市场需求在逐步增加。市场投资需求方面,政府是体育文化创意产业的主要投资者,伴随着国家政策的引导和扶持,政府也在致力于打造具有良好社会效应的项目或产品,以提升城市软实力,申办各项大型赛事就是如此。此外还有部分企业和个人也是体育文化创意产业的投资主体,在大众创业、万众创新的号召下,体育文创也表现出新的活力。总体来看,消费需求和投资需求都在逐步增加。

第五节　天津市体育文化创意产业的竞争力分析

竞争力分析是指企业在市场竞争中,通过获取外部资源,并加以综合利用,培育自身能力和资源,从而在实现自身价值的同时为消费者创造价值。在竞争性市场中,当一个企业能够比其他企业更有效地为市场提供商品和劳务时,企业就能够获得声望和经济效益。竞争力分析更多的是以企业为研究对象,研究方法中以SWOT分析最为常见。所谓SWOT分析,即基于内外部竞争条件和竞争环境的态势分析,就是通过调查列举,分析企业所处环境的外部机会威胁、企业自身的优势和劣势等,将结果以矩阵形式排列,最后以系统分析思想,对各种因素进行匹配分析,从而得出决策结论。因此本小节重点分析天津市发展体育文化创意产业所具备的优势、劣势、机会和威胁。

一、天津市体育文化创意产业的优势分析

(一)政策优势

近几年,天津在政策上为各文化产业提供诸多帮助。2013年,出台的关于金融与文化融合、金融推动文化产业的文件,鼓励上市公司利用资本市场的资源配置功能,将符合条件的文化企业注入上市公司,搭建以文化产业投融资平台为主的资金对接平台,在机构设置、人员配备、流程优化等方面为文化企业服务,促进文化企业借助资金资本发展壮大。出台的推动天津市文化产业和科技融合发展的建议中,明确四项重任:加强文化产业共有的核心技术研究、打造文化和科技融合聚集区、运用高新技术提升现有文化产业、建设文化和科技相互作用的支撑体系。到2015年,要培育20家文化领军企业和80家文化科技小巨人,打造5个特色的文化科技产业集聚地,形成30个撒手锏产品。另外,2013年还出台了《天津市科学技术普及条例》和推动文化贸易发展的一系列文件等。2014年,出台文化与旅游观光融合文件,推动旅游业快速发展,进而带动其他文化产业的提升。到2015年,新增20个文化旅游大项目,举办100项特色文化旅游活动,使得文化产业增加值占全市生产总值的比重实现5%,旅游行业增加值达到7.5%。

正是因为天津市为了更好地推动文化创意产业的发展,不断完善当地的相关政策,为产业活动开展以及市场的正常运转都提供了坚实地保障。在这样的发展环境下,天津市文化创意产业竞争力逐渐加强(见表7-1)。不仅如此,从整体上来看,天津市文化产业创意产业竞争力排名也在逐年上升,2004年天津市综合得分排在第10位,但到了2013年,其综合得分排在第5位(见表7-2、表7-3)。正是因为天津市政策环境的优势,才为当地文化创意产业的发展营造了更好的发展空间。

表 7-1　天津 2001—2010 年文化创意产业竞争力得分

年份	竞争力综合得分(分)
2001	462272. 2
2002	553821. 7
2003	536547. 6
2004	602400. 1
2005	735662. 6
2006	1080613
2007	1315574
2008	1121170
2009	1699296
2010	2598726

资料来源:根据相关研究数据分析得出。

表 7-2　2004 年各地区文化创意产业竞争力综合得分

地区	竞争力综合得分(分)	排名(位)
北京	1304259	5
天津	610944	10
上海	1525878	4
江苏	2350380	1
浙江	1733253	3
湖北	854865	8
湖南	929295	7
广东	1940230	2

续表

地区	竞争力综合得分(分)	排名(位)
云南	594607	11
重庆	561598	12
四川	1161995	6
陕西	619881	9

资料来源:根据相关研究数据分析得出。

表7-3　2013年中国城市综合要素得分排名

城市	得分	排名
上海	85.85	1
深圳	72.55	2
北京	67.55	3
广州	67.03	4
天津	57.42	5
宁波	52.42	6
重庆	51.72	7
杭州	51.64	8
青岛	48.42	9
南京	47.68	10

资料来源:根据相关研究数据分析得出。

(二)文化优势

天津建城久远,历史文化沉淀深厚,同时还有浓厚的现代文化气息。天津是北方水都,海河不仅是天津人的母亲河,还蜿蜒穿城,形成独具特色的水路风光旅游路线。天津原来的"九国租界地"形成罕见的建筑博物馆,里面曾是文人骚客、历史名流的故居,如孙中山、梁启超、张学良、溥仪、美国总统胡佛等。这些别具一格的风貌建筑、故人遗址构成天津独有的近代文化旅游资源。另外,有百年历史的商业街、"津门故里"古文化街、明清风情城鼓楼步行街、天津民俗、曲艺相声,等等。随着天津经济不断发展,文化产业布局进一步深入,如今已形成以中心城区、滨海新区、北部山区、周边区县为特色形成的都市文化产业带、海洋文化产业带、休闲旅游文化产业带、民俗文化产业带的文化特色结构。天津的八大特色文化产业:创意设计、广播影视、文化旅游、会展展览、艺术品交易等,也都给予政策支持、平台对接、资金支援、人才引入,促进文化与科技、与旅游、与金融的高度融合。另外,天津市消费者的对文化的需求也在提升。据天津统计信息网,截至 2014 年底,天津市人均教育文化娱乐消费 2013 元,增长 13.2%。据 2014 年的国民经济与社会发展的公报显示,2014 年,天津 276 个电影单位电影放映 70.66 万场次,观影人数接近 2000 万人次,票房收入达到 4.6 亿元。

二、天津市体育文化创意产业的劣势分析

(一) 内容与相关法律规定脱节

目前很多体育文化产业工作内容的设定存在不合理的地方,这些不合理的内容与天津相关法律规定的内容是不相符的。由于最初之际,天津的体育文化产业的内容设定,还停留在计划经济时代,那个时代制定的内容已然不适应现在社会主义市场经济时代的发展,这样就会造成在发展过程中出现不符合现在法律的情况,这样就会给现代体育文化产业的发展带来一定的阻碍,不仅影响天津体育文化产业的长远发展,更重要的是影响天津体育文化产业相关的法律建设。

(二) 内容不够重视文化企业权利

天津为了促进体育文化产业工作的发展,也制定了一些规范和条例,但是在这些规范和条例中,并没有体现出文化企业应该拥有的权利,相反的是将文化企业应该承担的义务——地标明。我们说现在是体育文化产业快速发展的时代,在这个时代之中我们应该重视文化企业的权利,这不仅可以为现代体育文化产业的发展找到更加稳定的保障,更重要的是现在天津体育文化产业的发展也需要相关企业的支持。但是现在针对文化企业的权利划分得不够细致和明确,这样很容易打消企业发展体育文化产业的积极性,从而影响企业对于体育文化产业发展的支持。造成这样的情况的主要原因不仅是因为政策制定的不完善,更重要的是由于现在天津文化企业的发展还没有被大家广泛的认同。

第七章 天津市体育文化创意产业与
经济发展的相关性分析

（三）内容缺乏正当程序

由于现在体育文化产业管理工作的体系还不完善，很多企业在处理工作的过程中可能就不是通过正当程序进行的，那么体育文化产业在发展的过程中必然会违反天津政策的规定。根据国家颁布的相关规定，体育文化产业在发展的过程中虽然享有一定的自由空间，但总体来说其在发展过程中依旧要符合社会的发展趋势，要按照国家颁布的相关政策来开展文化活动。现在体育文化产业管理工作的过程中，由于体育文化产业管理体制不完善，很多文化企业就会钻法律的空子，从而在文化市场上进行恶意竞争等，这些都会影响体育文化产业的市场发展环境，这也从一个角度反映了体育文化产业管理工作的失败。

三、天津市体育文化创意产业的机会分析

（一）我国文化创意产业呈现出多向交互融合发展态势

国务院办公厅于2016年印发《关于加快众创空间发展服务实体经济转型升级的指导意见》（以下简称《意见》）。《意见》指出，要在包括文化创意和现代服务业等重点产业领域先行先试，发展众创空间。《意见》的出台旨在进一步充分发挥各类创新主体的积极性和创造性，发挥科技创新的引领和驱动作用，紧密对接实体经济，强化支撑我国经济结构调整和产业转型升级，继续推动众创空间加快、纵深发展。

全国各地也涌现出了一大批有亮点、有潜力、有特色的文化创意企业，正在成为大众创业、万众创新的重要阵地。对此，《意见》提出，一方面要坚持科技创新的引领作用，充分利用互联网等新一代信息技术，降低创新创业成本，加强创新链与产业链、资金链的对接，培育更多富有活力的中小微企业；另一方面要鼓励龙头骨干企业围绕主营业务方向建设众创空间，鼓励科研院所、高校围绕优势专业领域建设众创空间，在建设一批国家级创新平台和双创基地的同时加强众创空间的国际合作。

长期以来，融资问题一直是困扰中小文化创意企业发展的最大难题。而《意见》提出实行奖励和补助政策、落实促进创新的税收政策、引导金融资本支持等一系列举措，为切实解决这一问题提供了新机遇。

（二）全民健身计划成为体育文化创意产业发展的动力源

2016年6月，国务院印发《全民健身计划（2016—2020年）》（以下简称《计划》），就今后一个时期深化体育改革、发展群众体育、倡导全民健身新时尚、推进健康中国建设作出部署。该《计划》指出，实施全民健身计划是国家的重要发展战略。要以增强人民体质、提高健康水平为根本目标，以满足人民群众日益增长的多元化体育健身需求为出发点和落脚点，坚持以人为本、改革创新、依法治体、确保基本、多元互促、注重实效的工作原则，通过立体构建、整合推进、动态实施，统筹建设全民健身公共服务体系和产业链、生态圈，提升全民健身现代治理能力，为全面建成小康社会贡献力量，为实现中华民族伟大复兴的中国梦奠定坚实基础。《计划》明确，到2020年，群众体育健身意识普遍增强，参加体育锻炼的人数明显增加，每周参加1次及以上体育锻炼的人数达到7亿，经常参加体育锻炼的人数达到4.35亿。全民健身的教育、经济和社会等功能充分发挥，与各项社会事业互促发展的局面基本形成，体育消费总规模达到1.5万亿元，全民健身成为促进体育产业发展、拉动内需和形成新的经济增长点的动力源。

（三）天津市智能文化创意产业的实力不断增强

2017年12月天津市人民政府办公厅下发的《天津市智能文化创意产业专项行动计划》中提到，全面贯彻党的十九大精神，以"三个着力"重要要求为元为纲，认真落实天津市第十一次党代会和市委十一届二次全会部署，扎实推进"五位一体"总体布局和"四个全面"战略布局，牢固树立新发展理念，深入实施创新驱动发展战略，以加快智能科技和文化产业深度整合为主线，以提升城市文化软实力为主攻方向，大力发展智能文化创意产业，打造充满活力的文化强市，为建成高质量小康社会，建设社会主义现代化大都市提供有力的文化支撑。5G技术在五个方面催生了知识服务新机遇：加速知识产品与平台建设创新，推动数字技术与内容深度融合，改变知识传播模式与用户体验，催生新服务模式与产品形态，促进知识服务产业链的完善。"互联网+""文化+"工程的发展在天津刚刚起步，文化与相关产业特别是智能科技产业的整合存在不深、不广的现象，缺乏智能文化创意产业领军企业、产品、基地和服务平台。建设文化强市，必须抓住当前难得的战略机遇，加强统筹规划,突出创新驱动,加快智能文化创意产业发展。

四、天津市体育文化创意产业的威胁分析

(一) 文化资源丰富而开发不足

天津具有丰富的文化资源。但怎样把这些有限的优势资源转化为无限的文化产业效益,是本市发展文化产业的重点所在。天津文化遗产的丰富性,这是众所周知的。但是,本市的文化产业不管是在产业规模、产品质量、资源利用率、市场竞争力上都远远落后于发达国家。

创新文化资源观。目前文化资源开发存在缺陷,主要表现在:第一,缺乏规划。在开发过程中对资源特征和文化产业理解不足,只凭借主观意识,忽视实地考察调研、分析、设计,使资源的优势不能充分发挥和利用。第二,盲目开发。文化资源在进入市场和进行产业开发时,没有选择可度量的文化资源,没有考虑将其开发、转化为文化产品或文化服务的可能性和预期效果。第三,粗放开发。开发过于仓促,缺乏对文化资源总体价值的理解和认识。第四,无序开发。当前,短期行为、单边行为等存在于文化资源开发过程中。

(二) 市场规则接轨不够

在经济全球化背景下,各国贸易、投资、金融和技术的流动性增强,国际经济的依存性增强。全球化作为一个多维性的系统整体,渗透在政治、经济、文化等各个领域。全球化作为一种时代趋势,给文化产业发展带来了深远的影响,同时也为天津市文化产业蓬勃发展提供了良好的国际发展环境。但是,天津文化产业仍然落后于发达国家,这是文化产业与国际市场规则接轨力度不够的原因。长久以来,人们对某种特定生产和生活方式的观念都是以文化的形式表达出来,一旦生产和生活方式改变了,那么文化也要做出相应调整。可以说,经济与文化之间存在着相辅相成的关系。经济全球化在带来商品、服务、资本、人员等流动的同时也促进了文化产品、资本和价值观在全球范围内的流动,不同国家民族的思想意识、价值观念、文学艺术、行为方式、生活方式等的差异与交叠,促成了文化全球化。文化全球化是指文化在"融合"和"互异"的共同影响下,通过各种方式在全球范围内的流动。

但是,我们对经济与文化的关系理得不够顺,加之文化消费观念比较滞后,影响了文化经济的和谐发展。

第八章 体育文化创意产业的 品牌战略

体育文化创意产业是集体育产业、文化产业、创意产业等相互融合渗透的综合性产业,具有高度的产业跨越性和关联性。文化创意品牌战略是体育产业发展和相应企业经营的核心竞争力,是未来蓬勃发展的力量之源。

根据美国的菲利普·科特勒的观点,品牌是一个名称、术语、标记、图案或者是这些元素的组合。企业或组织通过品牌的建立使自身的商品或服务有别于其他同类机构,消费者也能通过品牌方便快速地识别企业产品,是品牌形象、品牌个性等的综合体。同时他还提出了品牌要想获得持久、深远、有效的影响所必须具备的六大要素(见图8-1)。其中属性是最基本的层次,代表着品牌的本质含义,决定着品牌的内涵。利益是对于顾客而言,产品本身能够满足其功能性或情感性利益,进而主动购买或参与消费。价值是品牌本身包含的、向消费者传递的价值观或消费观。文化是品牌的内涵升华,蕴含民族文化、产业文化、企业文化等。个性是品牌区别于其他同类产品的表现。用户则是品牌的目标市场,品牌的购买力量。

本书根据体育文创意产业的实际情况,在菲利普·科特勒六大层次的基础上融入创意元素,提出体育文化创意品牌各要素之间的相互关系以及可持续发展的现实要求(见图8-2)。创意的本质属性决定了其自身价值,也是产业本身的核心所在,是品牌建立和发展的根基。其中文化和个性是两者的内在要求,品牌必须保有产业、企业、地区等等的文化意义和独特之处,而文化和个性的确定离不开创意的支撑。进而创意品牌转化为一定的经济效益和社会效益,满足相应细分市场用户的实际需求。此外,用户本身的需要以及观点又能够反向作用于品牌的文化和个性,从而让品牌自身的发展更加贴近市场。

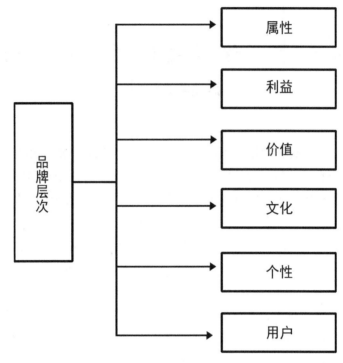

图 8-1　品牌的六大层次

资料来源:根据相关文献资料整理得出。

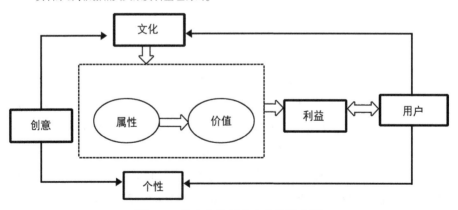

图 8-2　体育文化创意产业品牌内涵

资料来源:根据相关文献资料整理得出。

第一节 体育文化创意产业的品牌吸引力

通过不同层次的组合和提升,品牌吸引力被看作是吸引消费者购买产品,使用产品以及享受产品所提供服务的一种具有磁性的力量。它可以向外发出具有磁性的强大频率,吸引身处同一频率的消费者,使两者相互共振达成交易。品牌以消费者为导向,让消费者主动地认知并形成购买。

吸引力的着力点和核心就在于企业或组织对消费者内在需求的把握,以及品牌是否能让消费者产生消费习惯,双方的价值追求是否一致,从而发挥品牌的影响力。两者契合程度越高,品牌对消费者的吸引力越大。除了内部的一致性以外,外部的独特性也是品牌吸引力的重要一面,能在市场竞争中增加消费者的识别,增强亲近度和好感度。两者是品牌区别于其他品牌的有力武器。所以,在某种程度上,品牌吸引力也是对品牌本身的一种评价,吸引力大小,代表着该品牌被消费者认可或接受的程度。所以认知、理解、信任、偏好、购买行为、重复购买这一系列环节就是品牌吸引力不断提升的过程。

根据 TNS 的研究,品牌吸引力的来源主要有八个:专业诀窍(Know-how)、动力(Momentum)、差异化(Differentiation)、情感(Emotion)、象征含义(Symbolism)、需求联结性(Nexus)、接触渠道一致性(Alignment)和品牌整体性(Unity)。通过这些动力源可以帮助企业更好建立品牌 IP,形成品牌优势。

一、品牌吸引力的构成

了解品牌吸引力的构成可以帮助品牌企业或组织更好、更有针对性地采取措施,找到差距,提升品牌形象和忠诚度,感知消费者的真实心理和需求。品牌吸引力的构成主要分为六个方面:对于品牌的认知、总体评价与综合评价、对品牌的价值判断、满意度、稳定性消费习惯、向其他人推荐与介绍。

(一)品牌的认知

对品牌的认知是了解品牌的基础。想要获得消费者的品牌忠诚,就要使消费者对品牌有全面的认知和感受。体育文化创意产业很多品牌无法让观众或消费者产生购买行为,在很大程度上也是由于人们对于该品牌的认知不够,而认知不足的原因可能是品牌营销的缺失。比如体育特色小镇,相对于一些其他游乐型景区或乐园,像方特、欢乐谷等,可能大部分天津人根本不知道这些小镇的位置和项目内容,消费自然也就无法形成。

(二)总体评价与综合评价

消费行为的产生很大部分来自消费心理,而对品牌的评价是影响消费心理很重要的一个方面。从品牌的外观形象到品牌产品或服务的整体质量,包括品牌的价值、消费者需要的满足程度,甚至与其他同类品牌的比较优势,都会成为评价的指标。因此体育文化创意产生之前,就要与观众或消费者沟通,了解他们的真实想法和需求,以顾客或需求为导向的创意所形成的产品才能具备吸引力,获得市场影响力,从而转化为经济收入。

(三)品牌的价值判断

品牌产品或服务的价格必须与其自身价值相匹配,过高或过低都会影响购买行为的发生。消费者的判断虽然有时会有些主观,并且个性化需求也各有差异,会根据自己的标准进行对比判别,但品牌本身的价值还是根基。如果品牌具有无可比拟的价值优势,与消费者的价值观也能够很好地契合,价格只要在合理的区间上下浮动,消费者还是乐于接受的。除非品牌本身价值太弱,完全与消费者需求、市场导向脱钩,或者价格明显高于其价值内涵,在市场经济下,消费者的选择还是理智的,会显著减少购买行为。

(四)满意度

满意度是形成品牌忠诚的重要基础。值得注意的是,满意度还是品牌本身和消费者心理预期之间的差值。差值越小,品牌与消费者心理预期越接近,满意度越高,反之则满意度越低。其实满意度高也代表了消费者对品牌的信任和好感,对品牌安全的信任,对品牌形象的好感。此外,满意度还是消费者形成消费习惯以及向他人进行品牌推荐的基础,如果体验过后不满意,则很可能只是一次性消费。比如在体育文化创意产业园或城市体育综合体进行体育消费时,如果一些体验项目的效果不如消费者预期,或者没有什么新意,价值判断也很差,则其对消费者的吸引力就会大打折扣。

（五）稳定性消费习惯

当消费者对一个品牌产生忠诚度时,其就会形成稳定性消费习惯,消费频率、消费行为都会大大增加。品牌甚至会成为其生活的一部分,在一定程度上它已经不仅仅是一件产品,更多可能是一种精神文化消费。不只是消费者的价值观会成为品牌产品研发的出发点,品牌的价值观同样也会影响消费者的价值观,引领消费心理,产生现象级的产品或销售。比如对于一些体育项目的粉丝或追随者来说,固定周期的赛事的举办,甚至对于自己喜爱的体育明星的稳定性消费习惯,都会增加其在这类体育赛事的金钱和时间的投入,他们会通过各种渠道观看比赛,或者买体育明星的一些周边产品,这些都会达成消费交易。

（六）向其他人推荐与介绍

向其他人推荐与介绍是品牌口碑传播的有效渠道。消费者会很乐意向身边的同事或朋友介绍自己对某些品牌的体验感知,希望与亲朋好友分享这种消费的快乐和经验,介绍购买渠道,更有甚者把这种分享作为自己成就感的体现和与人沟通交流的切入口,成为彼此兴趣探讨的话题,包括一些经典品牌产品或经典比赛场次,都会勾起一代人的回忆。比如耐克产品在青年消费群体中的广泛占有率就与这种推荐介绍有关,这种基于一定社会关系的一传十、十传百的口碑传播,甚至比网络、电视等渠道的营销更能产生具有稳定消费行为的忠实消费者,通过赢得很多初次消费者的信赖,形成由点到线到面的裂变式的快速传播,迅速扩大品牌影响力和知名度。

二、提升品牌吸引力的维度

消费者对品牌的熟悉度和共鸣程度形成了品牌吸引力模型。熟悉度代表了消费者对品牌的认知和了解。共鸣指的是消费者对品牌传递出来的形象所产生的认同的心理反应。它是消费者和品牌之间的情感连接,又具有行动承诺,通过认同最后达到对品牌的忠诚。其中行动承诺既可以是重复的购买或参与,也可以是向周围的人推荐。

按照两个维度的高低之分,形成四个区域的二维坐标,分别是第一类高熟悉度、高共鸣,第二类低熟悉度、高共鸣,第三类低熟悉度、低共鸣,第四类高熟悉度、低共鸣。其中品牌形象在很大程度上影响了品牌共鸣的程度,而品牌标识影响了品牌熟悉度。

在体育文化创意产业中,属于第一类高熟悉度、高共鸣的赛事有 2008 年北京奥运会的吉祥物、会徽、口号等。奥运会本身就是一个高共鸣的体育赛事,而充满中国元素的福娃等吉祥物、中国印、同一个世界同一个梦想等,则成为品牌标识,让普通观众更加了解奥运会。因此,这类产品的品牌吸引力会在品牌形象和熟悉度的双重作用下形成合力,为赛事本身带来可观的社会效应和经济效应。

第二类低熟悉度、高共鸣的体育产品的典型例子就是李宁品牌。品牌形象因为李宁本人在职业生涯期间的辉煌成就而获得了普通消费者的好感和共鸣,再加上肩负着中国体育品牌向前发展的重任,消费者对品牌形象的共鸣较高。但李宁品牌在发展过程中,相对于耐克、阿迪达斯等,始终未能在中国消费者中,尤其是年轻消费者群体中占据较高的市场地位,缺少热销款的产品或营销创意,导致李宁品牌的吸引力始终不温不火。此类产品应该尽快建立有辨识度的品牌标识,避免品牌形象的进一步损失以及吸引力的消失。

第三类是低熟悉度、低共鸣的吸引力组合。在体育文化创意产业发展的初期,此类组合的产品比较多。由于一味追求速度和模仿,缺乏一定的创意性或独特性,导致赛事或品牌在问世之初缺乏吸引力,既不能让观众产生情感等共鸣,无法建立对品牌的感知体验,同时也没有特色的品牌标识增加熟悉度。比如千篇一律的城市马拉松赛事,虽然每年都在举办,但既没有其他竞技体育中涌现的体育明星,也没有品牌文化作为支撑,导致其品牌定位受到局限,吸引力可能仅限于小范围中。赛事可以与体育旅游等结合,全程参与的选手可以获得相关景区的门票优惠或具有城市文化创意的纪念品,甚至形成赛事生态,通过积分获得城市相关交通、餐饮等服务的折扣体验,把城市文化融入进去,增添趣味性,扩大吸引力范围。

第四类是高熟悉度、低共鸣的体育产品。比如很多单项赛事在中国普及传播的初期,可能并没有太多的观众了解赛事本身,但当这类赛事中有具有国际影响力的高水平中国运动员出现的时候,很多观众会因为这些体育明星而关注赛事,可能很多粉丝只关注这些有代表性的体育明星参加的赛事,而不是比赛本身,所以对于赛事形象的共鸣程度还不是那么高。像我国有国际影响力的单项赛事体育明星李娜、姚明、中国女排等。所以这些赛事或产品需要做的就是通过体育明星的带动效应,大力普及并宣传营销,找到其与观众的共鸣。

三、品牌吸引力具备的特征

(一) 独特性

品牌的独特性是体育文化创意品牌在众多鱼龙混杂的市场上吸引顾客的首要因素,而独特性最基础的就是原创性。体育文化创意必须强调原创的重要性,拒绝抄袭,既为了保留行业内最基本的知识产权不受侵犯,同时更是品牌可持续的起点,也是品牌本身声誉、影响力的保障。尤其是在如今体育赛事、体育产品等井喷式发展的情况下,更要守住行业的底线和规则。品牌的独特性还能够影响消费者的品牌联想,让消费者在做出相关决策时能够从品牌记忆的网络中提取出相应的元素,从而匹配到具体的品牌中,增强消费者购买的意愿和可能性。

2020年东京奥运会的会徽在2015年7月发布后一周,就被指抄袭比利时一家剧场的标识,并于同年9月份被停用。此次事件也由于奥运会的巨大影响力而备受网民关注,不仅触碰了体育文化创意产业的底线,更是对2020东京奥运会的举办形象产生不可估量的后果,让本该在世界范围内传播的标识,负面影响了赛事的举办甚至是国家形象。

创新同样是品牌独特性的表现方法。2013年南京青年奥运会就进行了网络火炬的传递,实现了奥运会历史上的一次创新。采用"实体传递与网络虚拟传递"相结合的做法,在世界范围内,通过游戏互动等方式让更多的人参与到传递中,这是一项在互联网时代与时俱进的举措。

近年来,国际大型体育赛事的中心逐渐向中国转移,不论是单项赛事还是综合性赛事,越来越多的国际组织倾向并满意于赛事在中国的举办。如果把中国看作一个大型体育文化创意产业品牌,那中国这个品牌的吸引力也具有独特性。发展中的中国作为世界上最大的消费市场,不仅体育消费市场空间巨大,具有强大的消费力水平,能够为体育产业的发展提供循环动力;而且随着综合国力的提高,广大居民对体育文化创意产业的需求逐步扩大,消费意愿高涨。此外,中国作为文明大国,有独特的文化元素和符号,是有别于西方国家独一无二的竞争力,再加上不断提升的人力资本,中国品牌正在世界体育市场中逐渐找到自己的方向。

(二) 系列化

系列化是体育品牌不可忽视的战略措施。系列化的产品和元素,能够强化品牌形象,扩大品牌影响力,刺激消费者购买或者提高群众参与程度。一旦品牌确立了良好形象,则需要体系化维护,打破机械化的单调重复,通过反复刺激和宣传,强化消费者的品牌记忆。如果仅仅是为了某一个产品设计一个品牌形象,当企业多元化发展后,品牌之间的割裂会让消费者产生错觉,无法形成对品牌的统一认知。同样,如果仅仅是为了举办赛事而举办,尤其是对于具有连续性的系列赛事,每年都重新设计标识、吉祥物的话,则会降低群众对赛事本身的熟悉度,不利于品牌的长久发展。耐克的产品众多,但始终坚持运动产品的开发。比如跑鞋中使用了缓震科技、质感灵敏的 Zoom 系列,自然贴合的 Free 系列,柔软灵敏的 Lunarlon 系列等,通过功能和材质的不同进行划分,让消费者更有针对性地进行选择。包括运动员与技术完美结合的 Air Jordan(空中飞人)系列,借助篮球史上的巨星迈克尔·乔丹的影响力,生产的已经不仅仅是鞋这种商品,更是一种文化标识,一种一代人的回忆。从 1985 年开始,产品升级更是多达几十代,每一代产品都能让篮球爱好者疯狂追逐。

(三) 文化性

品牌代表着一种时尚、一种生活方式,是用户集体情感的载体,是文化的象征。而这种生活方式、企业理念、消费习惯渗入到产品、赛事、活动、市场行为中,就是品牌文化。体育品牌的文化性是体育文化创意产业软实力的决定性因素,同时还是产业高附加值的重要表现,更是品牌得以广泛传播的中坚力量。品牌文化的内涵是品牌价值的核心,决定着品牌的外在形式。品牌活动、赛事、产品可能是更新换代、动态变化的,但是品牌文化一旦形成就是永恒的、持久的、稳定的、延续的。品牌文化力是通过品牌所展现的文化价值迎合公众的意识形态、生活习惯等,让公众在内心认可,进而在行为上参与购买,所以是吸引用户的最根本砝码。

作为全球性的体育盛会,奥运会涉及范围之广、参与人数之多使其成为影响力巨大的体育赛事。由于各国文化的差异,交流上会产生距离,而共有的文化理念可以缩小差距,产生情感共鸣。2008年北京奥运会的会徽"舞动的北京"由中国印"京"字、毛笔书写的"Beijing"以及"2008"三部分组成。其中囊括了中国传统文化印章的经典符号,是中国人民智慧的结晶,以人的形状传递人文奥运理念。同时还有汉代竹简文字风格的书法,以独特的风格向世界传递出了中国古代文明之精华。

2013年南京青年奥运会不仅是一场体育盛会,一场竞技体育的比拼,更是一场体育文化的传播。按照国际奥委会要求,运动员将全程参加技能发展、幸福与健康的生活方式、社会责任等相关的青奥会文化教育活动,通过不同国家间文化的交流互动,让青年人形成健康的生活方式,让奥林匹克体育精神融入日常生活当中。

又如2010年广州亚运会中王老吉的品牌文化营销,很好地传播了其作为国家非物质文化遗产的广东凉茶代表的理念,在国际性大赛中对于岭南文化中凉茶文化的展现和推广,使喝凉茶逐渐融入国人的消费习惯,获取了巨大的市场吸引力。

(四) 可传播性

体育文化传媒业作为体育文化创意产业的重要组成部分,在当今这个网络互联、自媒体发达的时代有着举足轻重的作用。不只是大型体育赛事的举办需要体育传媒的推广营销,体育制造业、体育用品更是需要通过可识别的品牌元素,利用体育传媒的渠道树立自身的品牌影响,借由体育传媒让更多的消费者了解产品的价值和属性,是品牌深入人心、在消费者心中提升熟悉度和美誉度的有力武器。

从大型体育赛事的口号、吉祥物、理念等,到体育产品的标识、广告语,都能够为赛事或产品获得可观的关注度,通过各种各样的媒体平台传播到消费者心中。比如2008年北京奥运会的口号"同一个世界,同一个梦想",不仅仅体现了奥林匹克团结、友谊、进步、和谐、梦想的普世价值观,更因这种对仗的形式朗朗上口,简洁响亮,加之在主题歌曲中运用"One World One Dream",让优美的旋律配以文字的魅力,以中英文组合的方式在世界范围内得到了广泛的传播,传播了奥林匹克精神,同时也传播了中华民族致力于和平发展、共享文明成果的大爱理想。

体育运动品牌从广告的场景到广告语的形式,在很大程度上决定着其传播的广泛深入程度和持久性。比如从耐克的"Just Do It"到阿迪达斯的"Nothing is impossible",到中国体育品牌李宁的"一切皆有可能",这些体育品牌都在广告的创意之初就融入了体育运动的理念,包括公司的企业文化,使这些口号在世界范围内收获众多粉丝。简洁的"对勾"和"三条纹"的标识设计,使其在年轻人的世界中站稳脚跟。口号和标识甚至已经超越品牌名称,很多消费者一看到标识或者聊起那些经典广告语,马上就能想到相应的体育品牌。

(五)亲和力

品牌亲和力是对于某品牌所产生的亲近感、熟悉感、信任感,并愿意购买或参与其中的意愿或情感度量。当一个体育用品或体育赛事成为人们生活中的一部分时,每当商品出现或系列赛事定期举办的时候,广大群众愿意花费一定的时间和金钱去消费,成为追随的趋势时,说明该品牌具备一定基础的亲和力。亲和力不仅能够为体育文化创意品牌本身带来更广阔的市场,包括体育用品的销售量、赛事的上座率、直播的收视率、周边产品的销售量,等等,同时也能够让广大消费者更加舒适、更加享受地观看比赛或享受服务。亲和力已经逐渐成为体育赛事拉近与观众之间距离,人性化的营销,甚至是体育品牌战略的必备条件。

而吉祥物就是文化沟通的生动载体,把本地的动物、传统文化等借助现代的审美运用在卡通形象上,传递出体育精神健康活泼或生机勃勃的正面积极向上的理念,给观众带来一种感染力和正能量。让原本可能只有专业运动员才能参加的竞技赛事和观众产生亲近感,为残酷的比赛增添了很多温馨的瞬间和记忆。在2008年北京奥运会中,吉祥物福娃分别象征着"鱼、熊猫、奥运圣火、藏羚羊、京燕",代表着"繁荣、欢乐、激情、健康、好运"的美好祝福,而5个组合的形式也象征着五谷丰收、阖家团圆、和谐美好的意义,体现了中华文化海纳百川的博大胸怀和包容胸襟。用我们身边的元素能够引起中国观众的情感共鸣,还能够用活泼的形象吸引外国观众对中国文化的好奇心。

腾讯体育在品牌亲和力上也是创新不断。依托其强大的平台效应和大数据优势迅速崛起,腾讯体育社区进行的新颖的互动营销成为其发展的有力武器,互联网成为其与用户交互的桥梁,让用户在自己喜欢和擅长的空间里"大展身手"。凭借 QQ、微信社交平台的海量用户,腾讯品牌以体育赛事转播、明星热点事件挖掘等优质的内容和流畅的技术优势网罗了大量品牌忠诚度和黏性极高的体育用户。如在科比退役事件中,开展"你想对科比说的话"活动,充分发挥科比的体育明星效应增加社区的话题关注度和点击量。通过腾讯平台的流量渠道使体育社区发挥强沟通作用,实现平台与用户的一对一互动沟通,以及社群内共同爱好者的兴趣交流,并形成了体育新闻等信息的精准推送。

此外,腾讯体育还强力吸引其他品牌的合作。在 2015 年 NBA"圣诞大战"中联合魅族手机举行"3 分球活动",每进一个 3 分球就送一台手机。与康师傅共同打造"我师主场"社区,把康师傅的线下消费者转化为社区线上的用户,形成良性循环。还打造"师傅说""运动装备"等社区兴趣圈子,抓住时下热点话题进行口碑传播,多渠道了解用户偏好,用丰富的趣味性的方式构建"会员制"生态留住用户(侯庆彬、陈晔,2018)。

四、影响品牌吸引力因素分析

(一)城市综合服务水平

体育文化创意产业是多个产业综合的交叉产业,因此需要协调、沟通的政府、企业主体较多,需要高水平的服务作为保障。尤其是在国家大力提倡创新创业的背景下,国家级、省级、市级等层面出台了很多的资金、土地、人才、税收、贷款等优惠政策,需要政府层面做好宣传和引导。在服务型政府最多跑一次的办事理念下,如何让企业或机构在最短的时间内高效完成任务,是吸引品牌的第一要务。品牌赛事委员会关于选择举办城市、赞助商的支持等都会受到城市综合服务水平的影响。

(二)基础设施可进入性

在互联网时代,体育文化创意同样需要高标准的科技型人才,要求城市具备高水平的基础设施。比如城市交通的通达性、网络的通达性、体育文化创意产业园的配备情况,甚至对于相关人才引进后,住房、医疗、子女教育等

219

的保障都是参与体育文化创意产业品牌建设从业人员较为关注的方面。有没有体育文化创意产业园区或相关的产业集聚区域，园区内的基础设施或配套设施是否完善，也在一定程度上影响产业的发展和集聚的效果。此外，城市基础设施的建设程度还影响体育赛事等的举办。交通发达的城市不仅使运动员能够更加便捷地从世界各地到达现场，也可以使观众更加舒适地观看比赛，使人们不会因为交通拥堵等原因降低品牌认可度。消费者可以通过各种各样的交通工具方便地到达体育特色小镇，特色小镇不仅在体育项目上让消费者感受到体育运动的魅力，同样在餐饮、住宿、购物等各个环节上都给消费者良好的体验。

（三）政府支持力度

现代社会，作为服务型政府，既是社会事务、社会管理的主要参与者，同时也是公共服务的重要提供者。政府不仅可以通过政策法规规范约束体育文化创意产业市场，为品牌加入提供良好健康的发展环境，还可以借助顶层规划对产业内的人才、资金、税收、土地等资源进行合理分配和优化配置，推动优质、专业的资源有效流向体育文化创意产业，为创意品牌的形成提供保障。

1.政策法规

不仅仅是体育文化创意产业，其实我国目前对于文化创意产业本身的品牌保护就比较薄弱，创意 LOGO、标识、商标、吉祥物等被随意山寨、模仿、盗用，甚至出现盗版比正版本身的"商业价值"更大的扭曲现象，严重影响了创新创意的活力和积极性。或者是创意主体疏于品牌保护，本身维权和自我保护意识不强；或者是由于缺乏相应的政策法规，创意者对侵权无能为力。而较低的行业门槛也使部分缺乏职业道德和操守的从业者扰乱了行业秩序，更有可能破坏品牌的成长和价值。

产业结构政策的调整也能影响体育文化创意产业的品牌养成，成为产业发展的政策依据和战略选择。当政策导向为产业发展带来更多优质的资源时，也为品牌的形成奠定了很好的基础。国家的创新创业政策和环境对于原创性的鼓励和支持，不仅为体育制造业的提质增效和向产业链高端迈进带来福音，对于体育服务业者来说更是创意设计形成的资源池。

2.整体规划

一个产业或行业的发展离不开政府的规划。政府工作报告以及五年规

划中是否提及则很大程度上决定了很多行业从业者的倾向。处于萌芽期的
体育文化创意产业未来有很大的市场空间,统一的规划可以为产业发展带
来广阔前景。政府层面规划的缺失一方面给予了体育文化创意产业无限的
自由,创意的触角可以有更多方向的可能性,有更多的领域和市场可以尝
试;另一方面,由于缺乏整体规划,也让体育文化创意产业本身的健康发展
失去了参照。由于产业本身的融合性和交叉性,支持性规划体系的缺位导
致相应企业对于扶持导向无法把握,无法清晰看到产业的利好空间,创意品
牌更无从谈起。

3. 产业集聚效果

由于我国的体育文化创意产业目前还处于发展初期阶段,大部分的创
意想法或创意行为都属于个体的行为,因此,不论是创意内容本身的质量还
是创意转化的商业价值,其力量还比较薄弱。比如就大型体育赛事而言,大
部分赛事举办后的盈利能力都十分欠缺,所以只能依赖商业赞助,而大部分
的赞助商本身与体育产业关联度不大,其赞助目的也仅仅是为了扩大产品
或企业影响力,并不能真正参与体育赛事本身的内容创意。

由此,一场赛事的举办虽然是很多细分行业合力的结果,但是各个主体
之间由于地理、时间、交通、沟通等过于割裂,成本支出增加导致只能完成自
己利益相关的那一方面,而缺乏整体性的协同合作和规划。从而生产出来
的产品或服务可能并不符合消费者当下的价值观,或仅仅是红极一时的现
象级产品,昙花一现后没有可持续的设计延续,产业集聚的效果没有显现,
体育创意永远处于低级阶段,大大影响了创意品牌的产生或吸引力。甚至
会形成恶性循环,产业集聚效果不明显,无法产生品牌产品或企业,也无法
吸引外来的有影响力的品牌,又进一步抑制了体育文创意产业的发展,产业
发展无优势,产业集聚也无动力。

4. 品牌本身的属性

体育创意品牌本身的文化积淀和创意内涵决定了其价值属性。如果一
个体育文化创意具有很好的内容,但在缺乏系统规划的前提下,一味追求短
期获利,还在品牌孵化初期就盲目进入市场,则势必会影响品牌的可持续
性。可能短期内品牌能够显现一定的吸引力,从长期发展的角度看,则不利
于品牌战略的扩大和优势的层层积累。

品牌文化是群众或消费者认可品牌的重要影响因素,也从内涵上决定

了品牌的价值和未来发展。品牌文化要达到物质与精神的高度统一,才能让用户在了解或享用产品服务的同时感受到品牌魅力,才能提升用户的黏性和忠诚度。同时品牌文化也反映了消费者的价值观、生活方式和消费习惯。比如安踏的核心价值观是"品牌至上,创新求变,专注务实,诚信感恩"。

品牌要想长久存在并产生可持续性的影响力,要通过专业的研发和营销,用科学技术的手段,推出创新性的品牌产品,树立与众不同的品牌理念,差异化品牌价值,避免同质现象。同样是体育特色小镇或体育文化创意产业园等,只有寻找与其他小镇差异化的品牌定位,才能在市场竞争中逐渐壮大。

品牌定位同时还决定着企业或产品的核心竞争力,同质化的品牌容易导致低水平的竞争,导致投入和产出无法形成正比,不能有力占据市场份额,使企业或品牌失去竞争优势。比如千篇一律的城市马拉松,缺乏创新的传统体育赛事等都没有相应的品牌定位,我国的体育文化创意品牌赛事或品牌企业与发达国家的同类产业水平还有很大的差距。

5. 品牌延伸

品牌延伸是指企业根据品牌名称,推出新产品的做法。品牌延伸不仅仅是新产品快速进入市场的重要手段,同时也是品牌战略的重要部分。通过品牌延伸进一步增加品牌吸引力,强化品牌效应。消费者的心理和需求会根据社会多方面的变化而变化,这就要求品牌必须能够推陈出新,了解当下需求和现实状况,不断推出满足消费者需求的产品和服务。而品牌延伸在推出新产品的同时大大降低了其进入目标市场的调研、宣传、推广等成本,增加产品新款式、新包装等的市场接受程度,减小市场风险。如果始终坚持一种产品策略,则很有可能被竞争对手超越。由此可见,品牌延伸是保证长期顾客信赖和品牌忠诚的有效策略。

比如体育鞋服类品牌制造商——耐克公司,其在产品设计、广告宣传等方面不断优化创新,处处体现着体育创新创意理念,产品符合人体运动学原理、体感好、舒适等特点,把体育运动文化融入产品和市场营销中,成功打开了多个国家市场的大门。耐克通过不断推出新产品来满足消费者的需求。比如其运动鞋就有 Force 系列、Dunk 系列、Blazer 系列、Air Max 系列、Free 系列、Woven 系列等,每一种鞋子的细分类别或每一个系列又不断更新换代,极大地巩固了耐克的品牌效应和品牌忠诚。

五、品牌赛事

奥运会作为世界最高水平的品牌体育赛事,是体育文化创意产业中举足轻重的代表,是以文化为基础的大型创意活动。其举办前期、期间、后期所涉及的体育建筑、文化理念、衍生产品等都是最能够展现举办国体育文化创意的形式和手段。由此可以看出,奥运会在某种程度上已经不只是一场体育竞技,更是一场文化大餐,是举办国家文化软实力的集中体现,是文化吸引力不可替代的渠道和平台,不仅增加举办国国民对本国文化的认同感,同时更让世界观众了解举办国的文化形态。

2008 北京奥运会开启了我国体育文化创意产业发展的新篇章。北京奥运会的体育文化创意理念和元素一直影响并推动着行业的探索。比如吉祥物"福娃"、国家体育场"鸟巢"、国家游泳中心"水立方"、开幕式、闭幕式等,奥运会期间举办的文化节、戏剧舞蹈演出、奥运村的文化体验等,在视觉设计、文艺表演、活动策划方面都是体育文化创意的最好表现。

其中,开、闭幕式完美呈现了中华五千年文明的成果和结晶,让传统的民族文化在现代灯光等科技的渲染下,焕发出新时代的魅力。汉字的魅力、天下大同的和谐理念、对外交流的"丝路"文化,历经千年沉淀的古老文化借助现代审美,在奥林匹克精神的感召下,实现了体育与文化,文化与创意的精准融合。开、闭幕式分别吸引了 8.42 亿人次和 6.58 亿人次电视观众观看,收视率分别达到了 40.54% 和 33.12%,聚集了世界各地观众了解中华文化的目光,让从未间断的中华文化震撼了世界。

此外,其他体育制造等品牌企业同样借助奥运会的举办向中国以及世界宣传了企业形象和价值观,让更多的人了解品牌产品和理念,宣传效果远远高于其他渠道和平台。根据 Sports 调查结果,有 68% 的中国人认为因为2008 年北京奥运会的举办,他们会对奥运会的赞助商品牌更加感兴趣,而这一数据在美国和欧洲分别为 17% 和 11%。这意味着借助奥运会的平台,赞助商的品牌形象会更具亲近感,为赞助商提供更多的市场机会和高额的市场利润,更有利于品牌的传播和成长。

由此,奥运会从各个方面、各个环节吸引着世界的目光。其中在电视观众收看、直接投资、电视转播收入、商业赞助收入、门票收入等方面都整体呈现上升的趋势(见表 8-1)。说明对于电视观众的吸引、投资的吸引、商业赞助品牌的吸引都呈逐年增加的趋势,虽然个别年份由于个别国家的特殊情况有所区别,但奥运会的强大吸引力始终没有减弱。它不仅吸引着优秀运动员的参赛,同样吸引着观众的收看,吸引着资本的进入,更吸引着赛事举办各个环节优秀的人才和资源的涌入,为赛事的成功举办贡献智慧和力量,为体育文化创意的发生提供了空间和土壤,各方主体都能在此实现自身的实际需求。

1984 年之前,奥运会的商业化并不显著,因此很多举办城市或组织都处于亏损状态。直到 1984 年从洛杉矶奥运会开始,各个环节才引入了商业赞助,从而大大增强了奥运会作为全球顶级体育赛事的吸引力,开启了奥运会的商业化时代。赞助商的门槛也越来越高,商业赞助收入也从 1984 年洛杉矶奥运会的 1.23 亿美元增加到了 2016 年里约奥运会的 22.5 亿美元,增长了近 20 倍(见表 8-1)。

奥运会电视转播权的销售收入是奥运会收入的主要来源。在 2004 年之前,转播权的 60% 要分配给国际奥委会。为了让举办国有更多的经费用于奥林匹克运动的发展,从 2004 年雅典奥运会开始,国际奥委会决定只收取电视转播权收入的 49%。分成比例的增加以及不断上涨的转播收入成为吸引很多城市争夺奥运会举办权的经济动力。奥运会的广泛参与性也让各个国家的观众更加支持本国或自己喜欢的运动员及运动项目,电视转播收入随着技术的提升从 1984 年的 2.368 亿美元跃升到 2000 年的 13.18 亿美元,到 2016 年里约奥运会的 41 亿美元。

表 8-1　奥运会收视及相关收入情况

名称	电视收视（亿人）	直接投资（亿美元）	电视转播收入（亿美元）	商业赞助收入（亿美元）	门票收入（亿美元）	其他收入（亿美元）
1984 年洛杉矶奥运会	-		2.368	1.23	1.50	1.18
1988 年汉城奥运会	-	8.86	3.270	4.93	0.40	4.64

续表

名称	电视收视（亿人）	直接投资(亿美元)	电视转播收入（亿美元）	商业赞助收入（亿美元）	门票收入（亿美元）	其他收入（亿美元）
1992 年巴塞罗那奥运会	–	94.00	4.700	5.05	0.82	6.41
1996 年亚特兰大奥运会	–	17.20	5.680	5.08	4.25	2.20
2000 年悉尼奥运会	36	20.80	13.180	4.25	6.17	3.23
2004 年雅典奥运会	39	111.00	14.820	6.63	2.28	
2008 年北京奥运会	47	193.43	16.970	16.50	1.40	
2012 年伦敦奥运会	36	–	38.280	20.00	6.20	–
2016 年里约奥运会		–	41.000	22.50	3.22	

资料来源:根据相关文献资料整理得出。

第二节　体育文化创意产业的品牌辐射力

物质经济时代,土地、资金等是资本的主要构成要素。而在创意经济时代,文化、创新等软性资本成为产业发展的主导因素。时代的不同发展阶段,人们对资本的认知也会有所不同。农业经济中,劳动力、资金、土地成为资本的主要类型;工业经济中,人力、资金、设备、技术等成为推动经济发展的动力;而在知识经济时代,信息、文化、精神、思想资本对社会发展起到至关重要的作用。体育文化创意产业作为知识密集型、高附加值型产业,软性资本是其品牌辐射的重要抓手,将在很大程度上对传统体育产业低水平低投入的产业形态发起挑战,为我国体育产业结构调整和优化带来新鲜血液,带来新的增长点。在刺激外部产业之间相互关联发展的同时,对内有效整合各方资源,为产业的有序发展提供基础和保障。

辐射力本身是物理学概念,指的是单位时间内物体单位表面积向半球空间所有方向发射出去全部波长的辐射能的总量。其实质是表征物体发射辐射能本领的大小。对应到体育文化创意产业中,假如把体育文化创意产业的品牌看作表征物体发射辐,则体育文化创意产业品牌辐射力可以看作品牌产品或服务对关联产业所带来的影响以及影响程度的大小。

其实体育文化创意产业的辐射在某种程度上可以看作"体育+"的延伸。体育文化创意产业作为和多个产业交叉发展的综合性产业,其本身的发展也必将辐射到旅游业、娱乐业、传媒业、健身业等产业的联动发展。所以,会逐渐形成以体育文化创意产业为中心,包括体育旅游、体育传媒、体育健身、体育制造等为辐射的网状结构。

一、体育文化创意产业品牌辐射范围

体育文化创意产业由于其产业的特殊性,在国内还没有统一的产业结构标准。但根据其本身的体育文化和创意理念,产业的高端性和交融性可以把体育创意产业依照关联程度划分为核心层、中间层和外围层(见表8-2)。其基本产业结构如下(李祺,2012)。

第一层核心层是基于体育产业本身发展的相关产业。依托网络技术、电子技术等产生的广义的信息产品,如某项赛事的运营品牌及其版权使用交易与无形服务提供等。

第二层中间层是基于体育文化产生的相关产品,或者第一层开发的产品得到二次开发与使用。其产品是体育交叉融合的相关产业所开发的信息或实物产品。而体育创意和文化始终贯穿始末,如体育用品的研发设计、体育广告、体育动漫、体育电影等产品。

第三层外围层,主要以实物产品为主。体育创意创新所占比重较小,仅仅是一个组成部分或附属元素。这一层次中的行业大多数与体育创意产业存在交叉,体育创意产业与之相互合作,借助一定的商业模式和营销手段,获得经济效益,并有利润分成。

表 8-2　体育文化创意产业划分

分层	特征	细分类型
核心层	基于体育产业本身,借助网络等信息技术	体育竞赛表演业
中间层	基于体育文化	体育娱乐业、体育传媒业
外围层	与其他产业交叉	体育运动用品器材业

资料来源:根据相关文献资料整理得出。

根据不同的品牌定位以及品牌产品的核心价值,体育文化创意产业的品牌辐射范围也有所差异。比如奥运会或亚运会等这种大型体育赛事的举办可能对于核心层竞赛表演业的辐射更大一些,尤其是在开、闭幕式的策划呈现上,更是体现了竞赛表演的各个环节。以休闲、运动、旅游等为定位的融入体育文化的体育特色小镇对于中间层体育娱乐业的辐射更有针对性,在体育健身、体育旅游甚至体育动漫上让消费者有更多的体验。而一些体育用品制造企业对于大型体育赛事的赞助或者以某些特定体育用品制造为核心产业的体育小镇也会通过品牌赛事或体育小镇的辐射提升自身的影响力。

(一)体育文化创意品牌对核心层的辐射

体育竞演业是以竞技体育和运动表演为主要形式,向社会大众提供的兼具竞技性和观赏性的经营性服务的一系列经济活动,包括了赛事策划、赛事中介、赛事组织、赛事运营、赛事媒体等业态。体育竞赛表演业的主体是职业运动员(队),消费者是普通大众,大众消费者通过体育竞赛的举办,观看享受赛事竞技项目带来的运动魅力,从而带动全民健身的发展和普及。所以体育竞赛表演业也成为人们印象中体育服务业的狭义概念,也是最直观感受体育精彩瞬间的平台。其间所涌现出来的体育明星、运动队、俱乐部等个人和团体,更是成为体育文化创意产业扩大辐射力的有效载体。从最初的无人观看、无人赞助到如今的收入多元化,品牌效应显著,从CBA、中超等国内逐渐形成的品牌赛事中可以看到我国体育竞赛表演业借助这些赛事的影响慢慢初具规模。而体育明星、体育赛事、竞赛表演也构建了体育竞赛表演业的良性循环,在新时代的体育生态中扮演着越来越重要的角色。

例如我们熟知的NBA球星乔丹、科比、姚明等,让NBA赛事成为世界级的体育品牌赛事,推动了篮球俱乐部、体育鞋服类用品制造、篮球文化的普及、篮球运动的大众化等。再比如我国的乒乓明星"小胖"樊振东、"藏獒"张继科、马龙、张怡宁等,这些形象出众、个性鲜明、成绩优异的乒乓运动员,对于乒超联赛的普及,对于乒乓运动的全民性宣传,发挥了巨大的作用,是普通大众认识联赛、熟悉联赛、喜爱联赛、体验运动魅力的靓丽名片。运动员不惧困难、坚韧不拔、刻苦训练、顽强拼搏的体育精神成为很多年轻人的信仰。

体育明星对体育竞赛表演业的经济带动能力也不可忽视,不论是对于俱乐部每年在联赛等大型赛事中的成绩,还是对于赛事门票销售的影响,都存在举足轻重的作用。很多明星成为所在俱乐部甚至相关赛事的代言人。提到许昕就会想到上海中兴俱乐部,提到张继科就会想到乒乓球运动,提到孙杨就会想到游泳,提到姚明就会想到篮球,这些体育明星以其独特的个人魅力和在世界范围内的卓越战绩成为体育运动的一部分,成为体育运动推广的无形资产。有调查显示,"如果自己喜爱的体育明星退役了,是否还会关注此类赛事时",有39.8%的受调查者表示"会,但不会那么热衷",更有49.2%的被调查者表示"不会,只为他/她而看",可见体育明星对赛事收视、门票销售等的辐射力之大。体育明星对赞助商的辐射效应也使其成为各大俱乐部争抢的宠儿。在2016年,刘诗雯以699.6万元的转会费成为新标王,成功转入武汉安心百分百俱乐部(申伟,2018)。俱乐部不仅仅希望明星运动员能够给俱乐部带来优异的成绩,更希望通过明星效应的辐射,逐渐形成俱乐部的品牌。

(二)体育文化创意品牌对中间层的辐射

对于中间层的辐射是距离普通群众日常生活最近的一部分。如果说体育竞赛是专业运动员参与的盛会,那么体育旅游、体育健身、体育休闲等则把体育、运动、健康理念带入了寻常百姓家,让每一个人都可以感受到体育的魅力,形成健康的生活习惯。随着人们消费水平的提高、消费观念的改变,对于体育消费的升级已经不仅限于一场篮球、足球赛,更是把体育融入旅游、健身、疗养等各个领域中,通过体育文化创意的助力,使之彼此相得益彰,产生 1+1>2 的效果。比如以航空为特色的杭州建德航空小镇,以宝剑产业为核心的龙泉宝剑小镇,在增添旅游体验乐趣的同时,把体育文化创意进行了很好的诠释。

体育特色小镇是体育文化创意产业的代表,近年来,随着国家政策的不断推进,全国各地都在根据自己的地方特色和传统文化大力发展体育特色小镇。体育特色小镇更是成为新时代背景下我国经济结构调整的新亮点。甚至成为部分地方缩小城乡差距,促进城乡一体化,脱贫攻坚,推动新型城镇化建设,提升农村居民收入的重要举措。体育小镇所体现的生态、生活、旅游、健康、体育、运动、休闲、娱乐等理念也在逐渐改变着人们的生产生活方式,从经济辐射到文化辐射,融入人们的日常生活,体育特色小镇发挥的作用还有更大的潜力值得挖掘。

比如河南省登封市少林寺的嵩山少林小镇,就专一致力于"少林武术+"的体育特色发展模式,逐渐形成了少林武术服装、武术表演、武术培训、武术康养、武术学校、武术旅游、少林食品、少林文化纪念品等的综合性服务产品,带动了小镇以及周边区域的全域产业发展局面,通过供需链、价值链、企业链、空间链延伸了产业链范围,为游客提供了丰富的服务,提高了当地居民的收入。在小镇的成熟成长过程中,还使得生态体育、循环经济等理念融入当地居民心中以及生产活动中,通过小镇的少林品牌、武术品牌的建设,找到了属于少林武术的体育文化发展极(谢飞,2019)。

无独有偶,在河南省的温县太极小镇同样以"太极+"的模式助推小镇的辐射力。小镇以太极拳产业为基础,组建太极影视公司和文化创意产业,拍摄《印象太极》,培育太极拳武校、武馆 50 余家,授拳、"四大怀药"、太极拳服饰、器械等产业发展,积极推动教育培训、健康养生、休闲娱乐发展,在加强太极拳非物质文化遗产保护、树立文化自信的同时,通过以陈家沟为核心区传统村落保护打造的太极特色小镇,尝试着走出了属于太极的文化展示、传统村落体验、太极拳培训、休闲疗养的独特模式。

(三)体育文化创意品牌对外围层的辐射

外围层虽然是与其他产业相交叉,并且可能处于产业链的低端,比如体育装备、用品、器材等的制造。看似以创新这种软实力为核心的体育文化创意产业与之关联性不大,不是一般意义上的文化创意产出,但其作为体育产业链的重要一环,对于产业结构的均衡所发挥的作用也不可轻视。体育制造业可以借助体育文化创意扩大营销范围,比如产品广告的创意、产品包装的改进等等,都能够为产品的销售带来意想不到的效果;还可以在员工日常的生产生活中融入体育、运动等活动元素,让健康理念也成为企业文化一部分,为单一的工作增加亮点。但想要提升产业的整体竞争力,仅仅停留于此还远远不够,更高的利润来自产品研发、自有专利等核心技术的掌握。

二、体育文化创意产业品牌辐射力作用

(一)促进城市综合发展

改革开放丰富了人民生活物质基础,人们有了更多的时间和金钱进行健康等非物质层面的消费,为体育文化创意产业的发展创造了市场空间。随着国家城市化进程的不断推进,产业结构的优化调整,在第三产业政策上的大力支持,为体育文化创意产业的成长建立了良好的外部环境。由于体育文化创意产业的融合性、包容性,能够在很大程度上改变区域经济格局,提升城市形象,推动城市创新。

体育文化创意产业本质上是一种基于物质生活消费基础的,融合精神文化消费的多元性特殊消费,为促进多层次的产业发展,必然对城市文化创新水平提出了更高要求。深厚的文化底蕴和历史积淀是体育文化创意产业差异化发展的根基;同时繁荣壮大的体育文化创意产业又能反过来提升城市的文化产品消费,树立良好的城市形象。在体育文化创意产业发展的过程中,需要整合城市的传统文化资源,对传统文化的精髓进行提炼升华,和体育创意进行互动融合,不仅有助于传统文化的普及和传承,也有利于提升

城市的综合竞争力和影响力。

(二)激发传统体育产业活力

传统体育产业的发展需要与时俱进。我国传统体育产业主要以体育用品制造和销售为主,停留在产业的低效益阶段,投入大量的劳动力产出的却是低附加值的产品,高投入低产出不利于产业的健康稳定发展,无法发挥体育产业的真正作用。这种落后的产业模式缺乏新技术、新思维,产品与服务的内容、形式单一,存在着结构性风险。

体育文化创意产业所追求的创意、策划、高知识、高产出等能够激发传统体育产业的转型升级和创新活力,让传统体育产业在新时代的天空中插上腾飞的翅膀,在新常态经济下更好地进行改革和发展,造福更多的普罗大众。通过各种资源和技术的优化整合,实现传统体育产业的扩大再生产,促进产业的可持续发展。传统体育场馆功能单一,使用率不高,透过体育文化创意产业的开发,体育场馆被打造成集健身休闲、运动培训等为一体的城市体育新空间,除了大型体育赛事,还可以举办艺术展、演唱会、音乐会、博览会等,大大提高场馆的使用率。

体育文化创意产业以艺术、文化、创新为核心,不仅可以满足人们日益增长的物质文化需求,陶冶情操,传递健康的生活理念,还能创造良好的社会效益。让距离人们较远的传统体育走进普通群众生活,扩大传统体育的普及面和覆盖面,扩大市场需求空间,提升传统产业的群众参与度,助推产业又好又快发展,加快促进体育事业的创新改革。

比如,可以在相关 App 平台上提前预约运动项目,然后根据会员制规则,把运动量以卡币的形式存储在会员的个人运动银行或运动账户里;而卡币则可以在体育园内联网的运动商店购买运动商品等等,甚至通过人脸识别技术捕捉运动瞬间,通过 App 提取运动视频,从而增添运动的趣味性,实现阿里体育"让运动更简单"的理念,让未来生活健康快乐。

(三)以文化为切入点,带动创意经济发展

体育文化创意产业凭借其强大的文化底蕴,把具有体育文化、城市文化、传统文化等元素的产品以创意的形式送到消费者身边,用无形的智力资本创造出有形的产品价值。通过与其他产业的相互融合,改造重组生产消

费流程,创新产品功能价值和经济价值的发展模式,以消费者的真实需要为导向,引领新的消费观念和消费时尚。让产品的消费变成文化消费,创造性地满足了体育营销快速发展带来的时变需求,扩张了经济市场,驱动了创意经济的快速发展,在体育产业中显示出强大的生命力,高效实现体育经济增长方式转变。创意经济的高附加值、高渗透性能够帮助体育产业改变粗放型的增长方式,向内涵型、知识型、集约型方式转化,发挥其衍生效应,延伸体育文化创意产业链条,实现了由效用经济向价值经济的过渡。

(四)创造社会就业机会

体育文化创意产业关联性较高,综合性较强,需要大量的人力资本进入。不论是创新创意人才,还是体育制造人才等,在全产业链的各个环节,人才都成为产业发展的活力基础。而产业的快速发展也提供了大量的就业岗位,在创业、就业方面,体育文化创意产业都发挥出了强大的辐射作用。不仅解决了就业劳动力数量问题,同时也优化了劳动力结构符合更高端的产业链上游要求。

比如一个体育特色小镇的规划建设,需要基础设施、运营管理、项目开发、营销推广等各类人才;一场大型体育赛事的举办,需要体育传媒、体育中介、赛事组织、创意策划等环节保障,也必然需要人力资本的投入,而其进一步辐射到的体育旅游、体育健身等行业更是为各类人才提供了就业展示的舞台。例如,在上海举办 F1 大奖赛期间,组委员曾雇佣 5000 名工作人员,包括众多接线员、管道工等后勤保障人员,2000 名厨师准备一日三餐,200 名医务人员做好应急准备,每场比赛还有 60 名清洁人员保持赛场卫生。2010 年广州亚运会的举办就为广州额外增加了 30.4 万个就业岗位,翻译、旅游等人才需求量大,掀起一轮"亚运岗"热潮。同样,对于国内的大型综合体育赛事,虽然没有国际大赛的需求量大,但同样能够给举办地带来就业效应。2009 年第十一届全国运动会就给主赛区济南带来 2.5 万个就业岗位,更是给山东省带来 8.4 万个就业机会,缓和了就业市场的压力。

三、奥运会的辐射力

奥运会作为目前世界上规模最大、影响最广、水平最高的国际性体育盛会,从每届的申办城市竞争上就可以看出其对举办国的积极辐射带动效应。

除了对于体育相关产业的助益,奥运会的成功举办还将在旅游业、交通运输业、服务业等各个方面给举办国带来显而易见的经济收入(见表8-3)。除此以外,还将在国家形象、生活环境、人民幸福等隐性辐射上产生不可估量的正向影响。

表8-3　历届奥运会直接辐射和间接辐射效应

名称	经济效益 (亿美元)	就业机会 (万个)	境外游客 接待量 (万人)	奥运会 旅游收入 (亿美元)
1984 年洛杉矶奥运会	32.90	2.5	60.8	4.4
1988 年汉城奥运会	98.68	3.4	28.0	3.4
1992 年巴塞罗那奥运会	274.30	5.9	45.5	30.0
1996 年亚特兰大奥运会	51.42	7.7	101.0	13.0
2000 年悉尼奥运会	180.30	10.0	160.0	42.9
2004 年雅典奥运会		11.0	—	–
2008 年北京奥运会	419.32	74.5	240.0	39.0
2012 年伦敦奥会	240.00	10.0	59.0	–
2016 年里约奥运会	200.00		41.0	20.0

数据来源:根据相关文献资料整理得出。

其中经济效益指对举办国家或城市所在地区的影响,就业机会指奥运会举办当年为相应国家创造的就业机会。

(一)直接辐射

奥运会由于其品牌效应的美誉度,对于举办国来说在基础设施建设、项目投资、生产消费等经济发展方面具有"提振效应"。虽然个别年份受到全球经济形势的挑战,但对于大多数年份和举办国来说,奥运会在从申办成功到成功举办的10年左右时间中,对于国家的经济增长都带来促进作用。比如2012年伦敦奥运会,除了对于就业、旅游、交通的辐射,带动经济增长0.2%以外,还加速了英国本国工业生产,其环比增长1.1%,带动经济增长0.5%。另外根据统计,1964—2012年,有9个国家在筹办、举办奥运会的8年过程中,GDP年均增长超过前8年的平均速度(甄宇,2013)。但是不同国家的具体情况以及当年的经济形势,增长幅度有所差异,并且在后奥运时期,其对经济的辐射效应也存在较大差距。

（二）间接辐射

奥运会的举办前期需要大量的基础设施建设、文化创意等方面的人力。举办期间由于运动员、国内外旅游者等的涌入,旅游业、交通业也需要充足的配备作为保证,因此作为强关联性的奥运会的筹备和举办将会给举办国提供大量的就业机会。奥运会的强大影响力,参与奥运会建设的经历也为这些就业机会增添了巨大的隐性价值。但就北京奥运会而言,基于北京当时的劳动生产率水平、资本密集程度、劳动力价格等因素都低于发达国家,因此就业岗位的投入产出比要高于其他举办国。奥运会的文化创意宣传为城市旅游的对外形象附加了裂变效应,而前期的基础设施投资建设又为旅游接待提供了硬件保障,奥运会已经成为发展体育文化创意产业的一缕春风,成功打开大门后依然成为后奥运时期旅游业持续增长的强劲动力。

除了就业岗位的提供、旅游业的增长,奥运会还在各个方面对城市体育产生着影响。比如北京奥运会除了就业机会、旅游人数、电视转播等方面的影响辐射外,还极大地带动了我国体育信息产业的发展。"数字奥运""科技奥运"等理念所留下的奥运遗产,让体育信息产业在数据搜集、数据分析、数据处理、虚拟技术、网络技术的数字化、空间化等方面都有了实践经验,对于体育信息资源的共建共享具有良好的推动作用。在体育信息人才培养方面也与北京体育大学、中国人民大学等高校,以 MBA 培养方式为基础,为体育产业的发展、专业的体育人才需求的满足提供了人力资本。另外,奥运会的成功举办,对于我国体育场馆的智能化、信息服务系统、电子商务系统等提供实操演练,对今后重大体育赛事的举办、体育基础设施的管理、体育软件环境的提升都有巨大的促进作用,而这些正是体育文化创意发展的基石。

四、2014 南京青奥会的辐射力

2014 南京青奥会是我国继 2008 年北京奥运会后举办的又一重大体育赛事,是我国首次举办青奥会,也是第二次举办奥运会。这对于文化底蕴深厚的六朝古都南京来说是一次千载难逢的机遇。青奥会是一场体育竞技大餐,更是一场文化交流的盛会。从开、闭幕式上生动表现中国梦、世界梦、青春梦,到一系列文化教育活动,让世界各地的青少年运动员和观众体验到南京这座东方古都的独特魅力。青奥遗产也一直影响着南京的城市建设和发展。从城市形象、服务、文化的品牌宣传推广,到体育教育、旅游、产业等的推动,处处留存着青奥会的足迹和价值。

(一)城市品牌

青奥会之前人们对南京城市印象大部分停留在历史记忆、抗日战争、南京大屠杀等,基本都是苦难、沧桑的固有形象。但是随着 2014 年青奥会的前期筹办以及最终的成功举办,这一"刻板印象"在青奥会青春、创新、快乐、活力的理念下被打破了,两者在南京这座六朝古都中相交相融,将新南京城市形象通过新媒体的互动传播到了全世界。

大型赛事的举办对于城市的服务水平提出了很高的要求,尤其是青奥会这种国际性的体育赛事,参与运动员、世界各地游客等的进入都给南京的城市服务带来挑战。而南京也提前做好了应对措施。没有采取顾此失彼的零和战略,例如将所有的公共交通、道路运输等倾向青奥会,对城市居民和游客的出行进行限制,而是通过增加运力、灵活安检、科学规划等方式,在不影响居民正常工作生活的情况下,为世界运动员和旅游者提供便捷、安全的公共服务。这样的考验也会成为青奥会留给南京最大的奥运遗产,让城市服务有了质的飞跃。

南京作为中国的历史古都,拥有 6000 多年的文明史,灿烂的古代遗迹和近代的历史风貌,让南京拥有了博爱的城市精神。青奥会的举办让这座历史文化名城与奥运文化共生,将民族文化、地域文化、传统文化、现代文化、青春文化结合在这片历史与现代、古老与青春的土地上,南京还通过赛事期间一系列的文化交流活动,使全球青少年碰撞出友谊的火花,激发出文化的传递,还借助青奥会的举办把南京打造成为"青年时尚文化之都"。

(二)城市体育

1. 体育教育

青奥会不同于传统奥运会的体育竞技,其更加注重的是全球青少年的奥林匹克精神交流,健康生活方式的养成,多元文化的沟通,超越自我、全面认知自我的追求等青奥会平台价值。南京也借此机会在中小学大力推广奥林匹克体育。从 106 所青奥示范学校到 100 所奥林匹克教育示范学校,在青少年体质健康下降的情况下极大促进了南京中小学体育课程建设、校园阳光体育运动和学生体质锻炼,对于学生运动意识的培养、终身锻炼的习惯养成都进行了全方位的普及和教育。

此外,青奥会的举办,不仅对于南京影响显著,对于江苏来说,在竞技体育后备人才培养方面能够有助于克服青黄不接的局面,为发展体育强市、体育强省带来福音。南京将在原有国家高水平体育后备人才基地、国家级青少年体育俱乐部、阳光体育学校的基础上,通过立体多元模式为南京、江苏的体育教育、体育改革带来奥林匹克的春风。

2. 体育设施

在青奥会筹办期间,15 个比赛场馆中只有 1 座是新建的,其余都是在已有场馆的基础上改建的,不仅体现了节约的办赛理念,同时对于体育基础设施也是一次全面的升级换代。而新建的青奥体育公园除了比赛期间作为比赛场馆,更是在结束后成为浦口区居民体育运动的新去处,填补浦口区没有大型体育设施的空白。政府还在 2014 年投入了 5700 万元用于城市基础设施改造,其中就包括了社区、公园等陈旧器材的更换,为全民健身提供了硬件底线。

3. 全民健身

青奥会带给南京的不只是体育基础设施的完善,更重要的是精神财富。全民健身氛围的营造、健康生活理念的形成,青奥会都发挥着功不可没的作用。青奥会后,南京逐步建成社区体育健身站,打造"有 1 个固定办公点,2处以上室外活动场所,3 个以上社会体育指导员,4 个以上社区活动队伍",构建起从参与到指导,从个人到队伍的全民健身热潮。积极实施"百万市民健身工程",每年举办 1000 余次全民健身活动,做到天天有活动、周周有比赛、月月有规模较大的活动。"全民健身节""全民健身日""社区大众体育活动"纷纷借助青奥会的东风把运动、健康带到普通大众身边,体育惠民工程有条不紊地开展。让青奥会不仅是专业运动员的盛会,同时也成为全民健身的盛会。

4. 体育旅游

南京作为"六朝古都,十朝都会",旅游资源非常丰富。不仅有以中山陵、明城墙为代表的历史文化主题景点,还有玄武湖、八卦洲等为代表的自然风光景点。根据江苏旅游局数据显示,2014 年 8 月份南京市 AAAAA、

AAAA 级景区接待人数比 7 月份增长了 25.74%。青奥会期间,南京全市共接待旅游者 300 万人次,总统府、中山陵、大子庙等核心景区接待量增幅超过 20%(见表 8-4)。

表 8-4　2014 青奥会期间南京主要景点接待人数

单位:万人

景点	明城墙	中山陵	明孝陵	云锦博物馆	六朝博物馆
总接待人数	24.00	58.00	5.00	5.60	2.88
日均接待	2.00	4.83	0.42	0.47	0.24

资料来源:根据相关文献资料整理得出。

　　青奥会除了为南京的旅游服务、设施带来经验以外,还为南京的体育旅游留下了大量的具有吸引力的资源。比如青奥体育公园成为江北浦口全民健身中心,还结合了体育培训、文艺演出等项目;青奥村南部的鱼嘴湿地公园的体育实验室成为市民户外运动基地;老山森林公园为青奥会修建的自行车赛道等成为休闲新去处。这些青奥遗产在为运动员提供专业的体育竞赛条件后,又为南京市民提供了健康生活方式、休闲旅游选择的新方向,践行了体育惠及百姓,人民健康幸福的目标。

　　5. 产业集聚

　　作为高水平的体育赛事,青奥会的举办对南京体育产业的飞跃式发展产生了巨大的推动力量。南京凭借着赛事的筹备和举办,致力于建设以体育文化内涵为核心,囊括体育竞赛表演、体育会展、体育商务休闲和体育培训的综合示范区,为国家体育产业(示范)基地的创建打好基础。以示范区为增长极,结合大型体育赛事、户外运动项目、群众体育文化活动的举办,逐步带动体育旅游、体育经纪、体育商务、文化创意、体育中介等产业融合,促进体育服务业的跨越式发展。

　　2018 年 1 月,南京市建邺区被国家体育总局命名为"建邺国家体育产业示范基地",成为南京首个获此称号的区域。建邺区作为"大赛遗产",尤其是在青奥会举办之后,除了南京奥体中心多功能复合型场馆以外,还新建了青奥森林公园户外运动场地、体育实验室、南京奥林匹克博物馆等,为竞技体育、群众体育的广泛开展奠定了物质基础。建邺区还将体育健身、休闲旅游、赛事服务、体育会展、体育制造等产业相结合,逐步打造属于南京的"建邺模式"。

237

南京以青奥会举办为契机,打造体育文化的"六个一工程"(见表8-5)。不论是赛事举办前期到香港,与香港青年开展亚青会、青奥会"相约南京"主题文化体育交流活动,还是举办期间举行的"青年的节日""世界青年体育、文化与和平论坛",抑或是在青奥会结束后在2016年举办的"南京国际青年体育文化活动周",为因埃博拉疫情未能参加2014南京青奥会的几内亚、利比里亚、尼日利亚、塞拉利昂青年运动员打造跨文化交流和体育竞技平台,南京正在迈入世界体育文化交流中心。

表8-5 南京青奥会体育文化"六个一工程"

名称	功能
青奥博物馆	汇集档案、实物等资料打造体育文化交流基地和传播中心
中央公园休闲体育圈	打造适合市民休闲健身的体育乐园
世界青年体育培训中心	突出青年特色,开展国际青年体育培训
世界青年奥林匹克文化节	联合全球奥运城市,每年固定时间结合主题领域举行
《青奥之城中国南京》宣传片	以体育和青奥会为主题拍摄
《南京青奥会》一书	回顾记录南京青奥会从申办到举办的全过程

资料来源:郭冠圆.第二届青奥会对南京城市体育的影响研究[D].南京:南京师范大学,2014。

第三节 体育文化创意产业与体育赛事的融合

大型体育赛事指的是大型的综合性运动会,具有巨大影响的世界单项运动会以及一些知名的、高水平的洲际性或地区性、全国性体育比赛(周薇,2010)。自2008年北京奥运会后,我国相继又成功举办了广州亚运会、深圳世界大学生运动会等众多国际大型体育赛事。随着人们对美好生活追求的深入,观看体育比赛、参与体育锻炼、了解体育明星等已经逐渐成为物质生活和精神文化消费的重要组成部分。大型体育赛事本身所蕴含的文化、经济、社会价值得到越来越多的认可。

与体育赛事密不可分的"传媒、广告赞助、体育设施建造、体育用品设计",以及体育艺术表演、明星效应、动漫影视等都是文化创意大有可为的主战场。从硬件到软件,从赛前到赛后,体育文化创意打破了赛事举办的时间、地理、空间等的限制,让传统赛事更加符合现代人的真实需求,让新诞生的赛事更具未来发展潜力。文化创意让体育赛事具备了长远成长的内在动力。两者结合所形成的巨大辐射力,为产业结构优化、城市品牌宣传、消费结构升级、健康理念传播等提供了新的选择方向。

体育赛事为体育文化创意产业的发展提供平台,而体育文化创意产业为体育赛事的举办提供人才等基础条件,同时大型体育赛事的举办也弥补了我国体育文化创意产业发展的短板,两者是相互促进、相互补充的共同体,良性的协同发展才能推动体育产业的蓬勃可持续向前,营造健康的产业发展环境。

国务院办公厅印发的《关于加快发展体育竞赛表演产业的指导意见》中提到,促进体育竞赛与文化表演互动融合。把观赏性较强的运动项目作为突破口,创作开发可以展现中华优秀文化、彰显中国特色的体育竞赛表演精品项目。大力支持各地举办各类表演赛、明星赛、联谊赛、对抗赛、邀请赛等兼具竞技性和娱乐性的赛事,推动体育竞赛与文化表演互相结合。通过打造武术、围棋、象棋、龙舟等具有民族特色的体育竞赛表演品牌项目,传承民族体育文化,发扬中国体育精神。此外,还要合理引导消费观念,鼓励各类媒体平台播出体育赛事节目,通过趣味性的创意和设计普及运动项目文化和观赛礼仪。

一、国际大型体育赛事中心转移

有数据表明,随着体育资本的扩张和体育资源等的全球性流动,国际体育赛事的中心正在由欧美发达国家地区向亚洲转移,亚洲等地正逐渐成为21世纪国际体育赛事承办的首选之地。尤其是在申奥成功以及成功举办2008年北京奥运会之后,中国正在以崭新的面貌吸引着国际体育赛事(见表8-6)。

表 8-6 1990 年来我国举办的国际大型综合体育赛事

序号	赛事名称	年份	举办地
1	亚洲运动会	1990	北京
2	东亚运动会(2019 年更名为东亚青年运动会)	1993	上海
3	世界大学生运动会	2001	北京
4	夏季奥林匹克运动会	2008	北京
5	亚洲运动会	2010	广州
6	世界大学生运动会	2011	深圳
7	东亚运动会	2013	天津
8	青年奥林匹克运动会	2014	南京
9	世界大学生运动会	2017	台北
10	世界军人运动会	2019	武汉
11	冬季奥林匹克运动会	2022	北京、张家口
12	亚洲运动会	2022	杭州

数据来源:根据相关文献资料整理得出。

据英国机构调查数据显示,2007—2018 年,中国举办了 700 多项国际大型体育赛事,影响力排名第一,远超其他国家,向世界展现了体育强国的良好形象。其中综合、单项体育赛事如雨后春笋般陆续开展,奥运会、体操世锦赛、女排锦标赛等彰显了中国体育健儿的精神风貌和竞技精神,从承办城市到参与人员,各个环节的努力付出让世界了解中国,让中国走向世界。

二、体育赛事逐渐发展为多元化平台

从最初的奥运会到欧美的 NBA、欧洲足球联赛等,以运动功能为定位的体育赛事随着全球化的发展,融合科技、艺术、娱乐、金融、健康、时尚等各个行业,行业壁垒和国家边界在慢慢打破,体育资源和体育要素的全球化流动给体育赛事提供了更多的发展空间和可能性。因此越来越多的国家和地区开始热衷于主办或承办国际大型体育赛事。

一是通过体育赛事的申办让人民有机会接触和感受到竞技体育的魅力,同时贯彻全民运动的健康城市发展理念。在物质生活不断丰富的当下,提升人民健康管理意识,形成全民健身的良好氛围,丰富人民群众的精神文化生活。

二是借助国际大型体育赛事,积极宣传城市文化,展示城市形象和面貌,以赛事为依托,促进体育旅游、体育文化、体育动漫等产业的协同发展,不断提升城市在国内国际的综合影响力。比如北京奥运会体育场鸟巢、水立方,不仅是体育赛事的场馆,更是北京向世界宣传的窗口,甚至成为招商引资平台,吸引包括体育资本等的资金流入,来进行城市基础设施建设以及文化等软实力的提升。

三是体育创意无处不在。随着互联网、虚拟技术等科技的发展,体育产业借助科技的翅膀散发无限的魅力。体育基础设施更加先进,创意体验让民众更加热爱体育运动,也无形中带动了数字经济和体验经济的发展。通过体育营销,开发赛事徽标、赛事口号,发挥体育明星的粉丝效应,打造以体育赛事为载体的体育文化创意产业的多元化价值。体育文化创意产业对创新的追逐使体育得到科技的全副武装,从产品核心要素到赛事观赏性,从功能特征到市场效率等多个方面为产业发展插上腾飞的翅膀。

三、融合的价值

(一)促进基础体育设施建设

1. 大型体育场馆

大型体育赛事举办的比赛项目种类繁多,需要多样性、专业化的场馆满足比赛要求,既要有比赛所需的训练场地、技术设备等硬件设施,也要满足现场、电视转播的观看条件。因此基础场馆建设是大型体育赛事举办的先决条件。各大城市为了成功举办赛事,赛前都会大力兴建一批满足比赛要求,同时赛后可持续利用的专业综合性场馆(见表8-7)。而对于原有场馆

241

的改建扩建,在节俭办赛的理念下更是对城市体育基础设施的一次外观、功能的质的改善。不仅成为持续承办专业赛事的体育设施,同时更成为满足人们休闲旅游、体育锻炼的重要场所。比如2008年北京奥运会极具文化创意的国家体育场"鸟巢"和游泳中心"水立方",在圆满完成比赛任务后,便成为北京对外宣传的窗口和吸引国内外游客争相到访的旅游景点,成为北京的城市新地标。

表8-7　大型体育赛事改造、新建场馆

举办年份	赛事名称	比赛项目	所需场馆(个)	改造场馆(个)	新建场馆(个)	投资额(亿元)
2008	北京奥运会	28(大项)+302(小项)	31	11	12+8(其中8个为临建场馆)	420
2010	广州亚运会	42(大项)+476(小项)	70	58	12	2200
2011	深圳世界大学生运动会	24(大项)+306(小项)	63	50	13	
2013	第六届东亚运动会	24(大项)+289(小项)	28	14	14	
2014	南京青奥会	28(大项)+222(小项)	34	30	4	

资料来源:根据相关文献资料整理得出。

　　天津市也将大力加快体育场馆开放,修建、兴建一批满足市民要求的体育设施,开展健身服务、体育培训、运动指导、场馆租赁、竞赛表演、健康管理等服务。增加大型赛事场馆的闲置空间利用率,合理建设城市公园等健身场地,引导发展登山步道、水上项目等户外运动项目,形成以体育基础设施为平台的旅游、会展、消费、商贸、康体、休闲等融合的多元化共建共享的产业集群。而现代体育赛事的场馆使用已经不仅仅局限在比赛本身,在设计之初,除了满足基本容纳、训练、比赛等功能外,还通过移动看台、升降挂幕、灯光音响等各种技术和手段,实现功能上的多元化;在满足体育比赛的同时,还进行文艺表演、大型展会等多样化经营,实现经济效益最大化。

（1）鸟巢后奥运时期利用情况

在北京国资公司的主导下，2008 年北京奥运会主场馆鸟巢通过市场化和多元化经营，逐渐形成了以大型活动、旅游服务、商业开发为主的业务框架。门票收入从 2009 年占总收入的 95% 降到了 2018 年的 25%，收入来源更加多样，收入结构不断优化，也提高了鸟巢的利用率。2009—2018 年，鸟巢共接待中外游客 3200 万人次，累积举办大型活动 600 余场。其中既有 2010 年巴萨中国行、2013 年巴西国家队巡回赛、2014 年巴西——阿根廷南美超级联赛等国际顶级赛事，还有 2011 年的意大利超级杯，8 万多名观众现场观看比赛，票房突破亿元大关；同时也有汪峰、成龙、王力宏等明星的演唱会；为了普及大众体育，鸟巢陆续举办了鸟巢青少年系列赛事、鸟巢半程马拉松等体育文化活动。还在 2009 年推出第一个群众性体育品牌活动——鸟巢欢乐冰雪季，让滑冰、滑雪的冰雪主题公园成为广大市民健身、休闲的新选择。截至 2018 年，鸟巢欢乐冰雪季共接待游客 190 多万人次，甚至成为北京申请 2022 年冬奥会的展示内容，而鸟巢也成为双奥之城。2022 年北京冬奥会和冬残奥会的开、闭幕式场馆，真正实现社会效益和经济效益的双丰收。

此外，鸟巢还通过知识产权开发特许产品 20 多个大类，700 余个品种，包括鸟巢水、鸟巢茶、鸟巢酒、鸟巢咖啡等自主品牌，进一步挖掘了鸟巢的文化创意价值，扩大了鸟巢旅游服务、商业开发等的可持续空间。"鸟巢模式"的品牌输出已经辐射到了苏州奥体中心、拉萨市群众文化体育中心等场馆，让鸟巢的体育品牌价值和品牌创意带动更多的体育文化创意品牌产生。

（2）水立方后奥运时期利用情况

鸟巢和水立方的会后使用情况都超过 80%，水立方也成为 2022 年北京冬奥会冰壶项目比赛场馆，完成由"水立方"到"冰立方"的转变。而冬奥会在北京赛区的 12 个场馆中有 11 个场馆为 2008 年奥运会遗产。截至 2017 年底，水立方接待游客人数超过 2000 万人次，各类活动超过 1200 余场次，为 200 万群众提供游泳服务。大型活动不仅包括 2018 国际泳联游泳世界杯系列赛、首届国际青少年游泳邀请赛等国际大赛，全民游泳健身周、北京市全民游泳大赛等群众体育活动，也包括了 2018"文化中国·水立方杯"唱响双奥之城华侨华人大联欢、2018 天猫"双 11"全球潮流盛典、"点亮蓝灯"系列等公益文化活动。同时还承担了 2014 年 APEC 第二十二次领导人非正式会议欢迎晚宴这种国家级的接待活动，给各国领导人留下了深刻的印象。水立方逐渐成为高端赛事、庆典晚会、"真人秀"、品牌发布的首选之地。

2. 健身等配套设施完备

大型体育赛事的举办会投入大量的资金用于基础设施建设,其中群众健身场地和设施的新建、完善,相关体育(中介)运营机构的成立、成长,都会对赛后城市的体育文化产业发展起到很好的铺垫作用。配套设备的完善解决了全民健身活动的举办、市民日常体育休闲运动的进行,极大丰富了城市基础功能的提升。很多大型体育赛事在筹办期间,对于体育场馆在举办城市的地理分布也做了充足的规划和安排,新建设施集中在基础薄弱区域,改建扩建设施集中在原有场馆区域,以提升原有设施的更新换代。基础设施的完备也为赛后群众体育、大众健身等活动项目的举办提供了硬件支持。

(二)拓宽市场发展空间

德国的哲学家卡西尔(Ernst Cassirer)曾经提出"符号理论",认为体育赛事能够满足举办城市居民需要的"文化符号"。而这个文化符号也将奠定体育文化创意产业发展的形象识别和市场基础,为产业的成长提供了源源不断的动力支持。我国体育文化创意产业的发展目前还处于初级阶段,市场发展空间和效益都有待进一步提升。大型体育赛事的成功申报和举办,为体育文化创意产业的良性发展创造了更大的市场空间。一场大型体育赛事的举办需要创意设计、产品包装、营销推广等各个细分行业的通力合作,因此会带动相应行业进一步推动体育文化产业的持续更新。比如以赛事吉祥物为主的动漫周边衍生品行业、以体育场馆为主的健身娱乐或旅游产业等等。

一场成功的体育赛事的举办,能够让优秀的创意人才、奇特的创意文化等涌入体育文化产业,激发人才、要素、资源等的有效交互和流动,为体育文化创意产业的发展提供更多符合时代要求的信息和内容,使之能更快满足消费者的需求;同时不断积累壮大的体育文化创意产业的发展,反过来又能为新的体育赛事的申办提供强大的产业支撑。

体育赛事中创意、文化的结合改变了传统体育单一的发展模式,形成体育、创意、文化三维的立体发展理念,把创新力、文化力、生产力有机融合,实现了体育产业的飞速发展。

（三）产生规模经济价值

大型体育赛事的举办会带来巨大的经济效益。随着人们对体育文化关注度的提高，大型知名的体育赛事具有强大的受众群体和市场覆盖面。大型体育赛事将抽象的体育文化创意产业实体化、具象化，使之走进人们的日常生活中，通过听觉、视觉、触觉等感官体验，赛事所产生的电视转播权、标志产品的专营权、赞助费、广告门票纪念品等的经济收入，甚至包括举办期间的交通运输业、旅游业、餐饮业、保险业等周边产业所产生的经济价值，都将带动相关地区体育文化产业的蓬勃发展。这样的经济价值和效益也将会延续到赛事结束后相当长的一段时间，成为城市形象和影响力飞跃的转折点。

比如 2005 年的上海网球大师赛总价值为 4.49 亿元，其中仅赛事本身收入为 1.07 亿元，对经济的拉动达到了 3.42 亿元，远高于赛事本身的经济效益；而到了 2007 年，这一拉动效应就上升到了 6 亿元，增长了将近 2 倍。

（四）体育精神文化的升华

改革开放以来，我国经济总量不断增长，人民也享受到了国家改革发展的红利，物质生活不断得到满足，对美好生活的追求和向往越来越强烈，并且更加注重精神文化的消费和需求。体育文化创意产业正是在这样的土壤下发展成长的，而体育赛事让这样的文化创意真正来到普通百姓身边，给普通大众带来一场场精神文化大餐。

1. 消费结构发生转变

根据马斯洛需求层次理论，当一个国家民众的基本物质需要得到满足后，将向高层次的精神需要迈进，社会消费结构也随之向精神文化消费转变。随着人民物质生活水平的提高，不仅转向精神消费，而且基于休闲型等的体育消费也会蓬勃发展，并且由单一的体育消费向复合型、多元化方向发展，成为拉动居民消费结构的重要增长极。体育赛事是离民众生活最近的体育产业载体，丰富的多元化体验等形式降低了民众参与的门槛，扩大了市场消费空间，促进了体育文化创意产业的高速发展。

2. 体育无形资产成为助推器

运动品牌、体育用品、赛事口号标语等所形成的产品体系，经过体育创意的研发和设计,大范围进行营销宣传,在获得较好产业利润的同时也提升了品牌价值。这些宝贵的体育文化遗产能够成为城市进化的良好驱动力,烘托城市文化氛围,促进城市纵深发展。

3. 赛场文化增加吸引力

通过体育赛事结果的不确定性和比赛对抗的激烈程度来吸引观众的目光,抓住观众的心,用现场主持、实时互动、文艺表演、明星效应、品牌赞助、媒体造势、队服口号、观众参与等创意活动营造赛场文化,烘托热烈的比赛氛围,形成消费者和参与者的情感共鸣,鼓励更多的粉丝和观众到现场感受体验体育文化的魅力。

体育赛事观赏性和娱乐性的增强也是社会需求发生转变的结果。把科技创新多方位地运用在体育产业中,以此激发体育爱好者和消费者的参与热情,唤起体育赛事和体育品牌的社会影响和社会关注。不论是体育场馆内现场观摩的热烈氛围,还是借助通信摄影器材视频直播的视觉冲击,都能让观众在各个时间、空间更好地观赏比赛,沉浸在刺激、兴奋的体育世界里。

四、融合的表现

体育赛事是一项具有产业性质的文化活动,运营机构要从经济环境、社会文化环境、人文环境等方面对赛事举办进行全面考量,要关注消费者的时变需求,充分利用环境条件,开展影响力大、参与性强、覆盖面广的大型体育赛事。通过广告宣传、媒体报道等传播途径,提高体育赛事的市场价值。体育赛事通过文化创意在门票销售、媒体转播、赛事赞助与广告销售、赛事相关项目开发等方面的助力,能够更好提升其经济效益和社会效益。

据统计,2008年北京奥运会期间的创意产业整体发展以每年0.8%~1%的速度增长,进一步优化了北京市体育产业结构,对于产业品牌的形成打开了新世界的大门。而体育赛事极具创意的策划不仅提高了赛事的影响力,同时创意与城市的结合,更成为城市品牌对外宣传的窗口。例如在上海召开2010年世博会期间,上海国际马拉松主办方就把世博园区规划在线路当中,打破了每年举办马拉松的视觉疲劳,同时更是上海国际马拉松以及世博会向世界展示的平台。2012年,现代城市水岸景观徐汇滨江又纳入马拉松版图,让运动员和观众尽情感受上海日新月异的变化,对城市马拉松的品牌内涵进行了很好的延伸和扩展。

体育赛事举办需要前后关联许多产业,来支持赛事的成功申办和举办,因此赛事产业本身也有其产业链,为满足各方需求以达到链条绩效的最大化。产业链涵盖了赛事举办的上游、中游和下游,包括上游的赛事策划、营销、基建、生产,中游的组织、赛会服务、赛事运作、场馆管理,下游的餐饮、旅游、住宿、购物、金融、零售、交通等等服务性行业(见图8-8),产业链的通力合作才能最大限度发挥赛事本身的经济效益和社会效益。而其中的各个环节都体现着体育文化创意的身影。

(一)与体育赛事上游产业的融合

1. 赛事赞助与广告销售

1990年李宁品牌通过赞助北京亚运会开创了中国运动品牌体育营销的先河,赞助赛事成为中国体育营销的重要方式。1999年,安踏启用我国乒乓球运动员孔令辉做品牌代言人,"赞助+代言人"的营销模式进一步丰富了运动品牌的营销方式。赛事赞助与广告销售有助于赛事运营单位通过赛事这个载体提升企业形象、增加观众认知度和熟悉度、提升美誉度。简单的广告板、喷绘、海报等氛围的营造,其实质不仅仅是赛事成功举办的资金来源,也是运营单位获得利润的重要渠道,大大降低了赛事举办的融资难度和财务风险;而赞助品牌通过体育赛事的知名度,策划一系列有创意的营销活动,打破地域、种族、语言、文化的障碍,也迅速提升品牌的覆盖面,深耕品牌商业价值。

比如美国2007年玫瑰碗职业棒球决赛的30秒广告费为240万美元,而这个数字在2018年达到了500万美元。借助吸引超过1/3美国人观看比赛的巨大影响力和覆盖面,比赛的黄金时段成为赞助商品牌推广的重要渠道。赛事运营机构要根据举办地的整体情况,以实现赛事运作目标为前提,寻找长期稳定有保障的赞助单位,为赛事的成功举办积累资源。

根据《中国电视体育营销研究报告》调查数据显示,50%以上的观众认为更容易记住与奥运相关的广告或品牌宣传,并且有40%以上认为会对奥运相关宣传的品牌增加购买的可能性。因此奥运会此类的大型体育赛事成为各大品牌争夺的广告赞助热点。中国的啤酒品牌燕京啤酒在2002年就与美国休斯敦火箭队签订了6年约600万美元的赞助合同,帮助燕京啤酒打开了美国市场。在2014年巴西世界杯期间,因产权保护赛事视频不能在微博上传播,燕京啤酒就与新浪推出了比赛第一时间动态进球图,并且附上燕京在世界杯的广告图片,让品牌借助世界杯的热点迅速广泛传播,增加曝光度。

青岛啤酒在2008年借助北京奥运会打破地理区域限制,走向全国之后,开展了一系列的广告公关活动,与湖南卫视联手打造《我是冠军》等节目。之后,又在伦敦奥运会前与中国"冠军之队"签约赞助,并通过签约国内知名运动员刘翔、易建联、何姿、陈一冰组成青岛啤酒"冠军之队",利用体育明星的影响力开展品牌体育营销。在2012奥运年,陆续开展"喝青岛,游伦敦"活动,在全国范围内开展了5000余场"全明星周末"奥运体验活动,借助"冠军之队"体育明星以及"为激情喝彩,与世界干杯"的主题口号展开强烈攻势(商情,2016)。

2. 开、闭幕式演出

大型体育赛事的开、闭幕式表演成为文化创意集中展现的大舞台。举办城市或国家把传统文化、历史积淀,在体育精神的结合下,利用现代灯光舞美、队形变换的方式,3D裸眼、全息投影、虚拟成像等技术吸引世界观众的关注,不仅为赛事带来了大量的忠实观众,更在国际舞台上宣传了城市形象。我国拥有绵延几千年不间断的历史文化,有着博大精深的特色资源优势,在中国不断崛起的新时代背景下,中华民族文化与奥林匹克文化的创新结合,成为讲好中国故事,传递中国声音,传播中国价值的体育舞台(见表8-8)。

表8-8 部分大型体育赛事开幕式文化创意点

名称	表演人数(人)	文化创意点
2008年北京奥运会	14000	以"绘画长卷"为线索,表现中国四大发明、丝绸之路、音乐书法等元素,借助灯光和其他技术,用"身体作画"等形式呈现中国和平崛起的大型史诗,成为现象级的文化事件
2010年广州亚运会	6000	以"水"为主题,透过水文化展现了中国南方文化韵味。以珠江为依托的舞台、以城市夜景为点缀的背景,演绎了"海上丝绸之路""郑和下西洋"等节目,淋漓尽致地体现了《起航》主题

续表

名称	表演人数（人）	文化创意点
2014 年南京青奥会	4000	以古代浑天仪和紫金山望远镜为线索呈现过去、现在和未来,茉莉花、云锦、雨花石等南京元素更是在服装、音乐、舞蹈等载体上焕发新的生命力,多媒体投影技术、3D 虚拟成像艺术实现裸眼立体视觉效果,"点亮未来"的主题展现了中国青年的精神风貌,中国梦和青春梦的完美呈现

资料来源:根据相关文献资料整理得出。

而开、闭幕式的文化大餐,让全世界了解中国不同地域的文化特色,让古老传统的文化元素、文明成果在时代的创意创新下,赢得更多观众的认同,尤其是满足青年人的现实审美,让中华文明在年轻人心中生根发芽,传承发扬。令人倍感亲切的城市元素提升了城市魅力和影响力,更提升了举办城市、国家的人民的文化认同、文化自信,是中国文化走出去最好的口碑传播方式。

除了开、闭幕式演出,在赛事单项比赛的间隙,也是创意产生的摇篮。美国 NBA 比赛在每一小节中间休息的时间,会安排大学生健美操表演、街头篮球表演等,成为活跃紧张比赛的欢乐时刻,增添了比赛的观赏性和吸引力,又避免了冷场,为赛事的多元化发展、多产业联动打下基础。

3. 周边产品

由于赛事时间等条件的限制,要想获得更多的商业收益,就要依托赛事相关项目的开发。而其也逐渐成为赛事经济和品牌收益新的增长点。虽然赛事的举办受到时间的限制,但周边产品的开发和推广能够扩展赛事的影响边界,使得其经济和社会价值具有可持续性。比如赛事的队服、纪念品等,赛事场地赛后的充分利用,有形和无形的产品都能通过赛事的影响力得到快速的升华。因此赛事周边产品包括有形产品(运动服饰、纪念玩具等),无形产品(体育游戏、动漫影视等),品牌开发(团队明星文化、体育娱乐节目等)。以赛事版权为核心,扩大产业链条辐射性、衍生性价值,以赛事为驱动带动相关产业的发展(段梦婷、宋昱,2018)。

除了国家层面,越来越多的地区或组织开始重视体育文化创意在赛事周边产品中的运用。体育文化创意与设计大赛包括体育赛事周边产品设

计、体育文博周边产品艺术品设计两大主题,作品涵盖文创产品、体育休闲
服饰、赛事周边产品、生活办公用品等。以生活化、专业化、产业化为导向,
将赛事作为纽带,依托智力资本汇聚创新创意设计,促进体育创新创意水平
提升;以赛事为载体,构建信息共享的交流协作平台,提升体育行业优质资
源整合和对接力度;有效形成体育文化创新创意的赛事文化氛围,加快体育
文化产业融合发展。

以赛事吉祥物、会徽等衍生出的周边产品,一方面增加了赛事的亲和力
和影响力,为赛事增添了温馨、时尚的点缀,成为赛事旅游难忘记忆的时空
延续;另一方面还增加了赛事本身的收入,有的周边产品巨大的升值空间也
为赛事的多元化发展翻开崭新的篇章。2008 年北京奥运会的 10 元奥运纪
念钞,根据南方文交所估计,其在 2018 年已经升值到了 5856.33 元,10 年间
增长了近 600 倍。除此以外,以吉祥物福娃贝贝、晶晶、欢欢、迎迎、妮妮和会
徽——“中国印·舞动的北京”组成的吉祥物邮票和会徽邮票,包括黄铜合
金普制币、150 元的精制金币、10 元的精致银币的奥运纪念币,都有不同程度
的翻倍升值情况。可以说,这些衍生品已经不仅仅是奥运会纪念意义的延
伸,更成为收藏价值、经济价值的体现。

(二)与体育赛事中游产业的融合

1.门票销售

门票经营和销售是体育赛事运营和成功举办的重要保障。对于有影响
力和吸引力的大型赛事门票,运营机构要提前进行多轮的营销活动,可以根
据当地的消费水平和特殊偏好,经济发展水平和文化环境,合理确定门票价
格和促销方案,最大限度地满足多种不同类型的消费者需求。门票销售和
收入是一项赛事举办的基础,如果门票销售不理想,则赛事的赞助收入、转
播效果等都会受到一定的影响。2004 年雅典奥运会可售门票总量为 530 万
张,最终仅售出 358 万张,销售率约为 70%,高达 30%的门票没有为赛事带
来经济效益。又如,2010 年在印度举办的英联邦运动会比赛预售门票约 170
万张,最终却只售出 60 万张,不高的门票销售率不仅影响赛事收入,更会影
响现场比赛氛围,甚至影响选手比赛发挥。因此,大型体育赛事为了避免门
票的剩余率过高,除了赛事本身的宣传以及考虑到地区消费水平的门票价
格定价区间以外,赛前的门票创意营销也成为越来越多赛事需要解决的

问题。

被誉为体育创意产业代表性人物的大卫·斯特恩,就通过媒体技术,利用体育明星——乔丹的英雄形象,结束了几十年前 NBA 推广赛事时挨家挨户敲门送门票的局面,把 NBA 赛事推向了新的高潮。在新媒体以及现代营销策略的影响下,如今的大型体育赛事门票营销也有了更多的选择和方案。上海在 2015 年国际田联钻石联赛中,就采用了购票可以获得赞助商提供的"嘉银金融现金卡"和"斯巴顿健身季卡一张";在 2014 年冰上雅姿盛典上海站中,购买情侣套票可以在当天领取爱心抱枕一个,并且在中场休息时可以参与大屏幕秀恩爱互动。

上海商业性体育赛事也逐渐形成了以"购票赠送礼品""凭门票免费乘坐大巴""凭门票参与现场活动"等门票衍生服务。另外,根据学者调研数据,除去交通、礼品等的衍生服务,消费者还希望通过门票可以享受到旅游景点门票优惠、比赛场馆周边餐饮优惠、住宿优惠、购买赞助商产品优惠、享受赛场免费 Wi-Fi 等服务,为主办方门票营销组合提供了更多参考(刘炎斌、朱晓东,2018)。

除此以外,2015 年在福建福州举办的第一届全国青运会上,赛事主办方不仅设置了 10~800 元的门票价格区间,包括特别定制的 10 元学生票,扩大了比赛的普及范围,提高群众参与度;同时,还把福州的风土人情和体育比赛的竞技精神融入门票的设计印刷中,并且配以"清新福建,有福之州"的文化底蕴,让榕城元素透过门票的载体成为城市形象宣传的渠道,更是吸引了大量的体育爱好者和门票收藏者的关注,提高了门票文化营销价值。在促销方面,观众持青运会门票可以免费乘坐公交专线;市民凭借身份证等有效证件可以免费观看田径比赛;持证运动员、教练员、裁判员、代表团工作人员在赛事举办期间可以免费游览福建省 160 家景区(景区第一道门免费)。这些不只是强化了赛事的宣传,使之真正成为全民的体育盛会,更是带动了福建旅游业发展。

2. 媒体转播

大众传媒改变了体育本身和体育功能的影响,体育赛事所具有的功能已经不仅仅是比赛的得分、胜负等,在新媒体时代,体育文化、项目魅力、城市形象等赋予了体育赛事传播的新使命。由于互联网的快速发展,新媒体赛事转播在一定程度上解决了赛事举办的时空限制,扩大了赛事的覆盖面。

赛事转播权的平台确定、转播信号的使用等,都会让通过电视或网络观看的观众直接形成对赛事的第一印象。直播平台覆盖面小、画面质量差、信号不稳定等都会降低观众的观赏体验,进而影响赛事的收视率,赛事的宣传以及城市形象的传播会大打折扣。因此,转播平台和转播技术是刺激体育赛事市场繁荣、美化举办城市形象的有力武器。

互联网时代赋予了体育转播更多的可能性,除去传统的电视媒体转播,越来越多的互联网企业也开始涉足体育领域。苏宁旗下的 PP 体育逐渐形成以足球产业为核心的体育平台。其拥有欧冠、欧联、中超、英超、意甲等重量级赛事的体育版权,以及 WWE、UFC 等顶级美式格斗赛事版权,还招揽了黄健翔、詹俊、董路等在内的体育解说名嘴。PP 体育透过赛事转播,以共同的兴趣爱好和人性情感链接,构建用户社群,通过与用户的直接链接,传递大量的品牌信息,让品牌快速融入体育 IP,把体育变成情感消费品。PP 体育致力于借助短视频、社区、自制节目等方式,通过互动红包、大咖创意解说等形式让平台用户保持对体育相关产品、品牌信息的讨论热情。在给观众更好观看体验的同时,实现了用户、品牌主、平台的多方共赢。

科技进步改变了体育赛事的转播形式,让屏幕前的观众更加直观、真实、舒适地观看比赛。比如在上海 F1 大奖赛中,运用小画面等手段同时展现处于争夺中的赛车之间的相对位置、实时速度等参数,扩充的信息量增强了其专业性,也普及了赛事本身,同时还通过 3D 示范和图示等形式,解析车手在赛车内的姿态以及为保护手头部在赛车角度设计上的精细程度。通过微小的细节让观众真实感受到比赛的紧张刺激,了解比赛魅力,让专业粉丝掌握项目领域更具专业性的知识(鲍芳、苗华威,2014)。

(三) 与体育赛事下游产业的融合

1. 体育旅游

文化创意让城市的体育资源得到进一步的开发和挖掘,为体育产业的全产业链发展带来创新动力。体育赛事当中的文化创意也很大程度上提升了城市品牌形象,吸引更多的赛事参与者和旅游者,包括赛事后期的城市旅游发展,都发挥了举足轻重的作用。赛事的举办,不仅让文化创意的元素出现在城市基础设施上,比如特色街道、城市地标等,也包括城市文化的宣传、人文理念的强化,让举办城市在职业道德、家庭美德、居民素质等软环境上同时为旅游业的发展奠定基础。如今越来越多的城市开始把体育赛事从专业性运动员的盛会过渡到大众广泛参与的群众盛会,大量的群众体育赛事加入城市文化,成为新形式的旅游吸引力之源。

首届 2018"酒鬼酒吉首矮寨大桥国际马拉松"活动就把马拉松赛事与吉首旅游资源进行了创意性的结合。赛事以"云端上最燃的马拉松"为主题,让选手和参与者不仅可以进行体育运动,更可以欣赏到沿途靓丽的民俗风情和生态景观,像古朴秀美的苗寨民居、千年奇观的德夯大峡谷,尤其是在2013 年被美国 NBC 旗下的今日新闻网站推荐的 10 个非去不可的世界旅游新地标中中国唯一的代表景点矮寨大桥,为"马拉松+旅游+原生态"文化体验的品牌增添了核心竞争力。其中还创造性设置了具有台湾特色的补给点,精心的造型设计、特色的补给物品都受到选手喜爱,通过赛事增进了两岸旅游、文化的互动交流。此外,矮寨大桥蹦极、低空跳伞、高空走钢丝等体育赛事活动也为吉首体育旅游资源的创意开发奠定了基础,成为苗寨文化、传统文化走出去的窗口,成为旅游资源吸引游客的桥梁。

2. 其他

除了赛场和场馆的建设,大型体育赛事的举办还需要更多的人文活动作为补充,让运动员在高强度的竞技之外,能够了解到举办城市的特色文化,感受家的温暖。2008 年北京奥运会期间,在奥运村完善硬件住宿条件的同时,还通过丰富多彩的文化生活践行"人文奥运"的理念。组委会为运动员准备生日卡和祝贺卡,准备友谊赛,并为获奖运动员赠送具有北京特色的明信片、徽章等。而除了赛事期间的"中国故事"文化展示活动、奥运村晚间广场文艺演出、中华文化互动性体验等活动以外,丰富多彩的群众性文化活动更是从 2008 年 3 月一直持续到了 9 月,来自世界各地的 2 万多名艺术家汇聚北京,演出超过 260 台优秀剧目、160 场国内外大型展览。

2011 年深圳世界大学生运动会期间,主办方就在大运村举办了一系列的文艺演出,有本土乐队的流行音乐会、交响音乐会等 23 场文化活动,展示中华优秀文化和深圳的青春时尚气息。2014 年南京青奥会期间,组委会举办运动员了解南京的文化教育活动,有古城墙探秘、老山国家森林公园探险寻宝,南京文博之夏系列活动等 20 多场,涵盖了文化展览、读书征文、讲座多种类别,让各国的青年运动员交流青春梦,欢度青春的体育生活,感受南京的文化脉搏。通过有创意的系列文化教育活动的开展,让城市文化和体育文化交相辉映,让奋力拼搏的体育竞技精神激励人们,让健康运动的当代生活理念深入人心。

五、阿里体育与赛事的融合

阿里体育是阿里巴巴旗下平台,以数字经济思维触及体育产业的新尝试。其依托阿里巴巴的大数据,把需求方与天猫、淘宝、支付宝等用户互联打通,同时将供给方的各类赛事、协会等信息进行对接,通过会员制的形式增加用户黏性,让体育更简单,更有趣,致力于促进人们健康生活方式的选择。通过平台,会员可以直接查询国际足联、国际泳联,以及其他组织的赛事活动,在平台上可以方便快捷完成信息搜集、赛事观赏、比赛报名、会员积分等一系列环节,甚至链接到淘宝等平台购买相应赛事或体育用品,实现全产业链的打通和布局。阿里体育借助平台的流量,发挥 CUBA 明星球员的效应,让篮球运动的普及从校内走到校外,实现阿里的"篮球梦"。

(一)与 2022 杭州亚运会的合作

2018 年,阿里体育宣布与亚洲奥林匹克理事会达成战略合作伙伴关系,获得亚奥理事会旗下亚运会、亚冬会、亚洲室内武道运动会等赛事市场开发权。在 2018 年平昌冬奥会上,阿里体育充分展现了其数字思维,通过阿里云 ET 大脑、电商、直播互动、智能化个人推荐等,真正实现数字奥运,形成智能奥运引导。

而在 2011 年,浙江省体育局和阿里体育就签署了战略合作,期待智慧引擎为杭州亚运会保驾护航。通过阿里在云计算、数字媒体、大数据方面的尖端科技及专长,把智能支付、智慧出行与比赛智能场景相结合,在人脸识别、电子赛事手册、票务、场馆功能增值、城市基础服务等方面,形成城市智能交通大脑、无人驾驶等,合力杭州亚组委,按照奥运标准为杭州亚运会提供服务。阿里体育还将协助亚组委和亚奥理事会,带来全新的市场开发模式,用数字营销的方法,以细化分层的思路解决信息不对称和壁垒问题,根据项目和场景的不同打造专属的广告形式、互动方式以及推广方案,为赛事创造更灵活、更具有识别度的市场空间,为赞助商提供更多样化的选择余地,用平台思路聚合资源,突破空间限制。

双方也将以亚运会的合作为契机,共同推动体育产业的智能化、高端化发展。加快体育产业结构转型升级,促进体育消费,通过构建浙全民健身智慧云平台,打造全省集健身、场馆、培训、国民体质监测数据等为一体的公共服务平台,加大信息的交流共享,通过发挥信息的有效价值为产业决策提供依据,以大数据提升政府公共体育服务能力。除此以外,以电竞为主题的阿里体育园,也正在建造亚运级的电竞馆,计划成为 2022 杭州亚运会电竞比赛的主场馆。亚运会之后,阿里体育园还将做好后亚运时代规划,将建设融入阿里音乐、天猫、支付宝数据等集电子竞技、全民健身、文化创意、休闲娱乐于一体的都会休闲场所,成为杭州市民健身娱乐、时尚运动、智慧健康的新选择。

(二) 自主原创赛事

阿里体育深知原创体育赛事的价值和魅力,除了获得美国职业橄榄球大联盟 NFL 在中国的转播权,成为国际足联俱乐部世界杯 2015—2022 年独家冠名赞助商,与国际拳联达成 20 年的战略合作,推进拳击赛事升级、职业化发展等等,阿里体育还积极开发和推动原创赛事。其推出的第一个原创赛事就是世界电子竞技运动会(WESG)。电子竞技成为中国游戏市场的重要组成部分,其市场收入更是在 2015 年占到了中国游戏产业收入的19. 19%。电子竞技虽不是传统的体育项目,但已经被国家体育总局正式列为体育竞赛项目。

在"中国电竞之父"张大钟眼里,电子竞技相对于传统的体育运动赛事,市场发展和盈利的空间巨大,变现渠道丰富,除了门票、赞助、广告等的盈利收入外,还包括在互联网时代下的版权销售、平台直播、赛事主播效应、选手辐射效应等等。首届 WESG 投入超过 1 亿元,赛事的全球总奖金达到 550 万美元。此外,阿里体育更是把电子竞技项目送上了亚运会舞台。在 2018 年雅加达亚运会上中国电子竞技队以 2 金 1 银的战绩完美收官,而作为雅加达亚运会上的表演项目的电子竞技,更是成为 2022 年杭州亚运会的正式比赛项目。

阿里体育的第二个原创赛事是国际网络路跑联盟 WORA。这是中国第一个将互联网与传统赛事完全结合的路跑赛事。除了虎扑跑步等知名的路跑 App 加盟以外,海南国际马拉松等传统体育赛事也陆续参与进来,2015 年入驻的相关运动赛事达到 134 场。同时依托阿里强大的天猫、淘宝平台数据显示,路跑类商品消费总额达到 280 亿元,消费人群达到 7300 万人。平台还积极发动公益路跑活动,2016 年的 11 月 27 日在武汉站的路跑活动中,为 12 月 1 日世界艾滋病日呼吁关注艾滋病群体,1000 多名跑步爱好者奋力开跑。主办方将本次赛事所有报名费捐献给湖北省慈善总会,为艾滋病的防治和救治贡献力量,同时也让每位开跑者成为公益的参与者和捐赠者。

六、2022 年冬奥会与张家口崇礼太子城冰雪文化小镇的融合

张家口崇礼区现已建成大型滑雪场 7 家,拥有雪道 169 条,共 162 千米,2017—2018 年雪季共接待游客 284.2 万人次,实现旅游收入 20.3 亿元。小镇位于 2022 年北京冬奥会张家口赛区核心区,作为冬奥会配套项目之一,连接云顶与古杨树 2 个竞赛场馆群,规划总投资 140 亿元,总占地面积 2.89 平方公里,总建筑面积约 120 万平方米,常住人口达 5000 人。小镇遵循"尊重自然、集约资源、中国风格、国际标准"的设计理念,将可持续性和系统性原则融入其中,坚持小体量建筑、轻触式建设,注重保持周边自然风貌,打造以健康休闲和会议度假产业为核心,集颁奖广场、冬奥塔、文创商街、会展酒店、滑雪学校、运动康复基地、国宾山庄、绿色生态住宅等板块于一体的国际化四季度假小镇。

崇礼太子城冰雪小镇在冬奥会前以国际标准规划、建设、运营小镇,冬奥会期间将提供冬奥颁奖、贵宾接待、交通换乘、休闲娱乐等保障服务。冬奥会后将秉承可持续发展理念,与全球各类合作伙伴共同搭建生态平台,以国际化四季度假的理念来运营小镇。

小镇由会展酒店组团、文创商街组团与国宾山庄组团三大功能区组成。在文创商街组团中,以开放式主题商业街区、精品民宿酒店、各具风情的餐饮酒吧等作为重点,融入时尚年轻的多元化元素,并搭配大型运动体验、主题儿童乐园等,汇聚成面向情侣、亲子等多消费群体的互动多功能区。除了滑雪之外,还可以尽情购物、唱歌、看电影,打造充满无限可能的冰雪乐园;形成以滑雪为支点,集文化体验、体育运动、观光游览、休闲度假为一体的一站式冰雪主题小镇。

张家口将以冬奥会的举办为契机,以大型体育赛事为基础,打造中国冰雪运动中心,推动零度以下经济的发展,计划将崇礼区申报为国家级体育休

闲综合示范区,将越野滑雪等专业赛场列入国家级训练场地。并且在赛前基础设施建设阶段就提前规划赛事遗产用途,比如赛后继续承办中外大型冬季运动赛事,以滑雪旅游、户外运动以及会展经济为特色,建设世界冰雪运动旅游胜地。加大对冰雪项目的引进和投资,促进多产业的协同共赢,建设集冰雪装备制造、销售展示、休闲体验、运动训练等为一体的冰雪产业基地。

此外,张家口将借助冬奥会的巨大影响力和辐射力,规划到2025年,全市累计建成各类滑雪场30个,建设雪道600条500余千米,滑冰馆3个,冰雪特色小镇20个,全年市场接待能力预计达到2000万人次,充分发挥冰雪运动优势,树立国际品牌知名度。

第九章　天津市体育文化创意产业的发展布局与战略研究

第一节　政府相关政策与配套支持

　　随着国家发展水平的不断提升,人民生活质量不断提高,精神文化需求也相应释放。人们更多开始重新审视自身健康问题,增强体育运动,提高免疫力将会成为生活满意度的决定性因素之一。要想消除物质生活水平与民生活幸福感之间的不平衡的问题,体育文化创意产业的发展发挥了不可忽视的效用。人们对于身体健康管理、身体塑形锻炼、精神压力释放、运动休闲旅游、竞技体育魅力等方面的持续关注产生了体育文化创意产业的内在动力,但同时也出现了供需之间的矛盾和错配。国家出台了相关的文件政策刺激体育产业消费,促进产业结构转型升级,发挥市场主体作用等,体育文化创意产业的发展开始迈入了发展的黄金时期,但仍然无法满足企业主体及普通大众的需求。而作为新兴的产业类型,人们对其认识还不够,相关部门和主体对产业特征、盈利模式等研究还有所欠缺,其对经济的促进作用和转型升级还没有被关注。因此体育文化创意产业的发展与布局,依然需要多方力量的协同创新,为产业的健康发展构造螺旋闭环的生态体系。

　　天津市是我国经济发展基础比较好的省份,是对外开放的排头兵,人民生活水平不断提高。天津市依托得天独厚的地理环境资源以及发达雄厚的民营资本实力,在大型体育赛事举办、体育特色小镇打造、运动休闲旅游规划、硬件基础设施建设等方面走在了全国前列,也在全国宏观环境的条件下将体育文化创意产业的发展写入了政府规划和相关政策措施中。在体育文化创意产业市场不断扩大的前提下,全国各地也在聚集优质资源,制定战略蓝图,发挥自身优势,大力发展的文化创意事业,出现了各具特色的产业样态和领先创新的发展模式。但是我们也应该看到自身不足,学习借鉴国内外先进经验做法,总结过往成功的方法,增加特色品牌、提升整体形象、扩大

影响力为目标,通过交流考察,在现有基础上形成体育文化创意产业发展的
模式。

作为综合性高的产业类型,体育文化创意产业的快速发展离不开政府
的作用。产业成长过程中出现的交叉融合、多部门协同等问题都需要政府
提前做好规划设计,消除沟通中的壁垒,避免信息不对称造成的资源浪费。
政府应从产业实际需求出发,在体制机制、政策法规、人才培养、产业融合、
优化结构等方面出台措施,提前做好顶层设计,完善产业发展规划,为相关
产业主体、相关企业主体等提供战略性的指导,用长远的、可持续发展的眼
光为产业发展谋求更广阔的空间。多角度、全方位地激发产业活力,提高更
多企业参与体育文化创意产业建设发展的主动性和积极性。具体可以从构
建产业发展体制机制,完善法律法规政策支持;创新人才培养机制,制定考
核激励措施;促进产业融合,加强集群建设;调整产业布局,优化内部结构;
打造"互联网+"产业格局,发挥新媒体作用等方面强化引导,制订方案。

一、构建产业发展体制机制,完善法律法规政策支持

体制机制和政策法规是产业向前发展的决定性指导性文件。体制机制
设计能够正确引导产业向有目标有规划的方向成长,是所有市场主体进行
产业活动的依据和参考,代表了整个产业未来的上升空间和战略思路。而
政策法规则是产业有序运行的保障和基础,是维护市场公正,监督市场行
为,惩治危害产业发展不良活动的有力武器。主管部门要以国家相关文件
和决策为前提,因地制宜、因时而进、因事而新,依据灵活性、全局性、差异
性、价值性等原则迅速制定天津市的详细的体育文化创意产业制度文件和
法律法规并落实到实践中去,为产业的健康持续发展营造良好的宏观环境。

天津市还需要把体育文化创意产业政策制定融入经济发展规划中,融
入京津冀一体化的发展规划中,用统筹协调的眼光做出指导性的引领。强
化改革对体育产业发展的纵深推动作用,加快政府职能转型,大力推动政府
简政放权、放管结合,打破传统路径依赖,不断优化服务,创新服务方式和体
育产业发展模式。很多产业内的企业主体发展受到限制的很大原因就是政
府相关部门的沟通壁垒、交通成本、时间成本等。因此急需依照各地区的实
际发展情况,设立由体育局、文化局等相关部门合作的或主导的产业发展新
格局。避免相互推诿、多方负责的混乱局面。在形成主导负责管理机构的

基础上,以联合会议、实地交流等形式,结合专家意见制定本地区产业发展顶层设计,包括短期规划、中期规划、长期规划等。

(一)推进体育行政管理体制改革

结合"最多跑一次"改革和"四张清单一张网"建设,深化体育管理体制和运行机制改革。全面梳理不利于体育产业发展的有关规定和权力事项,以优化办事流程为目标取消产业领域不合理的前置审批事项,构建透明、规范、高效的审批机制。进一步转变政府职能,推行政社分开、政企分开、管办分离,推进社会类体育组织直接民政登记。依法依规做好对体育类社会组织的业务指导和事中事后监管,着重加强对游泳、赛车、攀岩等高危体育经营项目和体育健身经营活动的监督管理。

(二)推进重点领域体制机制改革

积极探索竞技体育职业化改革道路,依托各地区特色的足球、排球、篮球等办赛经验,推进单项赛事向综合性、系列性赛事转变,探索市场化办赛模式,实现政府基本公共体育服务职能逐步向社会组织、服务机构转移,实现管办分离。在优势项目先行先试的基础上,有序推进其他市场化程度较高、条件相对成熟的运动项目走职业化的发展道路。推进体育社会组织改革,以体育单项运动协会、行业协会为重点,按照分类指导、分步推进的原则,加快体育社团社会化、实体化改革步伐。大力推动社会力量办体育机制。

(三)制定多元化资金投入机制

完善政府投入为主、社会支持为辅、体彩公益金为补充的多元化投入机制,设立体育文化产业发展专项资金,对符合条件的行业企业、社会组织给予项目补助、贷款贴息和奖励,减轻企业组织财务负担。引入社会力量参与,以社会资本为筹资设立体育文化产业投资基金,大力支持品牌体育赛事举办、产业融合集聚区、商业模式创新、无形资产研究开发、体育场馆公益性开放等工作,加大对符合条件的公共平台建设及体育产业项目的资金扶持力度。拓宽体育文化产业投融资渠道,支持符合条件的企业利用公司债、企业债、中小企业私募债、短期融资券、中期票据、中小企业集合票据等融资工具融资;鼓励金融机构开发与体育相关的保险、信托等金融创新产品,加大对发展前景好、信用记录良好的体育企业的信贷支持力度。

(四)加强知识产权保护

体育文化创意产业是以知识产权为核心的产业类型,健全的知识产权保护体系是产业健康、协调、原创性发展的基本保障,对产品和服务原创性的产权界定与保护,就是对体育文化创意行为最大的尊重和福利。要加强知识产权保护,完善相关政策措施,进一步重视对体育组织团队和个人、体育场馆设施、体育赛事和活动名称、标志、版权等无形资产的知识产权开发与保护力度,净化产业发展环境,推动产业发展法治化、秩序化、公正化,依法保护体育文化创意开发者相关权益,解除后顾之忧。

虽然很多的体育文化发展被写进了各级政府的规划方案都有体育文化发展的内容中,例如文化部 2017 年 4 月 26 日印发的《文化部"十三五"时期文化科技创新规划》提到,全面支持实体经济中融入文化创意,以文化科技的引擎带动效益促进文化创意与消费品工业、旅游业、体育业等行业融合发展,赋予实体经济更丰富的文化内涵,有效提升经济发展质量,但我国至今没有和体育文化创意产业相关的法律法规,严重阻滞了产业的向前发展。

我国可以参考借鉴日本、美国等发达国家的经验做法,针对相关的产业促进、印刷出版、数字版权、著作权等方面出台从中央到地方的法律法规,制定相关领域立法的基本原则,用法律制度明确体育文化创意产业的内涵和外延,确立市场准入和退出的严格标准,规范优惠政策的对象和范围,使相关的市场行为做到有法可依,有法必依。为体育文化创意企业和个人在创意设计、产品开发、专利研发等方面提供安全的保护伞,尤其是为无形资产提供具体可行的法律保障。还可以通过健全体育文化创意产品的交易体系,搭建知识产权管理和保护中介平台,除了加强文化创意企业、行业协会和相关政府部门之间的协调配合,更要发挥社会组织和普通消费者对于体育文化创意产业的宣传和监管。同时,还要积极参与国际知识产权保护协作,取长补短,让我国的知识产权保护和国际接轨。

(五)完善市场监督体系

天津市需按照建设法治政府和服务型政府的要求,强化体育行政部门的政策调节、市场监管、社会管理和公共服务职能,推进体育依法行政,营造良好的体育法制环境。严格执行国家制定的体育服务行业标准,进一步完善体育产业配套法规体系,建立责权清晰、管理有序的体育市场监管体系。严格规范公正文明执法,坚决做到违法必究,规范引导市场主体行为,维护消费者合法权益,促进体育产业市场健康发展。借助相关法律制度文件,严厉打击文化创意产品的非法复制、抄袭,消除很多企业和个人认为的文化创意就是"复制粘贴"的低成本行为,准确界定侵权行为的具体表现和责任追究方式,降低体育文化创意产业商业运作的风险性,将相关的产业陋习、钻法律空子、恶意竞争等行为扼杀在摇篮中,让文化创意企业、消费者能够在有序、健康的产业发展环境中履行义务和享受权利。

二、加强区域人才合作,改革创新人才选培体系

截至 2018 年,全球体育产业涉及的门票收入、广告费、赞助费、转播版权等收益已经超过了 1658 亿美元,体育文化创意产业的市场规模在逐渐壮大。如此庞大的市场需求,必然需要充足的人才作为供给保障,尤其是技术型人才、创新型人才,能够在前端的创新创意、市场开发、技术研发,后端的营销推广、保障服务,以及全程的管理运行等各个方面为产业可持续性盈利源源不断注入新鲜活力。人力资本的有效输入能够保障体育文化创意产业健康、稳定地发展。人,作为所有要素中最活跃的部分,是产业打破传统观念束缚,突破固化路径依赖,实现产业升级最基本也是最主要的力量源泉。高水平的体育文化创意人才可以给产业注入新的活力,带来先进的发展理念、技术支撑和智力资本,在产业链的各个环节都是不可或缺的要素投入。

(一)区域人才合作是区域经济发展的内在要求

区域经济合作是市场经济竞争发展的必然结果。市场经济发展本身要求突破区域的界限,实现包括人才资源等在内的市场要素跨区域自由流动和优化配置,形成统一开放的市场体系。市场经济发展到一定阶段,区域内不同地区因发展基础、条件等方面的差异性,必然导致经济发展的不平衡。为了形成各自更大优势和整体优势,市场规律作用的结果,使区域经济走向合作和一体化,各自得到更大效率和比较利益,区域分工协作体系逐步优化,形成了互补性。市场竞争是区域经济一体化形成和发展的杠杆和内在

动力。市场竞争发展到一定阶段必然形成区域竞争,而区域竞争的发展和加强,促使区域内不同地区走向一体化,并形成整体综合竞争力和优势,以经济一体化的空间组织形式参与竞争。其中人才竞争优势,以及与之相关的人才开发一体化是区域经济发展的关键。区域人才合作是区域经济一体化的内在要求。人才合作作为区域一体化重要组成部分或子系统,与其他方面一体化相互关联、相互制约、相互促进,共同构成区域一体化大系统,并推动其发展。人才是先进的人力资源,是生产力和经济社会活动中最重要的主体和主导力量,因而区域人才合作对区域经济一体化发展起着关键性、决定性作用。区域人才一体化是区域经济一体化发展程度的重要标志和全面走向成熟的表现。区域经济一体化的发展,必然带动人才开发一体化的发展,而人才开发一体化也必然促进区域经济一体化的不断完善。

(二)区域人才合作是天津加速发展的共同战略选择

京津冀地区是中国最具发展潜力的经济增长区域,区域经济的发展,必然导致区域人才的交流与融合。京津冀地区人才合作,是该区域经济社会发展的共同战略选择。

首先,加强区域人才合作是由区域功能不同决定的。据国务院天津都市圈区域规划(尚未公布),天津的功能定位是"一基地三区",即"全国先进制造研发基地、北方国际航运核心区、金融创新运营示范区、改革开放先行区。"

其次,加强区域人才合作是由天津地区的产业布局决定的。据该地经济社会发展规划,未来几年,天津重点发展第三产业,以高端服务业为主,积极发展高新技术产业,以微电子、计算机、通信、新材料、生物工程等为主,逐步向外转移低端制造业。天津在现有加工制造业与港口等优势产业基础上,重点发展电子信息、汽车、生物技术与现代医药、新能源以及环保设备等先进制造业,发展大运量的临港重化工业等。天津围绕加快发展和加速转型双重任务,构筑环首都绿色经济圈,壮大沿海经济隆起带,打造冀中南经济区,大规模改造提升制造业,重点发展钢铁、装备制造、石化等传统优势产业,积极培育壮大新能源、信息产业、生物医药、高端装备制造、新材料、节能环保等战略性新兴产业,以及现代农业和区域内重要的旅游休闲度假相关产业,成为京津的"米袋子"和"菜篮子"。

(三)天津地区人才合作政策创新研究的内容

第一,区域人才合作政策创新。在认真分析天津地区人才聚集效应、支持能力,以及人才队伍现状的基础上,从人才发展环境、人才投入、人才资源消耗、人才产出等四个大的方面,对该地影响人才政策的主要因素进行了对比分析,提出了错位发展、创新机制、柔性引进、载体建设、服务保障等五个方面的人才政策创新建议。

第二,区域人才合作养老保险政策创新。在认真分析天津地区社会保障总体水平的基础上,从天津市的社会平均工资、缴费基数、待遇标准、转移接续等四个大的方面,对该地城镇职工养老保险政策进行对比分析,并提出了实现全国统筹、提高天津社会平均工资水平、建立补充养老保险、适当放开缴费基数等城镇职工养老保险政策创新建议。

第三,区域人才合作医疗保险政策创新。在认真分析天津地区社会保障总体水平的基础上,从统筹层次、缴费基数、个人账户、缴费年限、待遇标准等五个大的方面,对该地城镇职工基本医疗保险政策进行对比分析,提出城镇职工医疗保险实现省级统筹的两条路径,认为跨市统筹是较优途径,适当提高缴费基数和待遇标准,并建立异地就医结算机制的对策建议。

三、促进产业融合,加强集群建设

(一)寻求多产业协同发展

在深化供给侧结构性改革、促进经济转型升级的新形势下,体育产业作为新兴产业、绿色产业、朝阳产业,被国务院确定为重点推进的六大消费领域之一。加快发展体育产业、促进体育消费,在供需匹配的前提下积极扩大体育产品和服务供给,进而推动经济转型升级,在扩大内需、增加就业、稳定市场等方面发挥积极作用。作为技术文化驱动、创新创意驱动的体育文化创意产业,以其为主导的体育产业结构能够增加产业附加值,形成新的产业增长点,通过裂变式的扩散效应将产业的发展红利辐射到关联产业。

依托信息技术和科技革命,加大对体育文化创意产业的科技投入,提高产品创新创意化的科技含量,打破产业发展的传统思维边界,要主动推进产业融合发展,优化整合体育文化资源的有效配置。充分发挥体育文化创意产业的综合效应和拉动作用,大力发展"体育+",促进体育与健康、金融、科技服务等相关产业全面交叉融合,积极拓展康体养生、运动医学、健康投资、体育金融等体育产业新业态,扩充产业结构,丰富产业内涵,紧跟时代发展推动产业间的联动和创新,重点建设一批"体育+"示范点和精品项目,让产业之间的信息交换成为地区经济增长的新引擎,持续优化体育文化创意产业的内生动力。

近年来,体验式旅游、享乐式旅游和养生游成为很多市民的休闲放松方式。体育文化与旅游相结合产生的具有运动特征、养生健康、文化创意特色的体育旅游业态成为广大居民节假日出行的新风尚。体育旅游的打造要始终围绕"文化"这一核心要素,将传统文化、地域文化、体育文化、大众文化等在以市场需求为导向的前提下整合提炼,在"食、住、行、游、购、娱"旅游的六大要素中充分体现出来。可以开发体验体育活动娱乐性、运动性的体育主题游,比如沿海城市的海上运动项目体育节等;以清新优美的自然环境为支撑的放松精神压力的休闲养生游,比如蓟州的养生游等;传统与现代元素相结合的体育内涵创意游,集多功能、多感官于一体的体育休闲游,充分借鉴2008年北京奥运会,积极策划奥运会后集体育建筑、体育赛事、体育教育培训、体育会展、休闲购物等为一体的城市新地标,不仅传承了优秀的传统体育文化,更让这些具有地域文化特色的体育演出或体育旅游成为天津市经济发展的财富。

(二)建设高质量体育文化创意集群载体

发展高质量的体育文化创意基地或产业园,园区内的企业和主体更有针对性地开展产权交易分配、完善投融资体系、集中进行产品交流和展示等等,形成共建共享的公共服务体系。集群式的资源聚合还能够释放产业的创新能力,更加迅速地促进产业绩效的提升。因此,要发挥政府优势,经过可行性调查和分析,结合各地区经济发展状况和产业资源禀赋,选择合适的空间和时间分批分类建设科技水平高、辐射范围广、绩效提升快的体育文化创意产业园(基地)。

比如以各地区特色的传统体育文化或体育项目为导向的产业集聚区,将传统的体育文化元素与体育用品制造、大型体育赛事、体育动漫游戏等结合,让现代化的技术手段焕发出传统体育文化的新生命,孕育出体育文化创意的核心竞争力。充满地域特色的体育文化是产业差异化、品牌化发展最有利的抓手,不仅能够给产业发展带来历史文化的底蕴,更有可能成为城市对外宣传的新标签或是以高教园区为导向的产业集群。体育文化创意产业的发展离不开技术、管理、研发等知识密集型人才的作用,高等教育科研院所可以为产业集聚区的形成和发展输入源源不断的人力资本,进一步发挥政产学研相结合的产业发展新模式,为集聚区的"孵化、交易、成果转化"等各项功能打下坚实的基础。还可以在科技产业园的辐射带动下建设体育文化创意产业集聚区,引进科技园前沿的高新技术,将技术优势运用在体育用品制造、视频影视制作等细分产业上,让技术的力量为体育文化创意产业的发展插上腾飞的翅膀。

创意产业园的建设要做好长短期的规划,避免拍脑子的临时决定造成铺张浪费、急功近利的思想造成资源的短期错配,或者出现前几年大量投入,而在领导变更或政策调整后大面积荒废的情况。要将绿色可持续的发展理念贯穿在产业园建设的全过程,打破地理边界,加强产业园与当地体育文化产业的联系,促进信息流、资金流、技术流等的能量交换,积极融入周边的产业发展生态,甚至以国际化拓展的视野,了解学习国际先进经验,让体育文化创意既要"走出去",也要"引进来"。依托长三角的地理区位和宏观政策优势,在与高水平的体育文化创意机构或主体合作的基础上,打造国际化的产业集聚平台,让体育文化输出成为新的地区和城市名片,提升国际知名度和影响力。

体育文化创意产业园的建设可以节约企业成本,集中各方优势进行人才培养、技术研发,达到资源互补、信息共享、风险共担的一体化发展模式,产生聚合的溢出效应,扩大关联产业间、合作企业间的协同绩效,以高能量的辐射带动效应形成产业持续壮大,甚至带来城市高速发展的增长极。此外,创意产业园还以特殊的文化交融,产生具有体育特色的行业发展、考察参观、休闲旅游等新业态,既解决了区域内的就业问题,为城市增加就业机会,同时也提高了周边居民的生活质量和幸福感,为产业带来了巨大的经济效益、文化效益、社会效益。

四、调整产业布局,优化内部结构

积极构建现代化的体育文化创意产业发展体系,多层次、立体化培育产业新形态。继续做大做强,包括体育用品制造、休闲文化旅游、大型赛事举办、出版传媒赞助等传统体育文化产业,既要保留优势,同样也要借助互联网的改革浪潮,将传统与创新创意相结合,促进传统体育产业的转型和提质增效;另外,还要积极探索数字出版、体育动漫、原创性体育赛事等新兴体育文化产业类型,弥补地区产业发展在这方面的短板和不足,实现"两条腿"走路的产业平衡发展策略。

体育文化创意产业绝不可能孤立存在,其快速可持续发展离不开相关产业的协同和支持。通过产业新形态和发展新载体,要努力加强产业与金融、旅游、传媒、建筑等其他产业的联系交融,尤其是科技、教育等领域的高端合作,以体育文化创意产业的发展规划为目标,谋求传统与现代、不同产业间、不同地区间协同的结合点,实现体育文化的再创造和新阶段,达到多赢的产业成长新动能。同时,还要加快鼓励社会资本进入体育文化创意产业,降低门槛,发挥市场作用,让天津地区优秀的民营资本在资金、管理、技术、人才等多方面高效助力产业快速发展,为产业注入新活力,为企业提供新舞台。

在整合优化现有体育赛事的基础上,充分提炼特色的体育概念、历史文化,让赛事更多打下城市烙印。尤其是对于原创性体育赛事,更要以长远的眼光、发展的眼光将赛事打造成为全国乃至国际上有影响力的名片。

除了体育赛事,还要在体育特色小镇、体育文化公园等方面,制定差异化的品牌发展战略。加强品牌区别度,在体育形象、服务管理、活动设置、营销推广等方面,在消费者的感觉、触觉、味觉、听觉、视觉等身体感官和体验上,全方位享受体育运动带来的快乐。在同类型产品(项目)中达到市场突出和市场区别的作用,极大地刺激体育消费,促进产业发展。另外可以借鉴日本动漫产业的发展模式,探索天津市的体育动漫产业的新思路。形成通过"引进急需"和"培养现有"、以高校为重要场所打造漫画人才"梯形生产线",通过精准的市场细分和创意的营销策划将产品快速推送给目标人群,在高效率的流通机制和前瞻性的政策指导下,形成多方参与产品研发与投资的多样化运行模式,让体育动漫产业成为体育文化创意产业甚至是经济结构转型的重要引擎。

体育文化创意产业的价值链可以分为由文化创意到产品到商品,最后到消费品及衍生品的演化过程。包括创意内容生成、创意投资开发与生产、创意推广与销售、创意消费与体验、衍生品开发这五个阶段。每一个阶段都蕴含了丰富的价值内涵和能量供给,重要的是,只有这五个阶段之间的壁垒相互打通,保持信息通畅,能量才能自由交换。目前,天津市的体育文化创意产业多呈现集中于中间的产品、商品、消费品阶段,两端的文化创意和衍生品较为薄弱的"微笑曲线"产业发展现状,对于创意内容生成、创意推广、创意体验、衍生品开发等投入力度较小。因此要在体育文化生产制造的基础上,依托智力资本和金融资本,更多倾向于附加值高的文化创意内容生成、创意营销等无形资产。

除了要关注主体产业的经济效益以外,不能忽视与主体产业同在价值链上的相关产业。要重构体育文化创意产业的价值链系统,厘清链上的利益相关者,包括上游的供应商、下游的消费者,每一个环节都是产业发展的关键部分,不能闭门造车,只为自己短期的经济利益考虑,造成产业链的资源浪费和错配。借助价值链主体的纵向打通和横向协同,把品牌、创新、创意、文化、渠道等结合在一起,用规模、成本等优势保障各主体间的信息传递畅通,制定产业链控制系统和监督系统,发挥战略协同效应以增强抵抗风险的能力,实现持续性、稳定性的经济效应。要通过体育文化创意相关知识产权的开发,站在整体的系统论视角,各个环节相互衔接提高产业链协同运行效率,用无形资产的高附加值激活全产业的供应链绩效,以高绩效继续投入全链式的产业开发,从而形成不断良性循环的体育文化创意产业能量交换生态系统。

比如以产业链终端的消费者需求为导向,通过调研需求,反向作用于产业链的其他环节,避免一味从上到下式的供需鸿沟。一场大型的体育赛事,要以消费者的需求决定办赛规模、办赛场地等等。在前期的准备以及办赛过程中,更要以体育赛事为依托,结合当地的(体育)特色文化,不断进行文化创意内容开发。不仅要把重心放在赛事本身上,同时还要关注赛事服装、场地、物资等相关供应商的利益,将体育文化这条无形的主线贯穿始末,甚至让体育文化、周边产品开发成为产业链延伸的润滑剂。让所有利益主体都能够通过赛事的举办,享受到全产业链合作的福利。

五、打造"互联网+"产业格局,发挥新媒体作用

积极探索"互联网+体育"模式。以"互联网+体育"创新发展为契机,不

断提升体育消费信息化水平。加强信息技术在体育产业中的应用。在深化
与中央级媒体、省内主流媒体以及当地媒体公司合作的基础上,依托报纸、
电视台、本地广播电台等传统媒体和微信公众号、微博、短视频新媒体等各
类公共信息传播资源,广泛推广信息技术在体育文化创意产业中的应用。
积极探索智慧体育服务平台建设,支持开发以移动互联网为主体的体育生
活云平台,鼓励发展以互联网为载体和技术手段的场馆预订、门票预售、赛
事报名、体育社交、健身定制、体育商城等服务,为体育爱好者提供优质高效
的公共体育服务。

(一)善于把握时代脉搏

互联网在消费者日常生活中扮演了举足轻重的作用。在线教育、在线
办公、视频直播、快递外卖、网络游戏等都迎来了跨越式的增长,很多视频通
过创意无限的内容生产和推广营销将不同行业加速带入了新的发展阶段,
包括"互联网+体育"。例如体育健身业,越来越多的健身教练或健身机构开
设线上课程,通过视频的方式与健身爱好者互动锻炼,或者发布健身教程,
为居民提供健康管理和指导,为健身业提供了新的发展模式,也受到了广大
学员的认可。未来的"互联网+体育"将会产生更多的产业新业态,在体育影
视、体育动漫、体育游戏等领域拓展更大的市场。体育文化创意产业要善于
抓住社会热点和时代需求,提前布局,积极探索,用互联网的基本技术和实
现手段为产业发展带来质的飞跃。

(二)主动寻找技术支点

创新、创意的产出离不开科技发展的支持,尤其是在如今这个信息技术
不断更新换代的新时期,体育文化创意的产品研发和推广需要借助先进的
科学技术进行成果转化和市场营销。数字化、移动化、时尚化的微信、微博
等社交平台,以及虚拟现实(VR)、增强现实(AR)、人工智能(AI)等科技手
段成为众多产业企业成长转型中的法宝。这些技术的运用可以打破时间、
空间、语言等各个方面的障碍,让立体化、交互式的感官体验帮助消费者获
得更便捷的产品和服务。2016年被称为虚拟现实技术爆发的元年。根据
《中国VR用户行为研究报告》显示,中国对于VR比较感兴趣的潜在用户已
经达到了2.86亿人,2015年,通过各种途径接触过或者体验过虚拟现实设

备的浅度用户约为 1700 万人。而基于巨大的互联网用户规模,VR 市场需求还有更大的空间容量。

虚拟现实技术在未来会形成广阔的蓝海市场,为体育文化创意产业带来更多可能性。借助虚拟现实,可以把体育竞赛表演的震撼和竞技体育的魅力更加真实地带给无法到达现场的观众;可以让体育动漫游戏在任何地方都能够与用户产生互动,比传统的在线游戏更能体会体育以及身体运动带来的参与感;可以让健身变得更简单方便,只需要戴上一副眼镜,就可以在家里、在办公室沉浸式地与健身教练一起锻炼身体;甚至借助特殊的装备,可以无条件感受冰雪运动、水上运动、山地运动、探险运动等地理环境要求较高的体育运动。虚拟现实技术还可以将传统体育运动更加多角度地呈现在更多观众面前,真正实现体育、文化、技术、创意的精准融合。

企业还可以依托物联网、移动互联网、云计算等开发智能体育文化新业态,以智能化的终端 App 或者可移动设备,开发智能软件,打造个人智能管理档案,形成个人体育锻炼、健康管理的资料库。构建统一的线上体育交流平台,打破供需之间的信息不对称和资源浪费,在平台上以差异化的营销推广方案精准匹配体育运动、赛事活动、体育消费等交易信息,通过收集消费者健身运动的个人数据,不仅能够给个体的健康管理提供技术数据分析的定制化方案,解决体育健身的"最后一公里"问题,还能以此作为大数据的支撑,为政府相关部门的产业发展决策提供量化分析和可行性参考依据。

(三)发挥体育明星效应

除了体育文化创意产品和服务需要在互联网的环境中裂变发展,在国际比赛上取得优异成绩的体育冠军更应该借助互联网平台积极发挥明星效应,他们是体育文化不可或缺的一部分,他们不仅仅是竞技体育的胜者,更是民族精神和时代精神最好的体现,凝聚着千千万万中华儿女自强不息、奋勇拼搏的文化基因,中国女排就是最好的中国体育文化的象征和代表。他们更是中国体育文化输出的重要窗口,是中国文化、中国体育文化、中国形象、中国体育实力的最好说明。各地要利用各种形式的网络媒体平台,用大众能够接受的文化符号和科技手段,在国际大型体育赛事等舞台上,广泛报道宣传,甚至为其设计具有趣味性、活泼性、利于传播的人物形象,或者动漫游戏、体育影视、书籍出版等体育文化创意产品形式。体育竞赛表演、体育用品制造、体育健身普及、体育旅游推广等体育文化创意产业的多个维度都可以通过体育明星效应的聚合吸引力,为产业发展开拓更多的市场空间,增添更多的人气,而人气就是市场需求的支撑。

第二节 天津市体育文化创意产业自身发展战略

体育文化创意产业需要多产业的交叉才能形成产业发展的生态共同体。而产业本身的供给能力在很大程度上决定了产业发展的群众基础,供给能力的输出又是由产业的市场需求决定的,因此,供给和需求的匹配程度也影响了产业的循环可持续成长。毕竟不论是体育竞赛表演,还是体育动漫(游戏)作品,不论是体育休闲旅游线路,还是健身运动锻炼,都是将人作为最终的服务对象。比如,增强体育竞赛表演的观赏性,提高全民健身运动的参与性,升华体育休闲旅游的娱乐性等等,都让体育创新创意的产品和服务更受欢迎,更有市场竞争力,更有品牌影响力。

随着大众生活水平的不断提高,对于体育文化创意产业的需求也不是一成不变的。产业市场要时刻关注大众具有动态性的时变需求,用更加契合当下时代背景的技术和手段,将体育文化创意产业的开发和推广融入当地的经济发展现实中,融入普通大众的日常生产生活中,让体育文化创意产业真正成为具有带动示范效应的朝阳产业,成为大众身边更具亲和力的产业。

一、完善硬件设施,增强产业供给

硬件设施的有效供给是体育文化创意产业发展的物质保障。没有了基本的体育设施作保障,大型体育赛事、居民运动健身等都无从谈起,甚至很多体育设施重新塑造了新时代的体育文化,比如北京奥运会的鸟巢、水立方。因此各地要以体育赛事、全民健身活动等的举办开展为契机,集中力量修建具有标志性的,或改善原有破损、无法满足正常需求的体育基础设施。在改建之前,既要考虑到实际用途,同样更要考虑体育建筑背后的体育文化打造、创意经济市场空间,把实用性和创意性、文化性相结合,避免为了办赛而做表面性、临时性工作,要综合考量各项因素,让实物性的体育基础设施也具有无形的体育文化创意价值。

(一)加大体育设施建设投入

加大体育场地设施建设经费投入,将体育设施建设纳入城市建设总体规划,加强体育与规划、城建部门的协同配合,多方筹集建设资金,全面强化体育设施建设投入。在稳定资金投入的基础上,积极向各级财政申请体育设施项目建设资金和公益金资助,支持体育企业积极申报各类扶持项目和专项资金。鼓励社会力量投资公共体育设施建设,强化体育设施供给侧改革试点建设,积极推广政府和社会资本合作(PPP)等模式,吸引社会资本投资、建设、运营户外运动场地、健身步道、帆船游艇码头等各类体育施项目。研究出台相关优惠政策,支持社会资本利用废弃旧厂房、仓库和商业、文化等附属用房,进行创意性文化设计,兴办各类经营性专项体育健身场所。做好体育设施普查维护工作,每年安排专项经费用于室外健身器材维修更新,做到安全保障常态化、前瞻化、科学化。

创新丰富体育产品,顺应不断增长的享受型、发展型体育消费趋势,提升商业健身俱乐部和全民健身中心的服务品质,推广运动营养师、心肺功能监控、健康档案管理等高端服务,提升赛事水平,创新发展射箭、室内攀岩等特色健身项目,满足市民多样化健身需求。大力开展各类群众性体育活动,鼓励社会力量举办各类群众性体育赛事,不断丰富节假日体育赛事活动,政府以购买服务等方式予以适当支持。推进公共体育设施开放共享,实施学校体育设施对外开放计划,推动各类公共体育设施免费或低收费开放,逐步推动机关、企事业单位自用体育设施向社会开放运营,提高体育资源共建共享水平,可以让更多的普通大众切身感受到体育运动带来的福利和效用。

很多普通大众没有积极健身,很大程度上也是因为生活的小区周边没有合适的健身锻炼场地,或者仅有收费较高的健身房等,或者是单一的田径场、篮球场等。所以在体育设施建设方面,还要满足居民的日常锻炼需求,既不能离居民区太远,也不能数量过少,收费较高,要在场地的地理范围上、数量上、规模上、项目丰富性上都能够服务于普通大众要求。比如兴建体育运动俱乐部、体育综合服务体等,甚至通过文化创意,吸引更多的潜在消费群体,从被动的"要我运动"变成主动的"我要运动",让很多的体育文化设施或场所成为城市新的打卡地或网红地。

(二)构建城乡体育设施体系

在体育设施普查的基础上,持续优化群众体育设施建设,积极实现乡镇(街道)、社区(村)等下沉体育市场健身工程全覆盖目标。整合优化体育设施资源,积极开展全民健身中心、社区体育公园、中心村全民健身广场活动。重点建设一批便民利民惠民的公众健身活动中心、社区多功能运动场以及绿道、步道等场地设施,加快推进共建共享的全民健身综合体,逐步构建统筹规划、种类齐全、布局合理、互为补充、覆盖面广、普惠性强的体育设施网络化格局。打造建设城市社区10分钟健身圈,加大农村体育设施建设力度,不断改善农村地区体育健身条件,促进城乡体育均衡发展。

天津市的体育基础设施虽然超过了全国的平均水平,但也存在分布不均、设施老化、相对单一等问题。因此不能(只在主要的中心城区投入人力、物力、财力建设体育场馆、健身器材等,而要以这些中心城区为圆点,由点到面将体育设施红利辐射到周边地区。)同时更要关注城乡二元差距问题,要让体育运动的便利条件惠及更多的体育消费人群,或潜在的隐形人群,为全民健身打下坚实的基础。要以传统体育设施为基础,突破传统健身运动边界,根据终端消费者越来越高的要求和多样的需求,规划设计更加具有时尚感、娱乐感、休闲感的体育硬件设施。

二、针对不同主体特征,满足差异化产业需求

(一)培育体育企业梯队

2014年3月,《国务院关于推进文化创意和设计服务与相关产业融合发展的若干意见》中指出,要实施中小企业成长工程,支持专业化的创意和设计企业向专、精、特、新方向发展,打造中小企业集群。鼓励挖掘、保护、发展中华老字号等民间特色传统技艺和服务理念,培育具有地方特色的创意和设计企业,支持设计、广告、文化软件工作室等各种形式小微企业发展。推动创意和设计优势企业根据产业联系,实施跨地区、跨行业、跨所有制业务合作,打造跨界融合的产业集团和产业联盟。

坚持创新驱动,强化龙头引领作用,培育一批创新水平高、品牌影响大的骨干体育企业,优化企业梯队,通过引进和培育一批体育产业龙头企业,孵化影响力巨大的体育产业名牌企业。此外还要重点扶持体育用品制造、运动休闲、竞赛表演等领域的骨干企业做大做强,加快战略性重组和集聚式发展,以国际视野培育具有核心竞争力和自主知识产权的体育产业品牌企业(集团)。积极发挥龙头企业的示范引领带动作用,树立行业标杆,向世界

展示中国体育文化企业形象,推动标杆企业对中小企业在管理运营、人才培养等方面的支持,以分工的专业化、战略的差异化开展合作,从而形成一批主营业务突出、竞争力强、成长性好、专注于细分市场的"小巨人"型体育企业。

增强企业创新动力。鼓励体育企业与高水平院校、科研院所在人才库、数据库、资源池等方面进行合作,以成果转化为导向建立产业技术创新战略联盟、企业研发中心、创新工作室孵化等科研平台,促进体育企业的技术应用与成果转化。支持有条件的大企业大集团承担或参与各类科技计划等科研项目。加大政策、资金等扶持,探索对符合条件的体育企业纳入现代服务业、文化创意产业、高新技术产业和信息经济相关税收优惠扶持范围,尤其针对技术含量高的科技型体育企业,要在技术创新和研发设计投入上做好产业市场的基础保障。

(二) 加强体育品牌建设

应该给予体育文化创意企业更多宽松的外部环境和及时的法律保障,完善投融资体制机制,在税收、土地、金融等方面给予体育文化产业相关企业以优惠

针对体育文化创意企业的特点,加大对产业内企业的专利等知识产权的保护,加强市场监督,严厉打击侵犯知识产权等无形资产的非法行为。积极鼓励社会资本,甚至跨国企业的各项合作,引导非文化部门的进入,采取多种投资、管理、经营的多元化方式,更好发挥市场在资源配置中起到的决定性作用,实现"政府搭台、企业唱戏"的共建共赢产业发展模式。

大力发挥企业主体作用,尤其是成立初期的企业,要多支持、多关照,始终以激发市场活力为目标营造良好的企业运营发展环境。基于具有一定发展基础的体育产业企业,做大做强一批具有核心竞争力的领导型企业,并以此为中心,促进企业间的横向和纵向协同,形成企业联盟或集群,优化产业布局,吸引社会资金、人才、信息等流向体育文化创意产业,带动区域经济社会发展。通过打造本地自主体育品牌,依托龙头企业,加大研发设计、技术创新、创意开发、人力资本投入,用品牌企业开发具有自主知识产权、技术含量高的科技型体育用品和装备,开发新型商业模式和服务模式,帮助企业克服障碍加快创意商品化,打造一批具有国际影响力的自主品牌。

（三）营造体育消费良好氛围

天津市应积极引导民众消费需求,转变消费观念,依托"全民健身日"等重要时间节点,加强体育健身宣传推广,积极发挥体育明星和运动达人的示范作用,吸引市民投身全民健身潮流。发挥天津市的区位优势和资源优势,让民众能够在家门口参与更多的本土体育活动,既锻炼了身体,放松心情,也增加了城市认同感和主人翁意识。创新体育消费补贴和保障机制,探索建立体育消费个人或家庭奖励机制,加大体育彩票公益金对本地群众性体育活动的扶持力度,通过政府购买服务、发放消费券等方式,专项用于市民体育消费补助,提高群众体育消费积极性;鼓励和支持企事业单位提供一定经费组织开展职工体育活动。建立和完善体育保险制度,鼓励和引导保险机构探索开发体育赛事责任险、学校体育险、体育旅游险、户外运动险等保险产品和服务,引导企事业单位、学校、个人购买运动类保险,保障体育消费市场的安全性和稳定性。

此外,要加强引导,营造氛围,激发群众参与体育活动的热情,推进健康关口前移,以强健的身体保证生活品质的提升和和谐社会的构建。培育推广投资健康的消费理念,推动形成供需匹配、质高价优、充满活力的体育消费市场。以社区、学校等具有一定特征的群体为单元,宣传国家、地方的城市精神,以积极健康、阳光向上的运动精神感染吸引的人参与到体育运动中。基层的细小单元,不仅是体育文化创意产业的消费终端,蕴藏着巨大的市场潜力,是产业持续发展的原动力,终端的消费能力或时变需求是影响产业发展程度的重要因素;同时,这些单元也是体育文化创意产业人才培养的底层组织,这里生活着大量的各式各样的隐形产业人才。所以良好的社区、学校等的体育文化环境能够唤醒或激发他们对于投身体育文化创意产业发展的热情,可谓磨刀不误砍柴工,用长期的体育文化滋养、孕育更多微小的种子,让健康的产业环境浇灌他们成长,从源头上为培养文化创新创意人才打下基础,成为产业发展的后备人才库。

我国目前三大产业的比重仍然存在不均衡发展。体育文化创意产业的蓬勃发展将会有利于转变我国经济增长方式,逐步向文化驱动、创意驱动、创新驱动方向发展,实现体育产业以及经济增长的绿色环保、技术引领、高附加值效应的新常态。天津市要以国际化的高度和视野,在经济强市、海洋强市、体育强市、文化强市、健康天津的时代背景下，突破对于传统体育产业发展的路径依赖，统一思想认识，提高整体站位，统筹规划，多方联合，依托地理环境资源，挖掘体育文化特色，发挥社会资本力量优势，重塑产业发展模式，将体育文化创意产业打造成全国样板，形成区域体育产业乃至经济发展新的强大增长极。

体育文化是文化软实力的重要组成部分，是我国形象在国际舞台上的有力体现，更是我国从体育大国走向体育强国的核心动力。因此，体育文化创意产业的健康发展可以重塑国家形象，提升国际认同，增强我国体育文化价值吸引力，促进体育文化在国内以及世界范围内的有效传播。体育文化创意产业的发展更是体育产业、经济发展转型升级的关键力量，是提升全民小康幸福生活质量的重要手段。加快推进我国由传统体育制造业发达、运动赛事成绩优异的体育大国向注重产品研发和品牌推广、全民健身和身心健康发展的体育智造强国转变是刻不容缓的时代要求。天津市作为紧邻首都北京的直辖市，是国务院批复确定的中国北方对外开放的门户，拥有 600 年的历史，是中国近代体育的摇篮，站在新的历史起点上，更是应该将传统体育文化、竞技体育文化、大众体育文化、现代体育文化在新时期、新技术的创新创意中整合优化，让中国体育文化价值观和中国体育精神闪耀在世界更多角落。

参考文献

[1]Poyhonen P. A tentative model or the volume of trade between countries [J]. Review of world Ecenomics,1963(90):93-100.

[2]Günther G S. International Trade in Art[J]. Journal of Cultural Economics,1999,23(1):109-136.

[3]GF Lowe. A Aim,Public Service Broadcasting as Cultural Industry.

Value Transformation in the Finnish Market—place . European Journal of Communication. 1997-ejc. sagepub. com.

[4]P Di Maggio,Cultural Capital and School Success:The Impact of Status Culture Participation on the Grades of US, American Sociological Review,1982, eric. ed. gov.

[5]Balestra P, Nerlove M. Pooling Cross Section and Time Series Data in the Estimation of Dynamic Model:The Demand for Natural Gas[J]. Econometrica,1966,34(3):585-612.

[6]Breusch T,Pagan A. The Lagrange Multiplier Test and Its Applications to Model Specification in Econometrics[J]. Review of Economic Studies,1980,47 (1):239-253.

[7]Flannnery MJ, Rangan KP. Partial adjustment toward Target Capital Structures[J]. Journal of Financial Economics,2006,(79):469-506.

[8]Hansen B. Threshold Effects in Non-Dynamic Panels:Estimation,Testing and Inference[J]. Journal of Economics,1999,93(2):345-368.

[9]Battese G E,Coelli T J. Prediction of Firm-level technical efficiencies: With a Generalized Frontier Production Function and Panel Data[J]. Journal of Econometrics,38:387-399.

[10]Goldsmith, R. A Perpetual Inventory of National Wealth[C]. NBER Studies in Income and Wealth,Vol 14,No 1143.

[11]白远. 中国——文化创意产品的出口大国 VS 消费小国[J]. 财贸经

济.2010(10):84-92,136.

[12]陈智明,李伯钧,郭永济.关于文化创意产业和互联网产业发展的思考[J].江苏科技信息.2015(1):73-78.

[13]蔡荣生,王勇.国内外发展文化创意产业的政策研究[J].中国软科学.2009(8):77-84.

[14]蔡旺春.文化产业对经济增长的影响-基于产业结构优化的视角[J].中国经济问题.2010(5):49-55.

[15]陈汉欣.中国文化创意产业的发展现状与前瞻[J].经济地理.2008(5):728-733.

[16]程曦,蔡秀云.促进文化创意产业发展的税收政策有效性评价研究[J].财经理论与实践.2017,38(3):111-117.

[17]程小敏,詹一虹."3T"理论视角下澳门文化创意产业发展与创意阶层培育[J].产经评论.2017,8(6):137-149.

[18]褚劲风.世界创意产业的兴起、特征与发展趋势[J].世界地理研究.2005(4):16-21.

[19]杜亚.健全完善文化创意产业融资担保的法律体系[J].湖北大学学报(哲学社会科学版).2017,44(3):114-120.

[20]高红岩.文化创意产业的政策创新内涵研究[J].中国软科学.2010(6):80-86,105.

[21]黄斌.北京文化创意产业空间演化研究[D].北京大学博士学位论文.2012

[22]黄信,李寅瑞.文化创意产业演化升级的政策范式:台湾地区的经验及其启示[J].江海学刊.2017(4):222-227.

[23]韩汉君·经济发展阶段论及其启示[J].社会科学.1996(6):76-79.

[24]胡晓鹏.基于资本属性的文化创意产业研究[J].中国工业经济.2006(12):5-12.

[25]胡晓鹏.技术创与文化创意:发展中国家经济崛起的思考[J].科学学研究.2006(1):125-129.

[26]花建.文化创意产业与相关产业融合发展的四大路径[J]上海财经大学学报.2014,16(4):26-35.

[27]花建.创新·融合·集聚——论文化产业、信息技术与城市空间三者间的互动趋势[J].社会科学.2006(6):43-49.

[28]金元浦.我国当前文化创意产业发展的新形态、新趋势与新问题[J].中国人民大学学报.2016,30(4):2-10.

[29]金元浦.文化创意产业发展及其支持体系[J]:中国人民大学学报.2016,30(4):1.

[30]姜玲,王丽龄.文化创意产业集聚效益分析以北京市文化创意产业发展为例[J].中国软科学.2016(4):176-183.

[31]李静.文化创意产业与乡村旅游产业的融合发展研究[J].管理世界.2017(6):182-183.

[32]李波,王谦,汪寿阳,邢伟.中外文化产业分类体系比较研究[J].管理评论.2010,22(3):12-18.

[33]刘冠军.我国转型期文化创意产业与经济发展互动机理研究[D].西南财经大学博士学位论文.2013.

[34]厉无畏.文化创意产业推进城市实现创新驱动和转型发展[J].福建论坛(人文社会科学版).2013(2):11-16.

[35]陈宏伟.软实力视域下福建省体育文化创意产业发展研究[D].福州:福建师范大学,2014.

[36]陈洪年,刘晓松.吉林省体育文化创意产业开发的SWOT分析与对策研究[J].现代交际.2016(17):198-199.

[37]陈晔.我国体育文化创意产业的发展与艺术创新的融合[J].当代体育科技.2017,7(16):226-228.

[38]陈玉萍,刘嘉毅.大型体育赛事对城市旅游的影响及对策研究——以南京青奥会为例[J].山东体育科技.2016,38(3):15-19.

[39]杜文,杨爱华,黄军.传承"人文奥运"理念发展体育文化创意产业[J].体育世界(学术版).2009(9):109-110.

[40]高峰.我国体育创意产业发展研究[J].体育文化导刊.2017(10):106-110,124.

[41]蒋越.冬奥背景下我国体育文化创意产业发展的机遇与挑战[A].中国体育科学学会、河北省体育局、河北省张家口市崇礼区人民政府.2017科技冬奥论坛暨体育科技产品展示会论文摘要汇编[C].中国体育科学学

会、河北省体育局、河北省张家口市崇礼区人民政府:中国体育科学学会，2017:(3).1

[42]金汕.让体育产业成为北京的经济增长点[J].投资北京.2006(7):68-69.